馬場 哲／高嶋修一／森 宜人［編著］

二〇世紀の都市ガバナンス

イギリス・ドイツ・日本

Comparative Historical Study
on Urban Governance
in the 20th Century

England, Germany and Japan

晃洋書房

はしがき

本書の出発点は、二〇〇七年に発足した政治経済学・経済史学会「都市経済史フォーラム」での活動である。発足時の案内文は以下のとおりである。

都市史研究は従来から盛んですが、最近では中近世から近現代に時期的な重心を移しながら研究が蓄積されており、政治経済学・経済史学会でも二〇〇二年度の春季総合研究会および二〇〇三年度の秋季学術大会共通論題に都市がテーマとして取り上げられています。その背景としては、住宅問題、土地問題、交通問題、環境問題、自治体財政問題といった、近代化・工業化以後の都市をめぐる諸問題が依然として現実的な意味をもっていること、あるいは都市という社会空間がもつ多様で重層的な側面と機能への関心が高まっていることが考えられます。また、都市史は、経済学・経済史だけでなく、建築学、都市工学、地理学、法学、社会学、歴史学、文学などの諸学問分野とも関連しており、こうした学際性がその面白さの源泉となっています。しかしそれだけに、経済史の一分野としての都市史とは何かという問題はなお十分に自明ではなく、方法的・実証的な検討の余地が多く残されていることも否定できません。

このフォーラムは、都市経済史についての以上のような認識を出発点として、各国の都市の歴史的経験を比較するとともに、地域史、農村史、産業史などの経済史の他の分野との関連づけにも留意しつつ、共通の認識を獲得することを目的としています。もちろん、まず問題となるのは、経済史研究者として都市にどのようにアプローチできるかということであり、都市を経済史の枠内に押し込めること、経済史の視点から有用な側面のみを切り取ることを意味するものではありません。それは、都市研究という学際的な分野に経済史はどのように貢献できるかを問うことと言い換えられるかもしれません。

それから十年余り経ち、都市史研究は着実に蓄積されている。本フォーラムのメンバーも、それぞれのテーマの研究をつうじてその進展に貢献してきたと考えているが、上記趣旨文の内容にはいまなお当てはまることも多く、ここで改めて振り返ることにも意味があろう。

こうして、二〇〇七年三月からほぼ三カ月に一回のペースで研究会がはじまった。その後年二回程度にペースダウンした時期もあり、参加者にも変化があったが、これまで三〇回を超える研究会を開いてきた。やがてメンバーも固まってきたので、一つの共通テーマを立てて科学研究費補助金を得て共同研究を進めようということになり、馬場哲、岩間俊彦、名武なつ紀、高嶋修一、森宜人、永山のどかの六名で、二〇一二年秋に「現代都市ガバナンスの比較史的研究――日本、ドイツ、イギリスを事例として――」という研究題目で申請し、二〇一三―二〇一五年度の三年間基盤研究（B）の科研費（研究代表者 馬場哲：課題番号二五二八五一〇五）を受けて共同研究を進めることができた。

そしてその成果の一端を示すべく、最終年度にまず、馬場がオーガナイザー、岩間、森、高嶋が報告者となり、羽貝正美氏（都市行政学）、源川真希氏（日本近現代都市史）にコメントをお願いして、二〇一五年一〇月に福島大学で開催された政治経済学・経済史学会秋季学術大会で「現代都市の形成とガバナンス――英・独・日の比較史――」というテーマでパネル・ディスカッションを開催した。その内容は、森の尽力により、改訂のうえ二〇一六年七月に『一橋経済学』第一〇巻第一号に「小特集」として掲載された。本書第Ⅰ部の三つの章および二つのコメントは、同特集の論考を改稿したものである。初出時のタイトルはそれぞれ次の通りとなる。「戦後占領期の大都市制度をめぐる運動と諸主体――一九四六～四七年の大阪特別市制運動を中心に――」（第一章）、「『社会国家』の形成と都市社会政策の展開――ワイマール体制成立前後のハンブルクにおける失業扶助を事例に――」（第二章）、「『バーミンガム史』の形成――都市の統治と市史の相互関係、一八七〇年代から一九七〇年代にかけて――」（第三章）、「ガバナンス論と現代都市史研究――都市研究におけるガバナンス概念の意義――」（コメント1）、「日本近現代都市史の立場から」（コメント2）。

次いで今度は高嶋をオーガナイザー、馬場、永山、名武を報告者とするパネルが企画され、本内直樹氏（イギリス現代史）、松本洋幸氏（日本近現代都市史）にコメントをお願いして、二〇一六年一〇月に立教大学で開催された二〇一六年度政治経済学・経済史学会秋季学術大会で「二〇世紀都市ガバナンスの比較史的検討――イギリス・ドイツ・日本を事例に――」と、「現代都市」から「二〇世紀都市」へと本書のタイトルにつながる変更を施して再度パネル・ディスカッションを開催した。本書が二部構成をとっているのは、こうした経緯によるものである。

この間コメンテーターの方々以外にも何人かの方にゲストとして報告をお願いした。特に現在のドイツ近現代都市史の代表的研究者の一人であるダルムシュタット工科大学教授のD・ショット氏を招聘して報告と討議を行ったことは、研究を進めるうえで大きな弾みとなった。さらに、中野隆生氏（フランス史）を代表者とする二〇世紀都市住宅史についての研究グループとは、人的にもテーマ的にも重なるところが大きく、シンポジウムや論文集の刊行をつうじて、その比較史的・学際的視点から多くのことを学ぶことができた。

本書は、以上のような経緯のもとで出来上がったものである。限られたメンバーでの共同研究は、開かれた場としてのフォーラムの趣旨にはそぐわない面もあるかもしれないが、フォーラムでの研究発表と討議の成果であることに変わりはない。また、近年ともすれば乖離しがちな日本史研究と西洋史研究の共同作業の可能性を追求できたことも本書の達成であると考えている。

最後に、晃洋書房の山本博子さんには、本書の構想段階から我々の意図を良く理解していただき、遅れ気味の作業を絶妙の気配りでバックアップしていただいた。心よりお礼を申し上げたい。なお、本書は前述の科研費（課題番号二五二八五一〇五）による研究成果である。

二〇一九年一月

馬場　哲

目　次

第Ⅱ部

序章　二〇世紀の都市ガバナンス

馬場　哲

はじめに

近代都市史研究はヨーロッパでも日本でも一九八〇年代から本格化し、多くの成果を蓄積してきたが、国による違いがあるとはいえ、一八世紀末から第一次大戦勃発までの、E・J・ホブズボームのいう「長い一九世紀」（一七八九―一九一四年）における近代都市の諸問題の解明に重点が置かれてきた。この時期には、経済的には工業化、政治的には民主化を背景として都市の空間的拡大と人口集中を内容とする都市化が進み、労働者階級の増大に伴い都市の社会構造にも変化が現れるとともに、衛生問題、住宅問題などの多様な都市問題が発生した。こうした変化への対応を迫られるなかで、都市行政は、たとえばドイツでは「治安行政」から「給付行政」へと変容し、インフラ整備、住宅政策、都市計画、救貧政策などの多様な政策が実施され、公共建築物、エネルギー供給網、交通手段、公益的住宅、社会施設、緑地などの都市インフラが整備される一方、都市専門官僚や公営企業が成立した。近代都市史研究はまさにこうした過程の解明に力を注いできたということができる。

しかしながら、それと比べると、第一次大戦期以降の「短い二〇世紀」（一九一四―一九九一年）における都市の研究はなお十分とはいいがたい。ホブズボームはこの「短い二〇世紀」をさらに、（一）「破滅の時代」（一九一四―一九四五年)、(二)「黄金時代」(一九四五—一九七三年)、(三)「危機の時代」(一九七三—一九九一年)の三つの時期に分けているが[1]、各国の都市も、こうした大きな変動のなかで経済的、政治的、社会的な変化を遂げることになった。「短い二〇世紀」の都市(これを現代都市ということもできる)については、重化学工業化に伴う社会経済構造の変化、二度の大戦の影響、地方自治の在り方や都市行財政をめぐる諸問題、人口の集中に伴う衛生、環境、住宅、交通、失業などの諸問題の深刻化とそれへの政策的対応、都市圏の拡大と周辺農村との関係の再編、都市計画から地域計画への計画単位の拡大といったテーマをまず挙げることができるが、こうした諸問題と密接に関わりつつ、都市政府の成長と改革、都市を含む地方政府と中央政府との関係、都市の財政金融、都市エリートの性格や都市行政への参加なども重要な検討課題として指摘することができよう。

一 「都市ガバナンス」とは何か

本書は、このような諸問題について「都市ガバナンス」をキーワードとして歴史具体的に明らかにすることを課題とする。ここでいう都市ガバナンスとは、中央政府、地方政府(州、都道府県、基礎自治体)、民間企業、ボランタリーな組織の間の相互作用によって構築される都市秩序を意味する。そして、これらの重層的で多様な諸主体が協力し、あるいは対抗する過程のなかで一定の都市秩序が構築され、それが内的なもしくは外的な状況の変化によって変容し、新たな都市秩序が形成される過程を明らかにしたい。それは、都市史研究が現代社会経済史全体に対して貢献しうる可能性を探ることでもある。

ところで、本書でも源川真希が確認しているように(コメント2)、ガバナンスという用語の利用は一九九〇年代後半から急激に増えており、関連する研究プロジェクトが多く立ち上げられた。そのうち最近の重要な成果として、東京大学社会科学研究所のプロジェクト研究の成果『ガバナンスを問い直す』を挙げることができる。序論を執筆した大沢真理によれば、「コーポレート・ガバナンス（企業統治）」、途上国の「グッド・ガバナンス」、「福祉ガバナンスとローカル・ガバナンス」といった形で、「ガバナンスをめぐる議論には、現代の世界および日本がかかえる課題が凝縮している」。現代日本では「災害と復興のガバナンス」という課題がまず思い浮かぶが、そこでは「いかなる課題にとっても、国・県・基礎自治体という政府、地域住民組織、企業、非営利協同組織、ボランティアなどの多様なアクターのあいだで、参加・連携・調整が不可欠であることは、明白」であり[2]、対象を限定しても、なお「多様で状況依存的」なガバナンスに広く共通する特徴があることを示している。

同じプロジェクトにもコミットしたM・ベビア（ビーヴァ）の所説についても、源川が言及しているが、ここでも簡単に触れておく。ベビアによれば、ガバナンスとは「ありとあらゆる『治める』というプロセスを示す言葉」である。しかも「今日では、この治めるという行為の大部分に、公的機関のみならず、民間組織や非営利団体までもが関与するようになって」おり、「国家や国の制度や機構にはそれほど重きを置かず、むしろ社会的実践や行動に焦点を当てているという点で、ガバメントとは異なっている」。ベビアの議論で注意すべきは、ガバナンスを理解するために、階層構造から市場へ、市場からネットワークへという組織の形式がシフトすることを重視している点である。つまり、ガバナンス論では、官僚機構、民間企業よりも自治組織の役割が重視されており、それが組織原理の重心の変化となって現れているのである[3]。先述の都市ガバナンスの意味も、このようなガバナンス理解に対応するものであることがわかるであろう。

さらに、都市ガバナンスについては、イギリスについてのR・J・モリスの整理が参考になる。彼によれば「ガバナンスの中心には、政治システムが作動する一連の制度と手続き」、言い換えれば「権威を創出・組織し、資源へのアクセスを提供し、サービスの給付を準備し、政策を策定・実施するパターンと過程」がある。「これらの問題は政府と社会の相互作用に関わる」が、両者の境界は不鮮明である。そして、すでに見たことと重なるが、「ガバナンスに関する議論は、国家と市場の関係が大きく変わり、緊張が増大した一九八〇年代の文脈で生じた」。「国家、地方政府、自発的・民間（つまり営利志向）機関のネットワークという文脈で政策が生み出され、サービスが提供されるという認識が成長した」のである。その背景には「国家セクターの成長が福祉の増加と経済成長をもたらさないことが知覚されるようになった」ことがある。(4)

都市ガバナンスの文脈では、それは「中央＝地方関係と権威のヒエラルヒーが、ネットワークとパートナーシップによって取って代わられた、あるいはおそらく補完された」ことを意味する。ここで重要なのは、歴史家にとって「一九七〇年代以後の時期と同一視されたパターンの多くは新しくない」ということである。但し、それは「一九世紀の都市工業社会における国家と社会のダイナミクスの非常に異なった性格の認識」を明らかにすることによって、同じようにガバナンスが問題になる状況であっても歴史的文脈がまったく違うのであり、その違いを明らかにするのが歴史家の役割であるということになる。実際、二〇世紀末のガバナンスへの注目は「官僚制の失敗」から生じたものであるが、一九世紀のそれは逆に「市場の失敗」から生じたものであり、環境汚染や貧困問題などに対処するために、中央・地方の様々な公的機関（ガバメント）が成立・拡大するとともに、自発的結社（voluntary associations）も数と多様性を増した。こうしてガバメントと自発的団体の協力を通じて種々のサービスが提供されることになったのである。(5)もちろん、サービスは非常に多様なパターンで提供された。たとえば高田実や長谷川貴彦の「福祉の複合体論」が強調しているように、イギリスの救貧・福祉事業では、一八三四年の救貧法改正に伴い国家介入が強化され、二〇世紀初頭には国家による社会保険制度が整備されたが、友愛組合や慈善団体が排除されたわけではなく、その都度の体制のなかで新たな役割を果たしたのである。(6)

もう一つ注意すべきは、一七五〇―一九五〇年のガバナンスのパターンの多くは一九八〇―一九九〇年代に確認されるものを反映しているとモリスが述べていることである。(7)つまり、一九五〇―一九八〇年（ホブズボームの「黄金時代」にほぼ対応）は、ケインズ（・ベヴァリッジ）主義を基本原則として、高度経済成長と福祉国家体制がともかくも両立した時期であり、ガバメントが前面に出た時期であったが、世紀前半と一九八〇年以降、つまり二〇世紀の大半の時期は、ガバメントの要素が強まりつつあるか弱まりつつあるかという趨勢の違いはあったにせよ、ガバメントとそれ以外のアクターの連携と対抗が前面に出た時期であったということである。その意味では、ガバナンスに注目すると一九五〇―一九八〇年の時期こそ例外であったということもできよう。

このこととも関連するが、様々なガバナンス論の隆盛は、新自由主義（Neo Liberalism）の台頭と密接に関係しているという見方がある。[8]たしかに政府・公的機関以外のアクターの役割を重視するガバナンス論が、公共サービスの後退（必ずしも国家の後退ではない）、民営化の推進を属性としてもつ新自由主義と親和性をもっていることは否定できない。しかし、歴史を振り返っても、一九世紀末以降国家介入（ガバメントの役割増大）が各国で進展したことは事実であるが、そうした趨勢のなかで民間、非営利団体がそれぞれの時期に、それぞれの位置を占め、役割を果たしていたこともまた否定できず、そのことに光を当てるガバナンス論の歴史への適用は十分意味のある作業だということができる。モリスも「一九七〇年代以後の時期と同一視された多くのパターンは新しくない」ことを示すのが歴史家の仕事だと述べている。[9]

ところで、もう一点補足しておきたいことがある。それは、「ガバナンス」を「公共性」に代わる用語として用いるということである。この点については、すでに名武なつ紀が「この公共性の概念は間口が広い反面、多義的に解釈されうるという特徴がある。実際、この間の議論においても、公共性の語は、支配と統合の拠点として都市を観察した際の市民自治の文脈や、私的所有権に一定の制限を加えるような公益性、社会政策の対象となる階層に与えられる公認性、また時に公衆性といった様々な意味に用いられてきた。そのため、公共性概念は、都市に関わる諸研究が対象とする国や時代を超えて交流することを可能にする一方で、しばしば議論の収束が困難で、結論が抽象的になるという事態をもたらしてきた。[10]」と明快に指摘している。

つまり、「公共性」という言葉をどう捉えるかについては、大きく分けて国家的ないし公的な要素を見出そうとする立場、それを相対化しようとする要素を見出そうとする立場、公的・私的を問わず様々な主体の関係の総体を見ようとする立場が並存しているが、「ガバナンス」という言葉を用いることには、「公共性」という魅力的な用語に一定の共感をもちながらも、それがもつ多義性に伴う混乱から距離を置きたいという意図が多少なりとも作用しているのである。本書の基本的な立場は上記のなかでは第三の立場に近いということができ、都市ガバナンスにおいてガバメントは重要な構成要素ではあるが、レベルの異なる複数のガバメントをも含む様々なアクターの相互作用の総体として都市ガバナンスは理解されるべきと考える。たしかにそのなかで、一九世紀末、特に第一次大戦期以降にガバメント、特に中央政府の役割が強まり、一九四五年以降にガバナンスがガバメントによって強く規定された時期が登場したのであるが、他のアクターが排除されたわけではなく、それもまた都市ガバナンスの一つの在り方だったと考えることができる。もちろん、一九七〇年頃を境としてガバメントと他のアクターの関係が見直されるようになり、その変化を「ガバメントからガバナンスへ」と特徴づけることもできるが、そこでもガバメントの役割が失われたわけではないのである。

二　本書の構成と各章の骨子

本書は、この序章に続き、それぞれ三つの章と二つのコメントからなる二部構成をとり、それを終章で総括するという構成を取っている。各章の概要は以下のとおりである。

第Ⅰ部第1章（高嶋修一）は、「特別市制」を目指した大阪市と「大阪都制」構想を打ち出した大阪府との第二次大戦直後の角逐を取り上げる。大阪特別市制運動は、市当局が他の大都市と連携して内務省に陳情することから始まったが、大阪府は一九四七年七月頃から都制を主張した。市は市民に対して啓蒙活動をつうじて働きかけも行った。しかし、新憲法の公布により住民投票の範囲が問題となり、投票権を有するのは市民であるとする大都市側と府県民であるとする府県側が対立した。その後、内務省に代わって権限を握ったＧＨＱ／ＳＣＡＰが特別市制否定と府県民投票の立場を鮮明にし、特別市制運動は一旦沈静化した。この対立は、第二次大戦後の国家ガバナンスの再編過程のなかでの新しい都市ガバナンスをめぐるものであり、大阪市は府からの事実上の独立によって、大阪府は市の解消による府への一元化によって目的を達成しようとしたと言える。

第2章（森宜人）は、失業者救済をめぐる都市ガバナンスの変遷を、ハンブルクを事例として考察する。ハンブルクでは一九世紀より民間慈善団体が失業者救済の中心的担い手であり、第一次大戦勃発後もハンブルク戦時救済（HK）に一任されたが、一九一八年一一月にライヒ失業扶助令が出され、自治体に失業扶助の導入が義務づけられた。そして一九二〇年以降の失業者救済体制では、労働庁による失業扶助を軸としつつ、HKの遺産を継承した福祉局がそれを補完した。ワイマール期の失業問題は大戦期よりも深刻であり、一九二六年には緊急扶助が導入されて扶助との二重構造となった。失業扶助の担い手も、民間慈善から自治体へと変容するのと並行して運営面での労働者層の影響力が大きくなったが、ライヒの間接的介入が次第に強まり、一九二七年のライヒ失業保険導入によって、緊急扶助と公的扶助の課題は自治体に残ったとはいえ、失業者救済の主体はライヒへと移ることになった。失業問題をめぐる都市ガバナンスが、その内部でガバメントへと重心を移していく過程が描かれている。

第3章（岩間俊彦）は、バーミンガム市史の刊行事業の展開と影響について考察している。この事業は、「シビック・ゴスペル」と呼ばれる一九世紀後半―二〇世紀初頭の一連の改良事業とそれらの背景と影響を記述した試みであり、都市自治体だけでなく、関連機関・人物、利害関係とその展開、つまり都市の統治（ガバナンス）をも対象としていた。市史刊行委員会はJ・チェンバレンの系譜を引くユニオニストの都市エリートを含んでおり、彼らの統治の記録とその正当性の明記が求められた。一九三八年の都市自治体創設一〇〇周年を記念した『バーミンガム史』が、第二次大戦による中断を挟んで一九五二年に刊行されたが、特にA・ブリッグズが執筆した第二巻は、学術的に高い評価を受け、市史刊行物の代表的な成果となった。しかし、第三巻については執筆者と委員会の間で対立が生じ、委員会の意見を反映した形で一九七四年に刊行され、同様に高い評価を得たが、市史の編纂事業自体は終了した。このことは、都市エリート層の都市自治体からの退場など、統治という意味での都市ガバナンスの変化を強く反映していたものでもあった。

コメント1（羽貝正美）は、第Ⅰ部第1―3章へのコメントに先立ち、都市行政学の立場から、ガバナンス論の広がり、ガバナンス概念、それと「民主主義」概念との補完的関係、現代都市研究における歴史的視点の重要性が、研究史を十分に踏まえたうえで論じられている。

コメント2（源川真希）は、日本近現代都市史の立場からの第1―3章へのコメントであるが、「ガバナンス」概念を歴史研究に適用することへの違和感が表明され、理論、歴史、現状に関わる一層の議論の必要性が提唱されている。

第Ⅱ部第4章（馬場哲）は、両大戦間期のイギリスにおける地域計画の成立を、専門職としての都市計画家の登場と都市計画におけるガバナンスの変化に着目して論じている。この時期のイギリスでは、計画の範囲が都市から農村を含む地域へと拡大し、それに対応して都市計画立法・体制が徐々に整備されたが、それは、各地の合同委員会による都市・地域計画スキームの作成と農村の計画的保護という課題の登場を伴うものであった。また、都市計画協会の初代会長を務めたトマス・アダムズの経歴と活動を辿ることにより、都市計画の草創期には、少数の指導的都市計画家が中央と地方の政府、専門家団体、民間会社を渡り歩くことで、都市・地域計画の内実が築かれ、法的枠組みの整備と専門家団体の活動を通じた自治体の都市計画官の養成によって、第二次大戦後につながる都市・地域計画のガバナンスが形成されていったことが明らかにされる。それは、第一次大戦期以降中央・地方のガバメントが強くなる一方で、他のアクターも内実を整えガバナンスの形ができていった過程と見ることができる。

第5章（永山のどか）は、第二次大戦後の西ドイツにおける深刻な住宅不足のなかで、一九六〇年の土地・家賃の価格統制解除をきっかけとして社会的住宅建設をめぐるガバナンスが動揺したが、市が民間と粘り強く交渉するなかで団地建設用地獲得のための新たな枠組みを構築する過程を、シュツットガルトのノイゲロイト団地を事例に明らかにしている。一九六〇年代後半には、減歩率の低減などを内容とする自発的土地区画整理事業という手法を用いて土地取得が進められ、それは「シュツットガルト・モデル」へと発展した。この過程をガバナンスという視点で見るならば、統制解除によって民間利害の交渉力が強まり、市は妥協を余儀なくされたが、「モデル」の策定に際しては、長い「拘束期間」の設定などで社会住宅建設における市のイニシアティブを発揮したということができる。

第6章（名武なつ紀）は、伝統的な産業構造を強く残す歴史都市への大銀行の進出に伴う都市の経済的秩序の再編過程を、両大戦間期の京都を事例に検討する。大正期の京都には、東西の有力銀行が支店を開設して預金獲得競争を激化させたが、「預金地」として位置づけられ、資金は他の都市・地域に投入された。逆に地元の西陣機業はリスクが高いと見なされ、京都の産業振興につながる貸出しは概して低調であった。三菱合資会社銀行部は他行に遅れて一九一五年に京都支店を開設したが、初代支店長加藤武男のもとで預金額を伸ばして一九一九年の三菱合資会社からの銀行部独立を果たした。京都経済界とは、島津製作所や郡是製絲などの比較的新興の大規模な事業者との取引に重点を置き、他行以上に西陣織物業とは関わりをもたなかった。第一次大戦期の都市化の進展を背景として都市金融におけるガバナンスの原型が形成される過程が、歴史都市京都における大銀行、伝統産業、新興企業という民間部門の関係に的を絞って検討されている。

コメント3（本内直樹）は、現代イギリス史の立場から、イギリスにおける都市ガバナンス研究の近年の進展を踏まえて、ドイツや日本との比較および二〇世紀イギリス史の大きな推移に留意しながら、第Ⅱ部第4―6章をコメントしている。

コメント4（松本洋幸）は、同じく第4―6章を対象として「近代都市の装置と統治」という視角に基づき日本近現代都市史研究を進めた立場から、現代都市への転換過程における新たな主体の登場に注目したコメントが提示されている。

このように、本書は、経済史学を共通の学問的基盤としつつ、二〇世紀都市史の多様な問題にガバナンスという観点から取り組んだところに独自性をもっている。もとより、六人という少人数で取り組むには大きすぎる課題であることを、われわれは十分に自覚しており、四人の方からコメントをいただいたことで、新たな問題・視点を発見して視野を広げることができたと考えているが、いずれにしても本書が、われわれ自身の研究をさらに深めるだけでなく、他の関連する研究を誘発するきっかけとなればと願っている。

註

（1）エリック・ホブズボーム『二〇世紀の歴史――両極端の時代――』（上）・（下）、筑摩書房（ちくま学芸文庫）、二〇一八年。
（2）東京大学社会科学研究所、大沢真理・佐藤岩夫編『ガバナンスを問い直す　Ⅰ』東京大学出版会、二〇一六年、五頁。
（3）マーク・ベビア『ガバナンスとは何か』ＮＴＴ出版、二〇一三年、第一章、第二章。
（4）R.J. Morris, Introduction, in G. Morton, B.de Vries and R.J. Morris (eds.), *Civil Society, Associations and Urban Places: Class, Nation and Culture in Nineteenth-century Europe*, Aldershot, 2006, pp.1-2.
（5）Morris, Introduction, pp.1-4, 7.
（6）高田実「『福祉国家』の歴史から『福祉の複合体』史へ――個と共同性の関係史をめざして――」、社会政策学会編『「福祉国家」の射程』ミネルヴァ書房、二〇〇一年；長谷川貴彦『イギリス福祉国家の歴史的源流――近世・近代転換期の中間団体』東京大学出版会、二〇一四年、二三九―二四一頁。
（7）R.J. Morris, Introduction, p.12.
（8）たとえば、R.J. Morris, Introduction, p.1; ベビア、前掲書、二五頁；大沢・佐藤編、前掲書、三四頁。
（9）R.J. Morris, Introduction, p.2.
（10）名武なつ紀「終章　都市経済史研究の現在――「非公共」論によせて――」、高嶋修一・名武なつ紀編著『都市の公共と非公共――二〇世紀の日本とアジア――』日本経済評論社、二〇一三年、二五八頁。

第I部

第1章　戦後占領期の大都市制度をめぐる運動と諸主体
――一九四六―四七年の大阪特別市制運動を中心に――

高嶋修一

はじめに

二〇世紀前半の日本においては、「六大都市」と呼ばれた東京・横浜・名古屋・京都・大阪・神戸において市街地の拡大や人口の増加などが顕著であり、それに対応していかなる大都市制度を設定するのかが課題となっていた。このうち東京においては一九四三（昭和一八）年に東京市と東京府を統合して都制を施行し、東京都が発足した。一方、一八八九（明治二二）年に発足した大阪市は一八九七年と一九二五（大正一四）年に周辺町村の合併（市域拡張）を行ったが、並行して明治地方自治制下での自治権拡張、すなわち特別市制の実施を目指し、一九一一年、一九二〇年、一九三〇年、一九三七年と断続的に機運が高まった。だがいずれも実現をみることはなかった(1)。

敗戦と占領を契機に地方制度が抜本的に改革されることとなったことは、東京を除く五大都市とりわけ大阪市にしてみれば宿願の特別市制を実現する好機であったが、こうした動きは、それらの所在する府県（五大府県）の掣肘を免れ得なかった。五大都市対五大府県の角逐は、特別市制実現にもっとも近づいていた大阪を主戦場として展開し、やがて大阪府は大阪市を牽制して「大阪都制案」を提示することになる。特別市制か都制かをめぐる市と府の対立はその後も間歇的に先鋭化したが、一九五一年の政令指定都市制度発足によりひとまずは収束をみた。

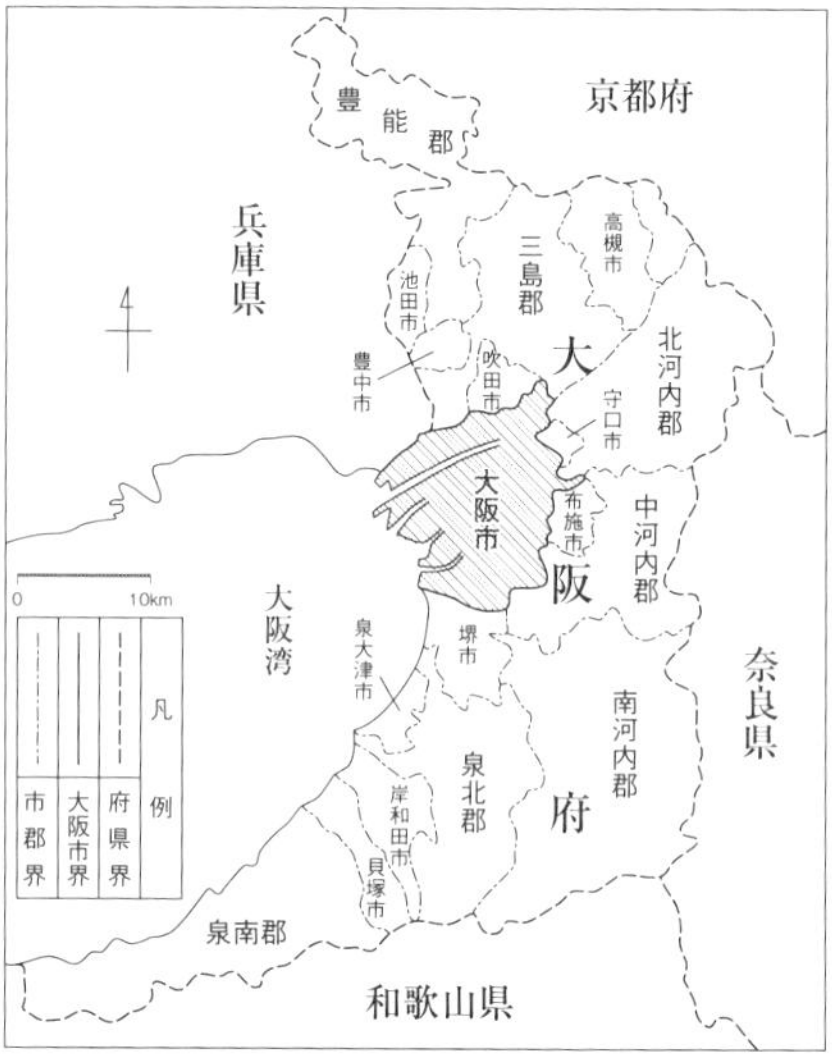

図1－1　大阪府地図（1946年）
出典：大阪市庶務部『特別市制関係資料集』（特別市制叢書6，1947年1月）を基に作成．

本章においては、このうち一九四六年から一九四七年までの過程を、主として大阪市側の動向に即して取り上げる。大都市制度に関する研究は数多いが、戦後の特別市制問題についてはまず占領改革における「民主化」の進展如何に対する評価として論じられ[2]、一方で占領期研究の進展とともにそうした評価軸を相対化する潮流が強まるなかで、実証の深化が図られた[3]。これらは、地方政府の首長および地方議会、それらの利害が調整される場としての国会や諮問機関、そして政策決定に重大な影響力をもったＧＨＱ／ＳＣＡＰの動向に着目してきた。

だが、特別市制運動はそれぞれの都市や府県で市民（Citizen）をも巻き込んだ運動として展開した。特別市制問題はガバメントの領域のみにとどまらない、ガバナンスの問題だったのである。こうした特別市制運動のローカルな諸相についての研究は多くはない。大阪に関しては自治体史のほかに木村収『大都市行財政の展開と税制』（晃洋書房、二〇〇四年）や砂原庸介『大阪』（中央公論新社、二〇一二年）に言及があるものの、いずれも概説の域を出るものではない。

特別市制を実現しようとする勢力、それを阻止しようとする勢力はどのように主体として立ち表れ、どこに向かって何を働きかけたのか。ここでは主として大阪市や大阪府の公文書およびパンフレット類を史料に用いてこうした課題に迫る。政治構造が流動化していた占領初期は、中央での陳情から地域での市民動員に至るまで、ある意味で選択肢の豊富な時期であった。そしてそうした状況に相応しく、当時の特別市制をめぐる議論は細かな事務管掌や財政配分といった行財政のいわばテクニカルな事柄よりは、むしろ都市のあり方をめぐる大きな構想の対立として現出した

表1－1　五大都市の特別市制運動方針

1	市長議長名ヲ以テ各政党本部ニ陳情スルコト
2	五大都市関係貴衆両院議員ニ陳情懇談スルコト
3	今期議会ニハ五大都市特別市制方案ヲ衆議院議員提出法律案トシテ提案方ヲ依頼スルコト
4	政府当局ニ陳情スルコト
5	各都市市会実行委員ハ上京陳情スルコト
6	各府県当局ト懇談スルコト
7	特別市制問題ヲ市民ニ普及徹底セシムル方途ヲ講ズルコト

出典：大阪市公文書館蔵『特別市制関係綴　戦後（六の一）』（配下番号89805）所収,「五大都市市長議長会議」(1946年6月6日).

のである。したがって、この課題を扱うことは単に地方政治における細かな政局を追う以上の意義があろう。なお、図1－1に関連する地図を掲げる。

一　戦後特別市制運動のはじまり

1　内務省への陳情

戦後の大阪特別市制運動は、一九四五（昭和二〇）年一一月に五大都市市長が懇談会をもち、連名による陳情をまとめたことに始まるとされる。(4)大阪市では、同年一二月に市会で大都市制度実施に関する政府への意見書提出が決議された。(5)また市庁には遅くとも一九四六年二月までに「大都市制度調査実行委員会」なる組織が設置された。(6)

五大都市が目指していたのは、特別市制を定める単独法の制定であった。ここでは一九四六年六月六日付「五大都市市長議長会議」の議事録によって、この時期の運動の様子を窺ってみよう。この会議は同年六月二〇日より開催されることとなっていた第九〇議会を睨んだもので、運動の方針は表1－1に示すようなものであった。

表中、1～5番は中央へ、6番は府県へ、7番は市民への働きかけと理解できる。まず中央すなわち議会および内務省への働きかけについて見る。座長の中井光次大阪市長は、基本的な方策について次のように述べていた。

先ヅ政府ヲシテ案ヲ出サセル為ニ内務省ヘ陳情スル、ソレト同時ニ五大都市関係ノ両院議員ヲ動カス　事前工作トシテ大阪、東京ノ代議士ニ連絡ヲ執ツテ其ノ上

デ人選スル、サウシテ其ノ人々ノ動キニヨツテ政党ニ働ラキカケ、政府案ガ出サレナカツタラ議員提出案トシテ貰フ(7)

このような、いずれかといえば内務省重視という方針は、議会や政党への働きかけがあまり有望視されていなかったためであった。席上中井一夫神戸市長によれば、一九四六年四月に実施された戦後初の衆議院議員選挙において都道府県単位の大選挙区制が採用され都市部の利害を前面に打ち出すことが困難となったためという（但し大阪府は大阪市とその他の二選挙区に分割）。この見解には佐藤正俊名古屋市長も同調していたが、竹内忠治京都市会副議長のように政党への働きかけを重視する意見もあったため、右記のような両面作戦となったのである。陳情対象の政党はこの時点では決まらなかったが、結果的に自由党・進歩党・社会党・協同民主党と、共産党を除く主要政党が対象となった。一九四七年五月の日本国憲法施行とともに衆参両院に常任委員会の一つとして「治安及地方制度委員会」が設置されたのちは、これらへの働きかけもなされることとなる。

もっとも、内務省への期待も確固たる根拠があったわけではなかった。中井大阪市長は五大都市市長会議（六月六日）の席上、「内務大臣デアル大村〔清一〕サンガ全次官ノ時私ガ会ツテ訊ネタラ……特市ノ案ヲ今出スト云フコトハ一寸困難デアル」という、内務省のいずれかと言えば消極的な反応を紹介していた。もっとも、彼は「是ハ大村サンノ個人的ノ意見デアル」としてなお一縷の望みを保っていた(8)。

こうして、議会開催直前の一九四六年六月一七日から二〇日にかけ、各市の市長・議長らは二班に分かれて東京で陳情活動を行った(9)。具体的な反応が得られたのは内務省であったが、その内容は、趣旨には賛同するが当期議会には間に合わないというものであった。大村内相は、「特別市制法案は今期議会には間に合はない、地方制度の大幅改正で、知事の公選、警察権の委譲等によって市長の権限が拡大強化されるので特別市制問題も単に制度上の問題となつて其の切替へも至極簡単になると思ふ、只残存郡部の問題や財政問題については相当調査の要がある、次の議会迄には十分考慮する、各市において事務当局に何等かいろ〳〵の調査が出来て居れば是非提出を願ひたい」と返答し、飯沼一省事務次官も「今議会には間に合はない、次期議会迄に研究したい」と述べた。

翌七月下旬、今度は大阪市会議員五名が東京へ陳情に赴いた(10)。前月の内務省でのやり取りを踏まえ、次期議会への法案提出の言質を得るためであった。だがここでは、即時の具体化を諦めさせられる結果となった。大村内相は「終戦後の時代は一変したので……大都市の財政公営事業の面等から見て五大都市に対する今までの案は御破算にして考へ直さなければならぬ点が非常に多い、成べく共通単純な基本法を基として特別のものは特別のものとしてその特殊性に応じた制度を実施すれば大都市については面白い案が出来ると思ふ」と述べたが、これは特別市制単独法案の提出が見送られることを意味した。特別市制は一九四七年五月に施行された地方自治法の中に盛り込まれて制度化されることになるが、それを先取りする発言であったと言えよう。

内務省は特別市制自体を否定したのではなかった。大村内相は「此の改正地方制度問題〔一九四六年九月公布一〇月施行のいわゆる第一次地方制度改正〕が片付けば特別市制問題も身を入れて調査研究して見たい　諸君の方の協力も仰がなければならぬし吾々としても研究し立案するが議会に出して通ると云ふ立案を地方でもやって貰ひたい　五大都市誰でも納得出来ると云ふ案を作ることに御協力を願ひたい」と、特別市制そのものには前向きであった。大村に同席した郡祐一地方局長も「片苦しくない委員会なり協議会のようなものを拵へて五大都市の方と接触して研究して見たい……今度の改正で五大都市は非常に特別市制に近づいて居る」と述べ、地方制度改正で府県知事公選制が導入されれば「府県も市も同じ性格になって……特市の実現を非常に促進する」とした。

ただ、運動の仕方については課題も残された。飯沼事務次官は「何しろ敗戦後の日本としてあらゆる面に改善を要することが多い　特市問題ももっと具体的なもの、運動が必要でないか」と指摘した。単に制度を導入してほしいと言うのみでなく、具体的な問題を指摘し、支持基盤をもった運動として展開しなければ採りあげようがないというのである。世耕弘一政務次官の、「〔従来は〕只官僚に叩頭しに来て居たやうな向もあった」が「新憲法の精神に則してこれからは之を実施せよと力強く要求するのでなければならぬ」との発言も、同様の主旨であった。

こうして特別市制単独法の制定は見送られたが一定の成果はあった。一九四六年九月一日に衆議院で地方制度改正案が通過した際、付帯決議の一つに「五大都市に速かに特別市制を実施すること」[11]が盛り込まれたのである。同改正を担当していた地方制度改正委員会の中島守利委員長に対しても陳情を行っていたことなどが功を奏したといえる[12]。

2　運動の理論武装

こうして、特別市制は誰のいかなる利害に基づくのかが問題となった。言い換えれば特別市制を正当化する精緻な理論武装を行い、それが市民の望みであることを示すことが、市側の課題となったのである。一九四六年九月に五大都市が共同で発行した『大都市制度要綱』[13]というパンフレットは、この課題に応える性格を帯びていた。

パンフレットの冒頭、五大都市は次のように宣言した。「大都市は其の区域、人口、産業経済力の上から見て大体府県と同等の実力を具備して居るばかりでなく、大都市の特質上事業の内容は寧ろ府県よりも複雑多岐に亘り広汎なものがある。それに拘らず之を小都市と同一視して、特別な機構、権限を与へないで府県の監督下に置かれることは極めて不合理であつて、自活的活動の効率を減殺すること甚だしいものがある」「米英に於ては大都市は小都市と区別して特別な機構と権限とを付与し、大都市の実情に即し運営の出来る制度が定められて居るのであるから、我国に於ても此の際大都市制度を速かに確立することが必要である」。

続いて、教育・経済・保健衛生・社会事業・土木・都市計画および戦災復興・公企業・警察・選挙、統計その他一般行政の各項目につきそれぞれ大都市が管掌すべき事柄を述べた。特に強調したのは「経済」と「都市計画および戦災復興」であった。前者についてはとりわけ価格統制と配給に関して府県からの権限移譲を求め、「大都市の食糧その他物資については市は中央卸売市場を経営し末端配給の事務を担当するだけであって蒐荷、配給の計画並に運営について何等の権限を有たない現状である」と是正を求めた。後者については「戦災復興事業の執行は市費を以て国の補助を受けて市が担当することになって居るが、復興計画の樹立は知事の主管するところとなり、復興に不可欠な木材その他の資材、労力、食糧加配等は凡て市長の権限でないために復興の促進に多大の支障を生じて居る」と指摘し、府知事から市長への権限移譲を求めた。これはのちに二重監督問題と呼ばれることになる。こうした市の管掌範囲の拡大には財政的な裏づけが必要であり、それは各種税源移譲の要求へとつながるのであるが、この問題はさしあたり焦点化しなかった。

表1-2　「特別市制叢書」（大阪市庶務部発行）一覧

巻数	表題	発行年月
1	特別市制に関する地方制度調査会審議経過	1946.12
2	大阪市民と特別市制	1946.12
3	特別市制と市民厚生	1946.12
4	特別市制と公衆衛生	1946.12
5	大阪特別市制に関する諸問題	1946.12
6	特別市制関係資料集	1947.1
7	大阪の復興と特別市制	1947.1
8	警察制度改革に関する連合国軍総司令部の発表事項	1947.1
9	警察制度の沿革	1947.1
10	特別市制と学校教育	1947.1
11	特別市制と中小商工業	1947.2
12	府市職制一覧	1947.3
13	東京都の職制	1947.3
14	〔タイトル不明―未見〕	
15	大阪市の人口	1947.4
16	〔タイトル不明―未見〕	
17	大阪市制の現況	1947.5
18	特別市制覚書	1947.7
19	特別市制と住民投票	1947.7

出典：筆者作成.

パンフレットの結論はもちろん五大都市を特別市とすべきというものであり、その領域と権限についても具体的に述べていた。「市の区域は、市住民の社会的日常生活に於て連帯性を有し、且つ一個の自治体としての一体感を形成し得る地域を以て都市区域として策定すべきであるが、差し当り従来の区域によること」とし、さらにこの区域は「府県の区域外」であるから「従来府県に属した事務、事業を市の事務、事業とすること」とした。特別市は府県から独立した自治体と想定された。

さらに、大阪市は庶務部の主導で各部局から「特別市制の実施に伴ふて市民の利益となる事項」について意見を徴取し[14]、ついでそれらを「特別市制叢書」として刊行していった。同叢書は管見の限り、一九四六年一二月から翌一九四七年七月まで一九号の発行が確認され、その一覧は表1-2に示すとおりである。これらの叢書には、二重監督問題の具体相が示されていた。たとえば民生委員を市が国に対して推薦できないため機微を欠く、伝染病への対応において二重の届出や府による意思決定を待つことが迅速な対応の妨げになっている、学校の配置や教職員の任免などにおいて事務処理が遅滞する、といった具合である。[15][16][17]

二重監督問題は五大都市側が特別市制を主張する際の最も基本的な理由とされ、たとえば一九四七年八月に発行された別のパンフレットでは上記の事柄に加えて上下水道や交通などで「府の素人監督行政が市の専門的行政を阻害し市民に迷惑を与える」などといった形で批判が展開された。[18]

二　大都市制度をめぐる市と府県の対立

1　地方制度調査会

一九四六年一一月、大阪市議の担当委員らが内務省へ赴き、再度陳情を行った。[19]大村内相は、「特市問題は解決の時機到来せり」としつつも、次のように述べた。

東京の様な都制になるかは地方制度調査会の審議に俟つ訳であるが、唯大阪は他の四大都市とは異なる。其の点で多少都制になる可能性もあるが、併し政治都市東京と商工都市大阪は自ら都市の性格が変って居るので、十分検討の上民主化せる特市を実施し市民の要望に添ひたいと存ずる。

大都市制度の帰趨を「地方制度調査会」に委ねるというのである。郡地方局長もこれにあわせる形で「新憲法の趣旨に依り地方制度は民主化したるものにしたい。従って内務省案はない」と発言した。

大村が言及した地方制度調査会とは、一九四六年九月二八日公布の地方制度調査会官制（勅令第四七二号）に基づき設置された、内務大臣所轄の諮問機関であった。委員は内務大臣の奏請により内閣が任命することとされ、定員は五

表1－3　地方制度調査会諮問第三調査項目

第一　東京都
〔省略〕
第二　五大都市
（一）　大都市制度として東京都制の方式によるか，所謂特別市制の方式によるか
（二）　大都市に道府県制を適用するか，又は別箇の制度を設けるか
（三）　大都市における国政事務の処理をどうするか
（四）　区その他下部組織をどうするか
（五）　財務について特に考慮する必要があるか
（六）　残存郡部をどうするか又これと大都市との関係をどうするか
（七）　その他大都市制度について特に定めるべき事項があるか

出典：内事局『改正地方制度資料　第3部』，7-8頁.

〇名とされたものの、実際の人数は八一名となり、このほかにも途中で委員の任免が行われていた。さらに各官庁から幹事として三四名が名を連ねていた[20]。

一〇月二四日付の諮問は四項目からなり、府県制・市制・町村制に基づく旧来の地方制度の抜本的な改革と、新法（地方自治法）の制定を方向付けるものであった。このうち大都市制度に関するのは諮問第三号であり、「大都市の現行制度について、改正を加える必要があると認められる。これに対する改正の要綱を示されたい。」という内容であった。また、より詳細な「調査項目」は、表1－3に示す通りであった。同調査会は諮問各号につき部会に分かれて審議することとし、諮問第三号は第二部会で議論することとなった。第二部会の委員は表1－4に示す通りである。

会議は一一月四日から二五日までの間に五日間にわたって開催された。議論は、全体としては五大都市にとって有利な方向で進んでいった。市側は前述の『大都市制度要綱』を資料として配布するなど周到な準備を調えており、会議の席上でも大阪市長の中井光次委員らが特別市制について詳細に説明をすることができた。地方制度調査会の中島守利会長も、第二部会長の永江一夫もともに特別市制を容認する姿勢を示し、さらに幹事として説明役を務めた鈴木俊一内務省地方局行政課長も、立場上は中立ながら「特別市制というものは必ず必要ということになるのであります」と、前向きな態度を示したのである[21]。

これに対し、五大府県側は当初、守勢に立っていた。特別市制反対の急先鋒であった神奈川県知事の内山岩太郎委員は、この状況について「市当局の方からは、

非常に早くから運動しておる、もうすでに二十年来の仕事である。こういうふうに仰せられ、市当局から見れば常識であるといわれているのでありますが、一体それは県民にとつてどんなことであるかと申しますと、実は極めて事新しい問題[22]」と述べていた。京都府会議長の藤井彦三郎委員が「今まで曾つて此の五大都市の特別市制に対しまして、市から府に対して御相談があつたように承つていないのであります……ただ五大都市が勝手にやられている……そうして府県には中央からも、調査しろとか或は研究しろとかいうような御命令は何もない[23]」と述べたのも、先手を打った五大都市側とそれを容認していた内務省への批判であった。内山が市側の用意した『大都市制度要綱』を「でっち上げ」と罵り、「府県の区域は歴史的な産物であり、府県住民の共通的な感情、習慣というものは法令を超越した存在であります」と口走ったことは[24]、五大府県側の準備不足と、そのことへの焦りとをよく示していたといえる。

もちろん、内山も感情的な反応に終始したわけではなかった。大都市が特別市として府県から独立すると、財政、

表1－4　地方制度調査会第二部会構成員

		氏名	所属
委員	1	永江一夫	衆・社会党
	2	本多市郎	衆・自由党
	3	大久保留次郎	衆・自由党
	4	佃良一	衆・進歩党
	5	神戸真	衆・進歩党
	6	西尾末広	衆・社会党
	7	大矢省三	衆・社会党
	8	中野四郎	衆・無所属
	9	松平外与麿	貴・公正会
	10	山田三郎	貴・無所属
	11	東郷彪	貴・火曜会
	12	石川一郎	商工関係代表
	13	佐々木惣一	学界代表
臨時委員	1	安井誠一郎	東京都長官
	2	内山岩太郎	神奈川県知事
	3	藤井彦次郎	京都府会議長
	4	桑原幹根	愛知県知事
	5	中井光次	大阪市長
	6	塚本三	名古屋市会議長
	7	細見達蔵	神戸市会議長
	8	中田守雄	大阪府会議長
	9	黒田清右衛門	兵庫県会副議長
	10	田島義士	横浜市助役
	11	木村惇	京都府知事
	12	岸田幸雄	兵庫県知事
	13	竹内忠治	京都市会副議長
	14	木村清司	戦災復興院次長
	15	安藤七郎	愛知県会副議長
	16	重田忠保	戦災復興院次長
	17	桂作蔵	内務参与官

出典：『戦後自治史Ⅴ　地方自治法の制定』14-15頁（自治大学校，1963年）．

食糧事情、戦災復旧、教育文化、勤労行政、治安維持、保健衛生など（『大都市制度要綱』で挙げられた各項目）で支障があり、神奈川県についていえば連合国軍との渉外事務でも問題が生じるとして、「大都市の区域を府県から分離せずに、当該市に対して必要最大限の監督権排除の措置を講じ、之に伴う財源を府県から移譲する」ことを主張し、「若しそれでも満足が出来ないというのであれば、思い切つて東京都制の方に進むべきである」と述べたのである。[25]

もっとも、「東京都制の方」は内山も望むところではなかった。彼は大都市制度案について「東京都の型のもの、それから所謂特別市制で完全に分離するもの、それから県の中に於て特殊の待遇を与えようとするもの」の三つがあるとして、そのうち「一番宜いのは中間の、府県の中に於て首府であり、又大都会である大都市に特殊の待遇を与えることが理想」と結論したのである。[26] 付言すれば、一九四三年に実施された東京都制は、この会議においていずこからも支持されていなかった。永江部会長が「東京都制の方式によるという御意見は、一つも此の委員会では出ない」と宣言し、表1-3の調査項目第二号（一）にあたる「都制か特別市か」について採決し後者が採択された際にも、内山はあえて反論しなかったのである。[27]

だが、調査項目第二号（二）の、特別市に府県制を適用するか別箇の制度とすべきかという問題をめぐって再び会議は紛糾した。この文言の解釈をめぐっては委員間で差異が生じて若干の混乱が見られたが、幹事の鈴木俊一が、特別市を道府県なみの上級団体とするか市町村なみの下級団体とするか、という区分であると説明したところ、五大都市側は上級団体であることを望み「府県制を適用する」案が採択された。[28] この時には、内山ただひとりが反対した。[29]

五大都市側の委員は、もちろん特別市制を支持した。神戸市会議長の細見達蔵は、「現在与えられている市長の権限プラス府県知事の権限を以て、この特別市制法としていただきたい」[30]と『大都市制度要綱』の内容に沿った主張を行い、名古屋市会議長であった塚本三委員は、すでに衆議院の付帯決議で「五大都市の要求するような」特別市制が定められたのだから「国論がそういう風に決定して居る」と述べ、[31] 特別市制に反対する余地はもはやなく、どのように実施するのかを議論すべきと主張した。貴族院議員であった山田三郎委員が、「大都市が独立しますけれども、ほ

表1－5　大都市制度に関する地方制度調査会答申（諮問第三）

第一　東京都

（省略）

第二　五大都市

（一）五大都市は夫々その市の区域により特別市として現在所属している府県から独立させること.

（二）特別市には，原則として道府県の制度を適用すること.

（三）特別市における国政事務（警察事務を含む）の処理は，原則として道府県に準ずること.

（四）下部組織

（イ）区はすべて行政区とすること.

（ロ）町内会及び同連合会等については，なるべく煩瑣な規定を設けないこと.

（五）財政

（イ）国税の一部を移譲すること.

（ロ）独立税種を創設すること.

（ハ）公企業の経営権を拡張すると共に或る程度収益主義を認めること.

（ニ）事務の担任区分を明かにし国費地方費の費用負担区分を是正すること.

（ホ）起債認可の手続を簡易化すること.

（ヘ）各種の国庫補助金を整理統合してこれを一般財源として賦与すること.

（六）残存郡部は，独立の府県として存置し，五大都市との関係は，府県市組合を組織させる等の方法によりこれを調整すること.

（七）その他

（イ）区長の選任は，次の何れかによるものとすること.

甲　市会の同意を得て市長が選任する.

乙　市長が任免する.

丙　選挙人が直接選挙するものとすること.

（ロ）残存郡部を独立の府県とした場合の名称，府県庁の所在地は，一応従来通りとし，残存郡部の意思により適宜決定するものとすること.

（ハ）実施の時期はなるべく速ならしめること.

（ニ）復興に伴う人口激増に鑑み，市会議員の定数を特例により増加する方法を講ずること.

付帯決議

諮問第三に対する答申の取扱に関しては，五大府県及び五大都市が円満な協調を遂げられるように，政府の善処を要望する.

出典：内事局『改正地方制度資料　第3部』，11-12頁.

かのものよりもつともつと広い自治権を持つ、従つて府県の同じ制度をそこで準用〔する〕」というやや折衷的な意見を述べた際にも、塚本は「具体的にどんな制度ですか御示しを願いたい」とたたみかけ、名古屋市助役であった木村清司委員も、「われわれは上級自治団体にすべきであるという趣旨で決定したのです。その点をよく頭に入れるような趣旨でお伺いしたい」と強硬であった(32)。

しかし、このようなやり方で内山を納得させることはできなかった。第二部会の審議は答申案にまとめられ総会にかけられたが（表1-5）、ここに至っても内山は「部会を通つた特別市制なるものは、やり方が非常に杜撰であり、無責任」「極めて利己的な、一方的な、市民だけが、或いはむしろ市の当局者、市会議員とか市長さんという人達が主として今日まででつち上げたもの」と非難し、事態を紛糾させたのである。内山の不満は「横浜市が現在の地域でもつて独立すれば、神奈川県は完全に三つに分れてしまう」ことにあり、「府県を直ちに分けてしまう」ことや五大府県を一律に処遇することについて終始一貫して反対し続けた(33)。

答申案はなんとか総会を通過したものの、こうした事態を受け、第二部会では五大都市特別市制関係小委員会を設置して引き続き議論を行うこととなった。

2　府県側の反対論と五大都市の反駁

いま見たように、地方制度調査会では神奈川県知事の内山がほぼ一人で特別市制に反対した。他府県委員は欠席が多かったが、これがボイコット戦術であったのかどうかは判断が難しい(34)。いずれにせよ、内山が孤塁を守る間に府県側は急遽府県会等の意見収集に着手し、会議の席上でそれらを開陳した。愛知県会は名古屋市部選出議員を除けば概ね特別市制に反対であり、兵庫県会も反対であった。兵庫県町村長会は、特別市には反対しないが神戸市が周辺町村の合併を企図していることには反対していた。内山が知事を務める神奈川県では賛成反対両論があったが、「県会としては大部分が反対である」と報告された。そして大阪府会であるが、実は特別市制そのものについては「地方分権を徹底する所以であり、地方行政の民主化実現の意図に添うものである以上勿論異論はあり得ない」と賛意を示していた。これは府会議長であった中田守雄をはじめとする市部選出府会議員が特別市制に賛成したためであった。ただ、府会ももちろん一枚岩であったわけではなく、「残存部分の地域が、一自治団体として存立し得るよう財政力を賦与することに特別の留意を求めたい」とも述べていた。大阪府市長会（除大阪市）でも「［将来的に］第二次的に隣接する地域の特別市への合併が必至となるであろう……斯くの如き合併された特別市の独立は、残存部分にとつて重大なる影響を齎す」として否定的な意見が多かったという。

表1-6　大阪府財政における大阪市の意義（1947年度予算）

（単位：百万円）

	歳入		歳出	
	経常		経常	
大阪市	766	876	592	784
残存地域	475	659	591	752
大阪府計	1,242	1,536	1,184	1,536

出典：大阪府「大阪市特別市実施反対資料」（1947年9月付，大阪府公文書館蔵『昭和二十二年　特別市制関係資料綴』所収）．

特別市が府県から独立した後における残存市町村の財政力は特別市制問題における焦点の一つであった。大阪についていえば、表1-6に示すように府として一体のままでいるうちは、税収の大きな大阪市が府を介した再分配の仕組みを通じて周辺町村を支えるという構造が成り立っていたのであるが、特別市として大阪市が独立してしまえばその仕組みは失われてしまうことが予見された。大阪府町村会長が「大阪府はその地理的、経済的、文化的、沿革的諸事情から、大阪市を中心として、強く一体的密接な関係」にあるとして、反対の意を表明したのも、このような事情からであった。

一九四六年一二月一八日に開催された地方制度調査会第二部会小委員会会議（前述）の席上、田中広太郎大阪府知事は府会の様子について説明し、特別市制に関して府会には大略三つの意見があるとした[35]。一つは、特別市制を実現すべきという賛成意見である。これは先に述べたように主に市部選出の府会議員によるものであった。二つ目が特別市制に反対の意見であり、郡部選出議員に多かった。残存郡部の財政基盤が弱体化するという懸念が、その理由であった。そして三つめが特別市制の趣旨には賛成だが時期尚早であるという意見で、これらの意見が大体同数で拮抗していたという。

田中府知事自身は「強いて反対しない。理想論としては、都制のやうにするといふことも学究的純理論としては成立つ。大阪全体の特別市制がよいと思ひますが、現実の問題としてはこの現在の状勢から言ったらいろ〳〵の問題でとてもできません。実際問題として東京府市が合併したときのやうな問題でうまく行かない」と述べ、都制をちらつかせつつも主張の明言は避けた[36]。いずれにせよ、一九四六年末頃において、大阪府会および知事は、必ずしも明確に特別市制に反対したり、あるいは対抗して都制案を主張したりしていたわけではなかったのである。

大阪府が特別市制に強く反対するようになるのは一九四七年七月頃からであった。それまで府は食糧問題や大阪港修築などが先決であるとして時期尚早論を唱えていた[37]。ところが、「昭和二十二年七月」と年月が記された「大阪特別市制実施について」という文書においては、「大阪府の地勢は大阪市を中心として南北に細長く三方を山に囲まれて西は大阪湾に臨み、交通通信機関は悉く大阪市を基点として放射状に発達し大阪市は扇の要の如く府民生活の中心をなしている」「府下の各都市は大阪市に依って結ばれ一体化せられている」と府市の一体性を根拠に、都制を主張したのである[38]。同時期に作成されたとみられる別の文書では、府は二重監督問題の存在を認めたうえで、その解消法として三つの選択肢を挙げた。一つは「最小必要限度の事務のみ府県の監督下に置くと言ふやり方」で、一九二六年に定められた五大市行政監督特例を拡張するというものであった。第二は大阪市が市域拡張により周辺地域を併合したうえで特別市として独立し、残存郡部は分割して隣接府県に合併するという方法であった。しかしこれらについてはいずれも否定し、第三に都制を掲げてこれを支持したのである[39]。同様の主張は陳情用資料と思しき「大阪市特別市制実施反対資料」(一九四七年九月)にも見られ[40]、大阪府の都制論はこの時期に方向付けられたと言える。

府市の一体性については、大阪市も認めるところであった。たしかに大阪市は府下の郡部町村から食糧の供給を受けているし、労働者も郡部に居住して鉄道で市内に通勤する者が多い。しかし大阪市は同時に、そうした関係は何も府内郡部の町村との間だけに成り立っているわけではないと反論した。たとえばコメは岡山県や北陸三県からの供給にも仰いでいるし、通勤者にしても兵庫県の尼崎市から大阪市内へ流入する者がかなりの割合になる。要するに、「府市民の社会経済的関係は行政区画によって遮断されるものではない」[41]としたのである。これは、大都市が抱える問題がもはや「単なる地方的な問題ではなく、国家的に調整すべき問題」であるという認識に立つもので、そうである以上、市を府県に併合しても問題は解決せず、むしろ「府県市組合、又は、市町村組合をつくつて、共通の利害をもつ事業の調整を行つて行く」[42]という、機能別組合の志向につながる。中井光次大阪市長が地方制度調査会の席上で「国家的見地から経済なり警察なり考へなければならんが、自治行政といふものは分れてもどうするといふことはない。切離してその間に紐帯を決めて組合の間でやるべき」と述べたことも、同様の主旨であったと理解できる[43]。

こうした発想は地方制度調査会の中島会長も共有していた。彼は「五大都市の如き府県と対等の都市に対しては、府県と共同体のようなものを許す、いわゆる連合で事務を処理することを許すというような規定を地方制度の上につくりまして、そしてこれらの問題の調節を図りたいと考えております」[44]と述べていた。さらに同会幹事であった鈴木俊一（繰り返すが彼は当時内務省地方局行政課長であった）も、地方自治法が成立すれば府県や市町村が「地方自治体」という同一の範疇に属することになるため、それらの間で組合を結成することが容易になると説明していたのである[45]。

すでに述べたように、もっとも強硬な態度で特別市制に反対した内山でさえ二重監督問題の存在は認めており、市の自治権拡張を否定していたわけではなかった。要するに、特別市制を主張した五大都市も、それに反対した府県の側も、都市化の進展に伴って新しい統治の方法が必要とされていたことについては認識を共有していたのである。異なっていたのは問題の解決法であり、大阪市は府からの事実上の独立によって、大阪府は市の解消による府への一元化によって、それぞれ目的を達成しようとしたことになる。

都市化の進展に対し地方制度はどう改変されるべきなのかという問題は、戦前から戦中にかけてすでに提起されていた。大阪市を含む各都市で実施された市域拡張は、空間領域の拡大によってそれに対処する試みであったが、両大戦間期以降の都市化は同時に都市空間における利害の拡散、いいかえれば社会の多元化を伴う現象であり、都市の領域を拡大するだけでは事態に対処し得なくなっていた。問われていたのは、どの領域によれば人々や諸集団間の利害調整が可能なのかではなく、領域以外のいかなる方法によればそれは可能なのか、あるいはそうした状況の中で領域はいかなる意味を持ち得るのか、という事柄であった(46)。こうした見方に照らせば、大阪都制案がいずれかと言えば従前型の市域拡張的な考え方の延長上にあったのに対し、特別市制案は機能主義的な統治機構への再編を志向していたということになろう。

なお、地方制度調査会第二部会の五大都市特別小委員会では、大阪・名古屋については特別市とすることに支障なし、神戸は市域拡張のうえ特別市として支障なし、京都は郡部に反対があるものの知事は特別市の円満な実現に努力する、横浜は反対の意見が強い、という答申がなされた(47)。

三　市と区と市民

1　市民の動員

大阪市が市民への普及啓蒙を開始したのは一九四七年夏頃で、ちょうど前述した「特別市制叢書」の刊行が一段落したタイミングに合致していた。同年七月、大阪市会に「大阪特別市制実施対策本部」が設置され(48)、翌月にはその下に「特別市制普及企画委員会」が設置されたが、そこでは次のようなことが方針として定められた(49)。

一．経済界、実業界が自発的に特市促進の運動を進めるよう推進すること。
二．官製の期成同盟会ではいけない。市民から盛り上った特市賛助団体が必要である。
三．特市問題を詳細に説明した特市早わかりを作製、各戸に配布する。
四．生徒、学童を通じての普及宣伝が必要である。

五．市関係のあらゆる会合を通じて特市普及の宣伝をする。又市の各局において作製する諸印刷物に、特市標語など、特市普及を加味した文句を挿入する。

形式上は自発的に盛り上がった運動としつつ、実際には市民への啓蒙や宣伝普及に努めることとしたのである。こうした運動はどのように組織されたのであろうか。大阪市行政局長名で発給された文書には次のように記されていた(50)。

一．特市の市民運動はすべて市会議員を中心とし組織される大阪特別市制実施対策本部及び各区支部によって行はれる。

二．市民に対する啓発宣伝は本部、支部並に大阪都市協会がこれを担当する。

三．市理事者及び区長は本部支部並に都市協会と密接な連繋をとってこれを援助する。

ここにあるとおり、動員の単位は「各区支部」、すなわち大阪市管下の区であった。当時の大阪市は二二の区を擁しており、特別市制実施対策本部のもと、区ごとに支部が設置されたのである。その具体的内容については、表1-7に掲げた「当面の特別市制促進運動実施要領」に詳しいが、もっとも基幹的な活動は、区内の小学校区を単位として区民二〇〇名前後が参加する「座談会」を開催することであった。その会場は小学校であり、もっとも少ない浪速区で二回、最多の西成区で一五回開催された（表1-8）。こうした座談会には町内会長や町会連合会長などが来賓として招かれた。さらに、このような空間領域を単位としたピラミッド型の組織で「実行委員」を選出し、「指導層」が「特別市制問答」などのパンフレット類を読み込んで一般区民への普及啓蒙に当たるとともに、彼らが中心となって小規模なイベントを開催するという手法が採られたのである。

再び表1-7によれば、並行して学校教員を含めた市職員に対しても知識啓発が行われたほか、『特別市制　真相はこうだ』という、当時のラジオ番組のタイトルを捩ったパンフレットや「特市早わかり」といったビラが作成されて

表1－7　「当面の特別市制促進運動実施要領」（1947年7月）

一．各区支部を通じて行う運動
　1．校下単位座談会の開催　前期に引続き開催地区の実施を完了せしめるものとす．
　2．特別市制問答を作製実行員などの指導層に配付する．
　3．其他各区支部の実情に応じた啓蒙普及を各支部の企画において行う．
二．一般市民を直接対象とする啓発運動
　1．懸賞ポスターの配布（一等当選のものを）
　2．スライド広告の作製，映写
　3．絵入特市早わかりポスターを作製（散髪屋，風呂屋，区役所など一般に眼につき易い処に貼り付ける）
　4．「特市の真相はこうだ」を印刷売却
　5．「特市早わかり」ビラ印刷各戸に配付並びに諸会合に貸し付け来会者にも配付
三．其の他
　1．市職員に対する知識啓発
　　A．各局部係長以上を対象とし，
　　B．区各課長及他区の実務担当者を対象とし，
　2．学校を通じての啓発
　　A．校長会幹事会の開催——懇談，
　　B．各区校長会の開催，
　3．各界各層代表者との懇談会
　　社会事業団体，文化団体，経済団体，港湾関係諸団体，浪速□鉄協会などとの各種団体との連絡懇談

註：□はタイプ印刷不鮮明による判読不能を示す．
出典：「当面の特別市制促進運動実施要領」（大阪市公文書館所蔵『特別市制関係綴　戦後（六の二）』，配架番号 89810 所収）．

表1－8　大阪特別市制促進実行委員会
各区支部における座談会回数

区名	回数	区名	回数
北区	9	大淀区	4
都島区	6	西淀川区	9
福島区	10	東淀川区	
此花区	4	東成区	5
東区	5	生野区	
西区		旭区	
港区		城東区	10
大正区	9	阿倍野区	10
天王寺区	7	住吉区	
南区		東住吉区	10
浪速区	2	西成区	15

註：空欄は原史料の通り．
出典：「各区支部校下単位座談会開催状況」（大阪市公文書館所蔵『昭和22年度特別市制雑綴』，配架番号 9469 所収）．

各戸に配布された。このパンフレットでは「大人に赤ん坊の着物はきせられぬ」とか大阪市と郡部との違いは「さながら複雑精巧なディーゼル・エンジンと水車ほど」と形容するなど、多分に煽情的な手法が採られた[51]。また、川柳や標語を募集したり、銭湯や理髪店などにポスターを貼りだしたりもした。これに対し、「経済界・実業界」との関係については、一応連絡先の収集程度はしているものの、目だった活動の記録を見出せない。

これらの活動経費は、まず市から特別市制実施対策本部に寄付の形式をとって渡され、それが各区支部に対し小学校の数（座談会の回数）などに応じて配分された。各区支部はこうした活動を重ねたのち、支部の名前で決議文を出し、それを国会議員や政党、官庁などに送付したのである。決議文の原案は本部があらかじめ作成し、各区支部はそれを若干改変したうえで採択を決議した。こうした運動が「上から」組織されたものであったことはもはや明らかであろう。そして、すべての局面でお定まりの文句として謳われていたキーワードが「地方自治の民主化」であったことは、まことに大きな皮肉であった。

このほか、一九四七年八月二五日にはＮＨＫのラジオ番組で特別市制の是非に関する討論を開催して市民代表・府民代表・中立の各者を出演させたり[52]、大阪市の外郭団体であった大阪都市協会の発行していた雑誌『大阪人』誌上で特別市制特集を組んで大阪市長の近藤博夫が記事を執筆したりするなど[53]、特別市制問題に関する普及宣伝は盛んであった。

しかし、結局のところ特別市制問題は人々の具体的な利害欲求に根差していたものとは言い難かった。表1-9は一九四七年七月に時事通信を通じて行った世論調査の結果である。特別市制に賛成の意見が市部で最も多く、ついで衛星都市（大阪市を除く府内の市）、郡部の順であったこと、反対の意見はその逆であったことはここまでの議論と整合

表1-9　特別市制に対する世論調査結果（1947年7月）

「あなたは大阪市を特別市とすることに賛成ですか」　（%）

	賛成	反対	わからない
大阪市平均	47.8	11.7	40.5
衛星都市平均	40.1	12.6	47.2
郡部平均	33.7	21.3	45.0

出典：時事通信社大阪支社「大阪特別市に関する世論調査」（1947年7月，大阪市公文書館所蔵『昭和22年度特別市制雑綴』，配架番号9469所収）．

する。しかし同時に「わからない」がすべての地域で四割を超えていた事実にも注意すべきであろう。大阪市で「賛成」が「わからない」を上回ったのは宣伝普及活動の成果とも言えるが、その他の地域では「わからない」が最大多数派であり、多くの人々にとって特別市制問題が現実的な利害から乖離していたことを示している。

実際、大阪市の特別市制促進実行委員会では「一般市民は知らぬ顔をして特市運動が地についていない」「これでは市民も迷ふ、もつと市民がついて来る運動が必要だ」という意見が出ており[54]、市職員向けの部内誌でも「一般的に関心が薄い」「直接利害関係がない」「今後の啓蒙運動には市民のとつ付き易い話題をとらえて押して行けばよい」「市の職員組合などが熱意をもたないようなことで、市民に熱意を持たせるということは無理ですね」といった「意見」が掲載されていた[55]。

2　区の位置づけ

特別市制運動は、市と府県の関係のみを扱っていたわけではない。市の下にあった区の位置づけ、すなわちそれらを自治区とするか、行政区とするかをも問題としていた。自治区であれば法人格を備え、区独自の条例規則を制定することが可能であって、徴税権も有する。これに対し、行政区は自治権や法人格を欠き、区議会も持たない。当時の大阪市管下の区は制度上は法人区となっていたが、区議会を持たず事実上は行政区として運用されていた。中井市長が地方制度調査会で「法人区はないことになつておりまして、今日まで有名無実のものであります[56]」と述べたのはこうした事情を踏まえてであり、特別市制が実現したのちも管下の区は行政区とすることを望んでいた。

特別市管下の区を行政区とする意見は、地方制度調査会でも優勢であった。貴族院議員であった松平外与麿委員は、「区の組織はやはり行政区ということをやはりおたてになつていらつしやつた方が無難じやないか[57]」と述べ、永江第二部会長も「五大都市はそれぞれの都市が一つの自治体としての、個体としての発達を期待しているのでありますから、行政区としての区は存在するのでありますけれども、その区に一つの人格を与え、徴税権を与えるということは事実には適合しない」[58]とした。五大府県側は、のちに都制案で対抗する際には区を自治区とする方針を打ち出すことになるが、一九四六年末の時点では確たる案を持たなかった。但し五大都市の間でも意見は統一されておらず、京都市では管下の区を法人区とする動きが存在した。大阪の中井市長はそのことに触れ、反対の意を示していた[59]。

区の位置づけをめぐっては区長任免の方法も争点となったが、行政区案を支持する委員の間でも意見に相違があった。中井市長は市長による専決的な任免を主張したのに対し、松平委員は公選を、永江部会長は市長の推薦により市会が決定するという案をそれぞれ提示したのである。中井市長は「いろいろ選挙、承認ということが自主的、民主的なやり方でいいと思うのでありますが一々何でもそうやることはどうかと思います[60]」と述べていた。だが、大阪市政の一体性確保を根拠に区の自治権を制限しようとした中井市長の立場は、「地方自治の民主化」を掲げて府からの独立を目指した自らの主張と矛盾する可能性を孕んでいた。

なお、大阪府は一九四七年七月頃から都制論の一環として管下の区を自治区とすることを主張し始めたが、大阪市はこれに対して「大都市内に高度の自治区を認めることは大都市行政の解体自殺[61]」と批判し、反対した。

こうしてみると、大阪市管下の各区は「地方自治の民主化」という旗標のもと、自らの自治権を縮小する運動を行っていたことにする理解も、あるいは成り立ち得よう。しかもそれは、組織も経費も形式も市が拠出した動員によるものであったにもかかわらず、形式的には自発的運動の擬制を採らされたということになろう。

但しこうした評価は、領域的な広狭が自治の強弱を示すという前提――領域的に狭い範囲での意思決定がより民主的であるという前提――の上に立って初めて成立することにも注意を払っておかねばならない。そして、このような前提は必ずしも自明ではない。戦間期以降の都市において社会の多元化が進み、個別利害の拡散が進んだことを認めるのであるならば、問題はそうした社会状況において、より「自治的」であるとはいかなる状態なのか、という領域に踏み込まざるを得ない。当時の議論は必ずしもこうした射程をもっていた訳ではなかったが、先に触れた「都市のあり方」をめぐる議論とも関連して、示唆に富んでいたと言えよう。

四　住民投票問題とGHQ

1　住民投票問題

一九四七年三月、五大都市はまたも東京へ共同陳情に赴いた[62]。新憲法がすでに公布され、特別市制の規定を盛り込んだ地方自治法も議会に上程される見込みとなっていた時期のことである。地方自治法案は特別市制を規定してはいたが、対象となる都市やその条件までは定めていなかった。このため、五大都市を特別市に指定する単独法が別途必要となっていたことが、陳情の背景であった。ところが、陳情団はこのとき、新たな問題が焦点化していたことを知る。それは、新憲法九五条にかかわるものであった。

日本国憲法九五条は、「一の地方公共団体のみに適用される特別法は、法律の定めるところにより、その地方公共団体の住民の投票においてその過半数の同意を得なければ、国会は、これを制定することができない」と定めた。特別市制を個別都市に適用するには住民投票が要件となったが、同時に投票の範囲が問題となった。つまり、「その地方公共団体」の意味するところが特別市を目指す市であるのか、府県下すべての市町村なのかが明確でなく、争点となったのである。当時の五大都市および五大府県の人口は表1-10に示す通りであるが、戦時中の疎開によって大都市人口の比率が低下した状況下において、住民投票の範囲は重要問題であったことが理解できる。

表1-10　五大都市及び五大府県の人口
（1946年4月現在）　（単位：千人）

	五大市	残存部	府県全体
京都	914	707	1,621
大阪	1,293	1,682	2,976
横浜	706	1,313	2,019
神戸	443	2,382	2,826
名古屋	719	2,199	2,919

註：千人未満は切り捨て.
出典：京都市・大阪市・横浜市・神戸市・名古屋市『大都市制度要綱』（1946年）大阪市公文書館所蔵『特別市政関係綴　戦後（六の一）』配架番号 89805 所収.

実は、この問題については先に触れた内山岩太郎が一九四六年末の地方制度調査会席上ですでに指摘していた。もっとも、その時点における内山の含意は、五大都市を特別市とするならば、新憲法九五条の精神に照らして住民投票をすべきというものであった。[63] これに対し鈴木俊一幹事は、新憲法の下で一般地方制度として特別市制を制度化する分には住民投票の必要はないが、「地方自治法のほかに、特別市を作るためには、特に法律を以て、一つ関係府県の県界を変更して、特別市を新たに設置する。こういう法律をやはり別箇の法律として、議会に提出しなければならんのだろうと思います」とし、それについては「憲法九十五条との関係があるように考えられます」と述べていた。[64]

こうして、争点は一般投票の範囲の解釈如何ということになった。市側はこれを市民であると主張し（市民投票）、府県側は府県民であると主張した（府県民投票）。そして、当初優勢だったのは市民投票とする解釈であった。内務省地方局は一九四七年七月半ば時点でこのことを明言し、「このことは地方自治法成立当時、法制局とも打合済であり、G. H. Qにもその旨で説明の上承認をうけており、議会でもそう説明している」と文書で回答すらしていた。[65] また、七月下旬に上京した近藤博夫市長は「衆議院、政党方面は楽観して可、参議院方面も好転を観取される」と報告していたように、衆参両院の治安及地方制度委員会や自由党などは市民投票を支持していた。[66]

ただ、内務省はこのころから解体が取りざたされ、権限の実質的弱体化が始まっていた。七月二六日の大阪市特別市制促進実行委員会の会議上、田坂茂忠助役は「政府の情勢は、内務省解体のため、意気消沈し、極めて消極的であり、知事の反対気勢に押されている形である」[67]と述べていた。これが事実かどうかは知り得ないが、「内務省詣で」をする側から見ればその有効性に疑問符が付き始めていたとは言えよう。代わって事態を左右するようになったのは、GHQ／SCAPの民政局（GS）であった。同じ会議で田坂は、「G. H. Q方面に、〔投票は〕関係府県全住民とすべし、との見解があると云ふ」と述べてその影響力に注意を促していたし、その前日には一九四七年四月の選挙で参議院議員へと転身していた元大阪市長の中井光次らが、GHQ／SCAPで民政局地方行政課長として地方自治行政を担当していたC・G・ティルトン（Tilton）の下へ陳情に出向いていたのである。[68]

そして上記の会議が行われていた一九四七年七月二六日、市側にとって驚くべき事態が発生した。片山哲内閣が住民投票は全府県住民によることを閣議決定したのである。内務大臣であった木村小左衛門は五大都市側に対し、閣議に欠席してこの件について何も知らされていなかったと申し開きをしたうえで、同僚閣僚より「かく決定せざるを得なかった事情があった」と聞かされた、と述べた。GHQ／SCAPからの圧力をそれとなく示唆したのである。片山首相がこの決定について、「軽卒な決定発表で甚だ迷惑をかけた。民主々義過ぎた」と上京した市会議員に対し国会決議に委ねる含みを持たせつつ申し開きしたのは、彼の苦しい立場を弁明したものであったとも言える[69]。

このような急展開の背景には、この時期になって、五大府県が猛烈な反対運動を展開したという事情があった。これより少し遡る七月九日、大阪府は、特別市制法案が衆議院治安及地方制度委員会を通過し本会議にかけられる見通しが強くなったことに危機感を持ち、「今後一縷ノ望ハＧＨＱノ許否ニ繋ツテ居ルカラコノ方面ヘノ了解運動ヲ要スル」という決意を新たにしていた[70]。全体としては特別市制推進派が優位に立つ状況で、閣議において突然府県民投票を決定させるには、おそらくＧＨＱ／ＳＣＡＰの権威を借りるほかはなかったであろう。

これ以前にも府側は様々な抵抗を試みていた。たとえば一九四七年六月二〇日付で内務省が特別市制を睨み事務移管などに関する技術的な問題について検討すべく府・市双方に資料の提出を求めたのに対してその提出を遅らせたこと[71]は、消極的抵抗の一つと言える[72]。また、次のような事件もあった。『大阪新聞』誌上に、社会党府連が特別市制に反対しているとの記事が掲載されたところ、これが「賛成の誤り」であったというのである。市側ではこれを府側の陰謀とみて、「誰の行為か調査する」と息巻いていた[73]。真実は知る由もないが、意図的に「誤植」をして世論に影響を及ぼそうとしたのではないかという憶測が成立し得るほどに対立は先鋭化しており、そのことが関係者をしてＧＨＱ／ＳＣＡＰを巻き込んだ政治的解決へと向かわしめたのである。

世論の一端を窺えるのが、七月一九日の『朝日新聞』社説である。同紙は、「常識的にみて市民のみに限ることには疑問を持つ」としながらも「市民と郡部民との利害関係の濃度の相違も明らかで……投票権を同じ一票と決めることも合理的でない。何等かの形で比重の差を持たすことは出来ないだろうか[74]」と述べていた。

2　政局の推移と法案提出の見送り

ＧＨＱ／ＳＣＡＰ側で担当官となっていたティルトンは、府県民投票を支持していた。その背景には、神奈川県知事内山岩太郎の働きかけがあった。近藤大阪市長は一九四七年七月の区長会席上で「最近残存府県側が露骨に反対運動をやり出した　神奈川県知事が暗躍している様である」と述べたが、その読みは当たっていたのである。[75]

内山は、前年の地方制度調査会の席上で「若し私ども委員として、そういう人〔ＧＨＱ担当者〕と接近する場合は、直接接近することは許されるでしょうか」と質問し、内務省側から構わないとの言質をとっていた。内山は日記に、一九四六年一一月四日にティルトンに面会し「話は要領を得是非又来て呉れ」と言われたこと、一二月二三日には第八軍司令官であったR・アイケルバーガー（Eichelberger）にも会って「特別市制之問題で将軍は強く no！と云はれた」と記している。さらに一九四七年一月には内務省に対してもかかるＧＨＱ／ＳＣＡＰの動向を示し牽制していた。[76][77][78][79]

前掲福永論文によれば、内山はこのほかにも五大府県側の決議文を彼らに送付するなど、一九四六年末から翌年初頭にかけて活発な動きを見せた。もっとも、こうしたことは五大都市側も行っており、一九四六年一二月一三日に東京を含めた六大都市の代表がティルトンを訪れたという。この時期においては既述のとおり事態は五大都市側に有利な形で推移していた。[80][81]

その後、ＧＨＱ／ＳＣＡＰへの陳情は双方ともいったん沈静化し、翌一九四七年七月頃から再び活発となった。先に述べた府県側の巻き返しと、それへの五大都市側の対抗の結果であろう。この頃、大阪軍政部へは府市双方の代表から「頻繁な来訪」があったという。内山がどのような工作を行ったのか詳細は不明だが、彼は日記に元内相の大村清一から「T氏が頗る強硬になったのは大方神奈川知事の明快なコンバーセーションの結果だと皆云ってゐますよ」と聞かされたと記しており、この時期にＧＨＱ／ＳＣＡＰへの接触を再度活発化した蓋然性は高い。[82][83]

ただ、客観的情勢だけをみれば、依然として大阪市のほうが味方は多かった。社会党片山内閣への対抗上であろうが、自由党は大阪市を特別市制に指定する法案を「必ず通過させなければならぬ」という姿勢を見せていたし、衆参両院の治安及地方制度委員会委員長も、特に衆院が「必ず上程通過せしむる」と意気込んでいた[84]。同委員会は一九四七年八月一日に市民投票を明文化したうえで大阪市を特別市制とする法案を提出することを改めて申し合わせ[85]、対決姿勢を鮮明にした。また、市側もGHQ／SCAPの影響力をなお小さく評価していた。八月二日時点では「我々の陳情運動は余りにも衆、参治安及地方制度常任委員会にのみ集中し、又頼りすぎておる感がある」と認めつつも、「結局本会議を通過せしめるものは議員全般にある」として議員への陳情を強化しようとしていた[86]。

だが、GHQ／SCAPの力は大きく、ティルトンも強硬であった。八月八日には衆議院治安及地方制度委員会の板東幸太郎委員長を通じてGHQ／SCAPに対し経緯の説明などを行ったが、なんらの返事をも得ることができず[87]、一七日に再度陳情した際にも「住民投票は、府県民の投票に依る旨の一条を付加することを指示し、頑としてこれを撤回しない」という態度であった[88]。

ここに至って市側はようやく劣勢を自覚した。GHQ／SCAPへの働きかけを再開することとなったが、時すでに遅く、八月一九日には、「G．H．Qの意向が判明せぬ以上特市法案の上程は出来ず、又開会されても今迄と異った見解が現われると思うので、その結果によらなければ、次期の運動方針を協議することができない」「大体情勢は府県民投票に傾いておる」と認めざるを得ないところまで追い込まれていた[89]。それでも八月二一日には伝手を頼ってマッカーサーへの面会を実現させた[90]。表向きは五大都市の市長が別件での感謝を申し述べるということにして、特別市制の住民投票問題を説明するというのが狙いであった。マッカーサーからは民政局長でティルトンの上官であったC・ホイットニー（Whitney）に相談するように言われ、そちらとの面会も実現した。

しかしホイットニーは、「チルトン案なるものは知らぬが、併しそれ以外の何か新しい提案があるまではチルトン案が最後の案である」と言明した。五大都市側は、かろうじて「決定的な最後案」ではないとの言質を取ることには成功したが、その立場を理解させたとは言い難かった[91]。ティルトンの回想によれば、ホイットニーとティルトンの関係は必ずしも良好でなかった模様であるが[92]、そうであるからといって特別市制という、彼らとっては小さな事柄にあえて介入する気までは持ち合わせなかったということであろう。民生局内では、八月二五日付でホイットニーに対し府県民投票を支持する旨の上申が行われている[93]。

九月一八日の新聞は、衆参両院の専門委員会が「諸般の事情」でこの問題を取り上げないことに決定したと報じた[94]。

一九四七年九月二三日、国会議事堂において特別市制問題関係者を集めた会議がもたれ、そこでティルトンが講演を行った。このときのティルトンは、単に住民投票の範囲について述べるのみならず、特別市制に対する否定的な見解をも明らかにした[95]。市の担当者は「特別市制問題に関する自己の意見を滔々として弁じ、住民投票については飽くまで府県民投票説を固守して譲らなかった。市側としては、全く一方的な意見の圧迫に唯唖然たるものであった[96]」と報告しており、取りつく島もなかった様子が窺える。そして、ＧＨＱ／ＳＣＡＰはこれを最後に如何なる陳情も文書も受理しないと宣言した。

ここに至って、五大市を特別市制に指定する法案提出は見送りを余儀なくされることとなった。九月二九日、五大都市は共同で次のような声明を発表した[97]。

特別市制は漸く前議会に於て制度として確立し五大市指定法の今期国会上程を公約せられ、之に基き本国会に於ては衆議院治安及地方制度常任員会に於ていち早く法案を決議せられ特にその実現を見んとしたのであるが、常任委員会のあらゆる努力にも拘らず関係筋の意向等のこともあつて未だに上程に至らないことは洵に遺憾である。しかし乍ら我々はあく迄も憲法の精神と国会の権威を尊重し、右常任委員会の決議を支持して特別市制の実現を期するものである。

〔中略〕

市民各位に於かれては、右事情を諒とせられ相結束して今後ますます特別市制実現に邁進せられんことを切望する次第である。

特別市制をあきらめるわけではなく、あくまで他日の機会を待つという姿勢である。ただ、一九四七年一二月には地方自治法が改正され、府県民投票が制度化されるに至った。運動は休眠状態となり、翌年三月には特別市制実施対策本部が解散したとの新聞記事が出て、その否定に躍起になるという状態であった(98)。

むすびに

本章では一九四六年から一九四七年の大阪を中心に、大都市制度をめぐる運動と諸主体の動向を見た。占領下における地方自治制度の改変を機に、大阪市は他の大都市とともに戦前以来の宿願であった特別市制の実施を目指した。市当局はまず「中央」の内務省および国会議員に陳情し、続いて市民へ働きかけを行った。後者はプロパガンダと自発性の粉飾とを組み合わせ、管下の区およびその下の学区を単位とする、戦時中の動員の延長とも言うべき方法をとって行われた。特別市構想において管下の区は法人格のない行政区と位置づけられており、要するに市は府に対しては自治権拡張を、区に対してはその抑制を企図していた、という理解もひとまず可能であろう。

これに対して、大阪府側は当初確固たる方針を持っておらず、府会には賛成派の議員もそれなりに存在し、府知事も強いて反対はしなかった。特別市制運動が五大都市共同で行われたのに対応して五大府県も共同で対抗したが、強硬な反対意見は神奈川県知事に見られた程度で、それは当初個人的な意見にとどまった。大阪府が都制案によって市に対抗するのは一九四七年の七月頃からであり、国会や中央官庁の大勢は特別市制実現に傾いていた。

それにも関わらず一九四七年の夏の間に形勢は逆転した。ＧＨＱ／ＳＣＡＰが特別市制実施に必要な住民投票の範囲をめぐる憲法解釈について五大都市側に不利な決定を下したのである。その背後には五大府県側の働きかけがあり、ここに占領期特有の事情が作用していた。

このように、特別市制問題は政治過程としては大いに盛り上がりを見せたものの、他方で市民の側は無関心が最大多数派であった。要するに、特別市制運動は人々の切実な利害欲求に根差したものとはみなされなかったのである。

今日的に評価すれば、都制案が市街地拡大に対応して行政区画を拡大するという戦前以来の手法であったのに対し、特別市制は地方政府を機能別組合の束に再編する志向を持っており、都市化の進展に伴う社会の多元化状況に対応した案であった。しかし、いずれの案も高い関心を呼ばなかったことは、そうした状況下の都市ガバナンスがなおも模索の途上にあり、有効な解を提示し得なかったことを示していたと言えよう。

いったんは沈静化した特別市制問題が再浮上するのは一九四八―一九四九年のことで、それはシャウプ勧告による税財政制度改定に合わせて特別市制を実現しようとの目論見からであった。また、それ以後も特別市制運動は波状的に発生し、一九五六年に政令指定都市制度が導入されるまで続くことになる。それらの分析は、今後の課題である。

註

（1）大阪特別市制期成同盟会『大阪市民と特別市制』同、一九三二年、三―七頁。

（2）基本的な事実関係は大都市制度史編さん委員会編『大都市制度史』ぎょうせい、一九八九年および天川晃「地方自治制度の再編成――戦前から戦後へ――」『年報政治学』三五巻（一九八五年三月）、二〇五―二二九頁を参照のこと。

（3）横越英一「日本における特別市制運動―戦後期の高揚と挫折――」『大阪経済法科大学法学論集』第一六号（一九八八年）、福永文夫「占領文書にみる都市問題――特別市制をめぐって――」『都市問題研究』第四三巻第二号（一九九一年）など。

（4）指定都市事務局『大都市制度史（資料編）Ⅰ』同、一九七五年、九八四―九八五頁。

（5）同前、一〇〇五頁。

（6）「大都市制度調査実行委員会」一九四六年二月五日付、大阪市公文書館蔵『特別市制関係綴　戦後（六の一）』、配架番号 89805 所収。

（7）「五大都市市長議長会議」一九四六年六月六日付、前掲『特別市制関係綴　戦後（六の一）』所収。

（8）同前。なお、大村は同年五月まで内務次官を務め六月時点では大臣となっていた。

（9）「大都市制度促進運動経過報告書」推定一九四六年六月下旬、前掲『特別市制関係綴　戦後（六の一）』所収。

（10）「大都市制度調査実行委員会〔議事録〕」添付資料、「大都市制度調査委実行委員会上京陳情第一班報告書」一九四六年八月二日

付、前掲『特別市制関係綴　戦後（六の一）』所収。以下、同日の内務省におけるやりとりについても同様。

(11) 大阪府庶務部『特別市制に関する地方制度調査会審議経過』（特別市制叢書第一輯）一九四六年一二月、一―二頁。

(12) 註10に同じ。

(13) 京都市・大阪市・横浜市・神戸市・名古屋市『大都市制度要綱』前掲『特別市制関係綴　戦後（六の一）』所収、一九四六年九月。以下、同パンフレットの内容に関しては同様。

(14) 「特別市制に関する各局部庶務主管課長会議経過報告」一九四六年一二月六日付、大阪市公文書館蔵『昭和21年度特別市制に関する綴』、配架番号9471所収。

(15) 大阪市庶務部『特別市制と市民厚生』（特別市制叢書第三輯）一九四六年一二月。

(16) 大阪市庶務部『特別市制と公衆衛生』（特別市制叢書第四輯）一九四六年一二月。

(17) 大阪市庶務部『特別市制と学校教育』（特別市制叢書第十輯）一九四七年一月。

(18) 大阪特別市制実施対策本部『二重行政、二重監督に伴う諸弊害の実例及び特別市制と食糧問題との関係』一九四七年八月、四頁。

(19) 「大都市制度調査実行委員陳情経過報告書」一九四六年一一月四日付、前掲『特別市制関係綴　戦後（六の一）』所収。

(20) 内事局『改正地方制度資料　第3部』同、一九四八年、三―五頁。

(21) 同前、三二一頁。

(22) 同前、二三八頁。

(23) 同前、二三七頁。

(24) 同前、三〇八・三〇五頁。

(25) 同前、三〇八頁。

(26) 同前、三一〇頁。

(27) 同前。

(28) 同前、三三二頁。

(29) 同前、三二六頁。

(30) 同前、二七五頁。

(31) 同前、三一四頁。

(32) 同前、三五五頁。
(33) 同前、五五―五六頁。
(34) 同前、三三七―三四〇頁。以下、会議上における府県会等の議論に関しては同様。
(35) 「地方制度調査会五大都市特別市制関係小委員会」一九四六年一二月一八日付、前掲『特別市制関係綴　戦後（六の一）』所収。
(36) 同前。
(37) 「特市問題ニ関スル意見」七月一六日付、大阪府公文書館所蔵『昭和二十二年　特別市制関係資料綴』請求記号BB3-0022-39所収。
(38) 大阪府「大阪特別市制実施について」一九四七年七月付、前掲『昭和二十二年　特別市制関係資料綴』所収。
(39) 「特別市制とは何か」作成年月不明、前掲『昭和二十二年　特別市制関係資料綴』所収。
(40) 「大阪市特別市制実施反対資料」一九四七年九月付、前掲『昭和二十二年　特別市制関係資料綴』所収。
(41) 「府側の特市反対論について」一九四七年七月一九日付、大阪市公文書『特別市制調査関係書類』、配架番号9465所収。
(42) 大阪市庶務部『特別市制に関する諸問題』（特別市制叢書第五輯）一九四六年一二月、一〇・一六頁。
(43) 註35に同じ。
(44) 内事局『改正地方制度資料　第3部』二四九頁。
(45) 同前、三二〇―三二一頁。
(46) 高嶋修一『都市近郊の耕地整理と地域社会　東京・世田谷の郊外開発』日本経済評論社、二〇一三年の結章および補章参照のこと。
(47) 内事局『改正地方制度資料　第3部』七七―七八頁。
(48) 木村収「戦後復興期の大阪市政雑感――三つの災禍と大都市制度――」『大阪市公文書館研究紀要』18号、二〇〇六年、七七頁。
(49) 特市実施対策本部作成資料（タイトルなし）一九四七年八月四日付、大阪市公文書館所蔵『特別市制関係綴　戦後（六の二）』配架番号89810所収。
(50) 「特別市制促進に関する運動の実施について」一九四七年七月二二日付、大阪市公文書館所蔵『特別市制促進運動に関する書類綴』配架番号12256所収。
(51) 大阪都市協会編輯室編『〝特別市制〟真相はこうだ』一九四七年九月、三―五頁。
(52) 「放送討論会開催通知について」推定一九四七年八月、前掲『特別市制促進運動に関する書類綴』所収。
(53) 近藤博夫「大阪の特別市制について」『大阪人』第一巻三号、大阪都市協会、一九四七年八月。

(54)「特市促進座談会記録」一九四七年八月一四日付、前掲『特別市制促進運動に関する書類綴』所収。
(55)「市政記者の市政縦横談」前掲『大阪人』第一巻三号所収、一一―一二頁。
(56)内事局『改正地方制度資料　第3部』三三二頁。
(57)同前、二五一頁。
(58)同前、二五九頁。なお、区の下部組織であった町内会や隣組についても議論となったが「現状のままで進めるより仕方ない」(永江委員長)という方針となった(同三二八―三二九頁)。
(59)同前、三二八―三二九頁。
(60)同前、三六三頁。なお、著者が本章の基となった同一タイトルの前稿(『一橋経済学』第一〇巻一号所収、二〇一六年)において中井大阪市長の発言として引用した行政区を支持する意見は、正しくは名古屋市助役木村清司の発言であった。ここに訂正する。
(61)大阪市庶務部『特別市制覚書』(特別市制叢書第十八輯)一九四七年七月、一一頁。
(62)大都市制度調査実行委員会議事録(タイトルなし)一九四七年三月一三日付、前掲『特別市制関係綴　戦後(六の一)』所収。
(63)内事局『改正地方制度資料　第3部』三四九頁。なお、神戸市会議長の細見達蔵委員はこの問題を避けるため新憲法施行前に特別市制を実現したいと述べていた(同、三六七頁)。
(64)同前、三五〇頁。
(65)内務省地方局「特別市制に関する特別法の一般投票の範囲に関する憲法第九十五条の解釈について」一九四七年七月一〇日付、前掲『特別市制調査関係書類』所収。
(66)「特別市制促進実行委員会」一九四七年七月二六日付、前掲『特別市制関係綴　戦後(六の一)』所収。
(67)同前。次の田坂の発言も同じ。
(68)「特別市制に関する五大都市市長議長会議経過報告」一九四七年七月二九日付、前掲『特別市制関係綴　戦後(六の一)』所収。
(69)「特別市制促進実行委員上京陳情運動報告書」一九四七年七月三一日付、同前所収。
(70)「情報集」一九四七年七月九日付、前掲大阪府『昭和二十二年　特別市制関係資料綴』所収。
(71)大阪市公文書館所蔵『特別市制調査関係書類』、請求番号9464。
(72)註68に同じ。
(73)「特別市制促進実行委員会記録」一九四七年八月二日付、前掲『特別市制関係綴　戦後(六の一)』所収。

(74)「社説」『朝日新聞』大阪版、一九四七年七月一九日。
(75)「復命書」一九四七年七月一九日付、前掲『特別市制促進運動に関する書類綴』所収。
(76)内事局『改正地方制度資料　第3部』、一二頁。
(77)内山岩太郎日記、一九四六年一一月四日『横浜市史Ⅱ　資料編3　占領期の地方行政』一九三三年。
(78)同前一九四六年一二月二三日。
(79)同前一九四七年一月七日付。
(80)前掲福永「占領文書にみる都市問題――特別市制をめぐって――」八五―八六頁。
(81)同前八四―八五頁。
(82)同前八七頁。
(83)前掲内山岩太郎日記、一九四七年七月二二日付（二六日の事項については追記と思われる）。
(84)註69に同じ。
(85)八月二日『時事新報』前掲『特別市制関係綴　戦後（六の一）』所収。
(86)註73に同じ。
(87)「特別市制促進運動経過中間報告（自八月八日至八月十一日）」前掲『特別市制関係綴　戦後（六の一）』所収。
(88)「特別市制促進上京経過報告」（日付なし）、一九四七年八月一七―二二日分、同前所収。
(89)「特別市制促進実行委員会記録」一九四七年八月一九日付、同前所収。
(90)「五大市市長議長会議」一九四七年八月二二日付、同前所収。
(91)同前。
(92)前掲竹前『日本占領――GHQ高官の証言』二二七―二二八頁。
(93)前掲福永「占領文書にみる都市問題――特別市制をめぐって―」九一―九四頁。
(94)「特別市制は取りやめ」『朝日新聞』大阪版、九月一八日。
(95)前掲『大都市制度史　資料編Ⅰ』一一八七―一一八八頁。
(96)「特別市制促進実行委員会記録」一九四七年九月三〇日付、前掲『特別市制関係綴　戦後（六の二）』所収。
(97)「共同声明書」一九四七年九月二九日付、同前所収。

(98) 特別市制実施対策本部長田村敬太郎発各区支部長宛通知、一九四八年二月一九日付、同前所収。

第2章　ワイマール「社会国家」の成立と都市失業扶助の変遷
――ハンブルクを事例として――

森　宜人

はじめに

本章では、ハンブルクにおける失業扶助の変遷を手がかりとして、第一次大戦期～一九二〇年代中葉の都市ガバナンスの動態を検証する。総力戦体制の展開からワイマール「社会国家 Sozialstaat」の成立へといたるこの時期は、国家的介入の強まりとともに都市を取り巻く環境が大きく変容した。

社会生活に対する国家的介入が強化された一例として、失業者救済があげられる。第二帝政期ドイツは一八八〇年代に疾病、労災、老齢・障害年金の一連の保険を成立させ、社会保険の先進国となったことはよく知られているが、労働市場に対する国家的介入に対する強い反発のため、失業保険の導入は検討されたものの果たされなかった。第一次大戦の総力戦体制の下で導入されたライヒ戦時福祉事業のなかで失業者救済は初めて国家による財政支援の対象事業となり、その後、一九一八年の大戦終了直後に復員による大量失業に対処するために出されたライヒ失業扶助令によって失業者救済の国家的枠組みが形成され、これが一九二七年一〇月にライヒ失業保険が導入されるまでのワイマール「社会国家」における失業者救済の柱となった。

だが、都市レベルではすでに一九／二〇世紀転換期より、国家的枠組みに先行して公的失業保険の導入がなされていた。その軸となったのが、自治体が労働組合の失業手当に補助金を上乗せする形で給付を行うガン・システムGenter System である。ガン・システムは、労働組合の共済機能を前提とするため、集団的自助の促進に効果はあったが、対象者が組織労働者に限定され、また、労働組合の財政支援につながることを警戒する市民層の反発にあい、広く普及し得なかった(1)。

失業者救済の取組みが広く普及したのは、第一次大戦期のことである。大戦勃発直後の大量失業に対応するため多くの都市が独自に戦時失業扶助を導入し、これがライヒ戦時福祉事業による財政支援の対象となったのである。だが、ライヒの関与は都市への補助金の支出にとどまり、その運用は各都市の裁量にゆだねられ続けた。一九一八年に出されたライヒ失業扶助令は失業扶助の導入をすべての都市に義務づけたが、運用面における各都市の裁量の余地は依然として大きかった(2)。

このような失業者救済をめぐる都市とライヒの関係を明らかにするため、本章では大戦期の戦時失業扶助からライヒ失業扶助への変遷を中心に扱うが、これは都市失業保険から国家的失業保険への移行期として捉えられる。従来の社会政策史では、この局面はライヒ失業保険の成立へといたる前段階として捉えられ、分析の焦点も専らライヒの動向にあてられてきた(3)。だが、本書の問題意識からすると、そのような目的論的な視座に立つことなく、失業者救済の領域においてライヒの存在が前景に出てくるなか、都市の果たす役割がどのように変化し、それが都市ガバナンスのあり方にいかなる影響を与えたのかに着目しなくてはならない。また、失業者救済の領域における都市ガバナンスのあり方は、それまでの各都市の歴史を反映して一様ではなかったので、個別都市の事例を取り上げる必要がある。

本章で取り上げるハンブルクは一九世紀後半より、ドイツ諸都市のなかでも民間慈善の顕著な活動が広範にみられた一方、市政府が社会政策に対して消極的であった都市として知られている(4)。したがって、公的セクターによるガバメントだけでなく、民間セクターの動向をも射程に収めるガバナンス論によって考察をすすめるのに適した対象といえよう。以下の行論では、ライヒと都市の関係、都市内部における公的セクターと民間セクターの関係、そして自治体内部における失業扶助と公的扶助の関係に留意しつつ、（1）失業扶助の制度的変遷、（2）失業の実態と失業扶助の帰結、（3）失業扶助の実質的な担い手の変化、（4）これらの背景となる扶助の規範意識、以上の四つの論点に即して考察を進める。

一　失業者救済体制の変遷

ドイツ最大の港湾都市ハンブルクでは一九世紀末まで、市政は名望家層および土地・家屋所有者を中心とする自由主義市民の支配下にあった。他方でハンブルクは「労働運動の牙城」としても知られ、金属加工労働組合を中心とする活発な労働運動の展開を背景に、一九〇一年に初めて社会民主党が市議会の議席を獲得し、一九〇四年にはその議席数は一三にまで増えた。社会民主党の躍進を掣肘しようとする自由主義市民層は一九〇六年に、一九世紀後半に緩和した選挙権の取得要件を再び厳格化し、市政独占の維持をはかった。だが同年、こうした反民主的な動きに反発した自由主義議員一三名が新たに統一自由連合を結成し、以降、社会民主党と共に有力な野党連合を形成することとなった。(5)世紀転換期には、ハンブルクにおいても市政の大衆化の兆しがみられるようになっていたのである。

だが、社会政策に対する市政府の自由主義的伝統は維持され、失業者救済についても積極的な介入はなされなかった。ハンブルクでは一八九二年に有名な「コレラ大流行」が生じた際、港湾機能が麻痺し、港湾労働者を中心に大量失業が発生した結果、初めて失業が重大な社会問題として認識されるようになった。そのため同年末、労使がイニシアティブをめぐって対立を深めていた職業紹介事業において、初めての公的介入の試みとして市政府が公営職業紹介所を設置したが、わずか三年で頓挫した。また、一九〇八年と一九一〇年には、社会民主党がガン・システムを基盤とする公的失業保険の導入を市議会に上程したが、労働運動の激化と社会民主党の勢力拡大を警戒する自由主義会派の反対により、実現することはなかった。(6)

ハンブルクで失業者救済の立役者となったのは、市政府よりもむしろ民間慈善団体であり、世紀転換期には七つの慈善団体が公益的職業紹介事業に従事し、三つの慈善団体が身寄りのない失業者の収容施設を運営していた。[7] そのなかの一つである愛国協会 Patriotische Gesellschaft は、一八九五年に市政府から公営職業紹介所の運営を継承した。同協会は対象職種の拡張と、運営面でのパリテート原則の導入を試みたものの、一八九六年の大規模な港湾ストライキを契機に労使対立がさらに激化したため奏功しなかった。そして、激化した労使対立を背景に、職業紹介事業の分裂状況はワイマール期にいたるまで続くこととなる。[8]

一九〇〇年代に入ると、民間慈善の領域では、組織規模の拡大と組織形態の改革を通じた合理化が課題となる。その一環として一九一三年には、救貧局と民間慈善団体が必要とする扶助対象者の困窮度に関する情報を集約するためにハンブルク慈善協会 Hamburgische Gesellschaft für Wohltätigkeit が設立された。ハンブルク慈善協会の設立は、情報面における慈善活動の一元化と、扶助をめぐる公的・民間セクターの連携強化をはかるものであったが、その活動が本格的に展開し始める前に大戦が勃発した。[9]

総動員令が発せられた一九一四年八月一日には、ハンブルク慈善協会や愛国協会など市内の主要な慈善団体が母体となってハンブルク戦時救済 Hamburgische Kriegshilfe（以下、ＨＫと略記）が結成された。ＨＫの傘下には市内のほぼすべての慈善団体が入り、戦前からその必要性が認識されていた民間慈善活動の一元化がもたらされた。「最も広い意味で、戦争の勃発により影響を被った人々に対する支援」[10]を目的とするＨＫは、失業扶助をはじめとして、応召兵士家族の支援や、戦時給食 Kriegsküche の展開、妊産婦および乳幼児の保護など多岐にわたる活動を展開させることとなる。ＨＫの組織形態は分権体制がとられ、市内二七カ所に設置された地区委員会には、扶助活動の実務に関する大きな裁量権が与えられた。他方、市議会では一九一四年九月に、失業問題に対処するために再び社会民主党が公的失業扶助の導入を求めたが、同制度が大戦後に恒久化することを危惧する市参事会および自由主義会派の反対によって実現しなかった。そのため、ハンブルクでは終戦にいたるまで、大戦中の失業扶助はＨＫに一任されることとなった[11]。

　ハンブルク以外でも、大戦の勃発とともに多くの都市が失業扶助を導入し、その都市数は一九一五年一月までに五二七にのぼった。失業扶助の担い手は都市によって異なり、ハンブルクと同様に民間慈善団体がイニシアティブを握った都市も少なくなかったが、多くは自治体が主導した。大戦中の急速な失業扶助の普及は、各都市の自発的取組みによるものであったが、基本的な枠組みは共有されており、「戦争の影響によって失業し、困窮状況にある、労働能力および労働意欲を有する者」がその対象となり、公的救貧受給者とは区別された。失業扶助を実施する自治体に対しては一九一五年一月より、ライヒ戦時福祉事業の一環として、ライヒ政府から補助金が支出されることとなった。これはドイツ社会政策史上、国家レベルでの「失業者救済の第一歩[12]」として捉えられるが、自治体に失業扶助の導入義務を課すことはなく、またその運用についても各都市の裁量に委ねられ、ライヒの関与は限定的であった[13]。

　次節でみるように、大戦中の失業問題は、軍需産業での労働需要が急増したため一九一五年夏頃までに解消する。それ以降は、特に一九一六／一七年の「カブラの冬」に象徴されるように、失業に代わり食料不足が深刻な社会問題となり、HKの活動も戦時給食の運営に重心が移されるようになる。一九一七年に入ると、ロシア革命の影響や「防衛戦争」論に対する懐疑を背景に、ストライキも次第に政治色を帯びるようになった。特に、「無併合・即時講和」を掲げた一九一八年一月の造船労働者による大規模ストライキは、ハンブルク社会が革命前夜の段階に入ったことを示す予兆となった。こうした状況のなか、普通選挙の導入を軸とする市政の改革も労働者層によって求められることとなったが、市政府はこれを拒否した[14]。しかし大戦末期の一九一八年一一月にキールでの水兵の反乱を契機に革命が生じると、ハンブルクでも労・兵評議会が市政を掌握した。翌一九一九年三月一六日に男女普通選挙による市議会選挙が実施され、それに伴い市政の支配権も労・兵評議会からふたたび市政府の手に渡った。そしてこの選挙では、社会民主党とドイツ民主党の連立政権が誕生し、第一次大戦までの自由主義会派による市政の独占に終止符が打たれることとなった[15]。

市政の変革と軌を一にして、失業者救済体制にも大きな変化がみられた。革命が起きる直前の一九一八年一〇月、復員に伴う大量失業への対処を喫緊の課題として認識するようになった市参事会が、戦時供給局 Kriegsversorgungsamt 内に労働局 Arbeitsamt を設立し、公的失業扶助を導入することを市議会に提議した。この提議は、一一月六日の市議会において、自由主義右派から社会民主党にいたる全会派の支持を受けて議決された。この日は、まさに労・兵評議会による支配が確立された日に当たる。市議会の協議では、失業者の救済だけでなく、応召兵士の遺族や傷痍軍人などの戦争犠牲者の扶助も労働局の管轄下に置くことを求める声もあがった。この要求は実現しなかったものの、大戦によって生じた困窮者の救済体制を、労働局を軸に再編することが求められていたのである(16)。

ハンブルクにおいて、旧体制下での最後の改革として労働局の設立が決定された直後の一九一八年一一月一三日、ライヒ失業扶助令が出された。これによって初めて一律に都市自治体に失業扶助の導入が義務づけられることとなったものの、運用上の裁量は各都市に委ねられた。財源は全額公的拠出（ライヒ二分の一、ラント三分の一、自治体六分の一）とされ、当事者拠出は求められなかった。戦時失業扶助と同様に、失業扶助受給者に対して従来の救貧的取り扱いをしないことが明記されていたが、給付申請にあたっては困窮度調査が必要とされた(17)。

ライヒ失業扶助令は、戦時福祉事業の延長線上として復員に伴う失業問題に対処するためのものであり、当初は一年間限りの時限立法とされたが、失業問題の長期化に伴い恒久的な制度へと変容し、一九二七年一一月にライヒ失業保険令が出されるまで、一八回の改定・四回の改編を経つつ存続することとなる。特に大きな改編は当事者拠出を導入した一九二三年一〇月一三日のライヒ政令であり、拠出比率は、被用者五分の二、雇用主五分の二、自治体五分の一（一九二四年より被用者九分の四、雇用主九分の四、自治体九分の一）となった(18)。当事者拠出が導入されたにもかかわらず、依然として受給申請には困窮度調査が義務づけられ、保険原則が貫徹されるにはいたらなかった。また、この政令によって、公的拠出を担うのは自治体だけとなり、失業扶助の財源をめぐるライヒと都市の関係にとっても大きな転機となった。

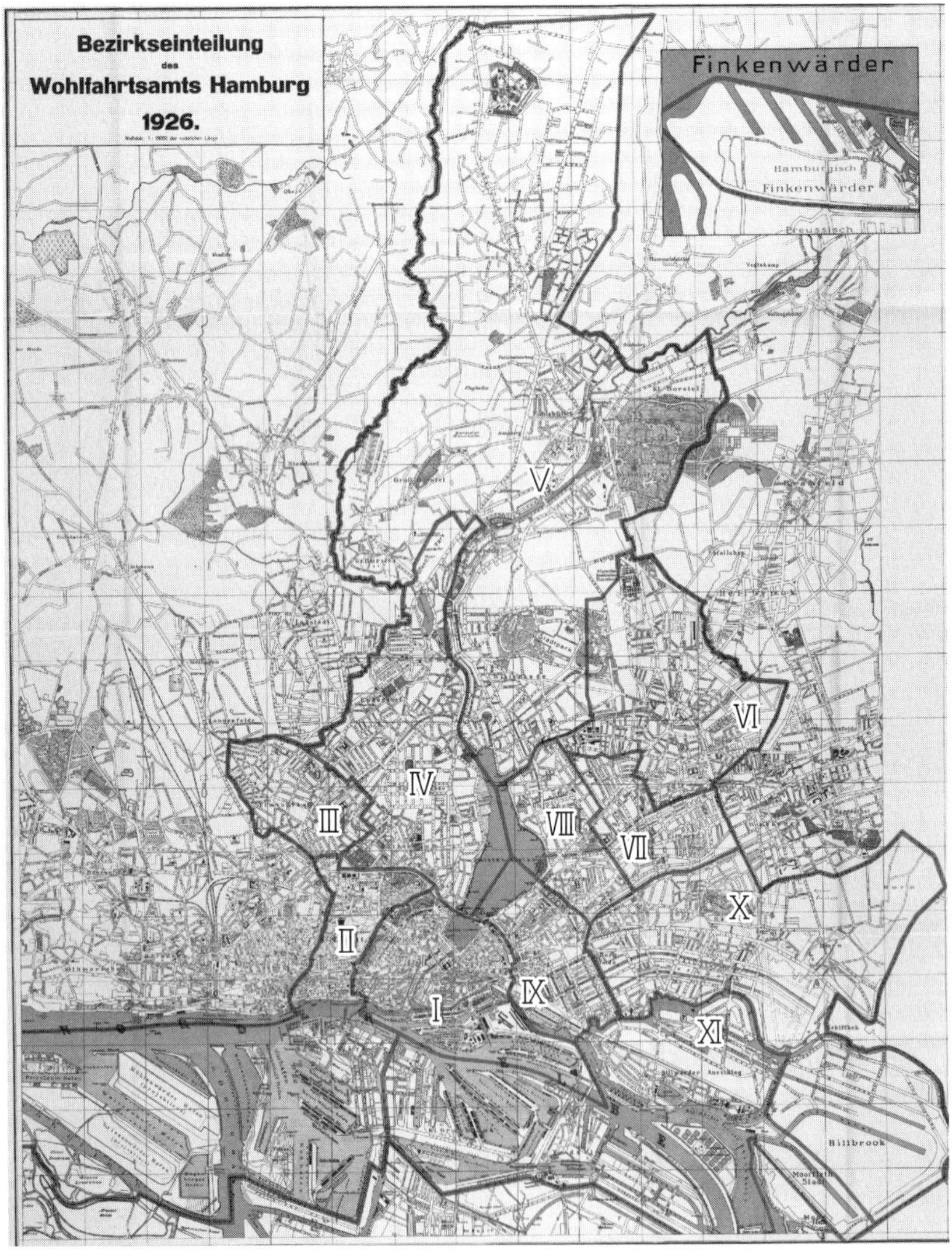

図２−１　ハンブルク市内における福祉地区（1926年）

註：各福祉地区委員会に所属する市区は次の通りとなる．I. Altstadt, Neustadt; II. St. Pauli, Steinwärder-Waltershof, Finkenwärder; III. Eimsbüttel; IV. Rotherbaum, Haverstehude, Eppendorf; V. Winterhude, Groß Borstel, Fuhlsbüttel, Langenhorn, Klein Borstel, Ohlsdorf, Alsterdorf; VI. Barmbeck-Nord; VII. Barmbeck-Süd; VIII. Uhrenhorst, Hohenfelde; IX. St. Georg; X. Hamm, Horn, Borgfelde, Billbrook; XI. Billwärder Ausschlag, Veddel, Moorfleth-Stadt, Kleiner Grasbrook.

出典：Bezirkseinteilung des Wohlfahrtsamts Hamburg 1926, in: StAH 351-10I EO.20.14.

ハンブルクでもライヒ失業扶助の枠組みに沿って、一九一八年一二月より失業扶助の運用が開始された。一九二〇年二月には失業扶助を所管する労働局は労働庁 Behörde für das Arbeitsamt へと改組されたが、これに伴う組織改編については第三節で後述する。労働局は、失業扶助の運用を担うだけでなく、大戦中の一九一四年八月に設置されたラント中央職業紹介所 Landeszentrale für Arbeitsnachweis の統合を通じて職業紹介事業をもその監督下においた。同事業のなかでも、特に注意が払われたのは未成年層であった。すでに大戦中より、徒弟職の減少に伴う、未成年者に対する資格教育機会の減少や職業教育の後退が深刻な問題として認識され、民間慈善活動の一環として一九一六年七月に職業相談・徒弟職紹介中央機構 Zentrale für Berufsberatung und Lehrstellenvermittlung が設立されていた。戦後、同機構も労働局に統合され、主に未成年者に対する職業相談と徒弟職の紹介を管掌することとなった[19]。

さらに、HKも労働局に統合された。HKは大戦の終結とともにその業務の大部分を終えたが、戦後もしばらくは、国外駐留部隊兵士および抑留中捕虜の家族支援や、労働局の失業扶助だけでは困窮状況から抜け出せない人々への追加支援などを行っていた。労働局の整備が進むのに伴いHKは一九一九年三月三一日に解散し、労働局福祉部として同局に統合された。HKの二七の地区委員会も労働局福祉部の七つの地区事務所 Bezirksstelle に再編され、大戦中に地区委員会で蓄積された扶助関係書類や、被服などの現物給付物品も地区事務所に引き継がれた[20]。

そして、一九二〇年五月に福祉局 Wohlfahrtsamt が設立されると、労働庁福祉部は労働庁から福祉局へと移管された。福祉局の所管領域は、従来の救貧の役割を継承した公的扶助から、大戦によって生じた戦争犠牲者や、インフレによって困窮化した年金生活者と小規模資産生活者 Kleinrentner の扶助にいたるまで多岐にわたるが、そのなかには、失業扶助だけでは生計を維持することのできない人々への追加扶助も含まれていた。これにより、以後の失業者救済体制は、労働庁による失業扶助を軸としつつ、それを福祉局が補完する形で展開することとなる。また、七つの地区事務所も福祉局に所属する一一の福祉地区委員会 Wohlfahrtsstelle へと改組され、同局の扶助活動の実務を担うこととなった。HKのストックは、労働局・労働庁を経て、福祉局に継承されたのである[21]。

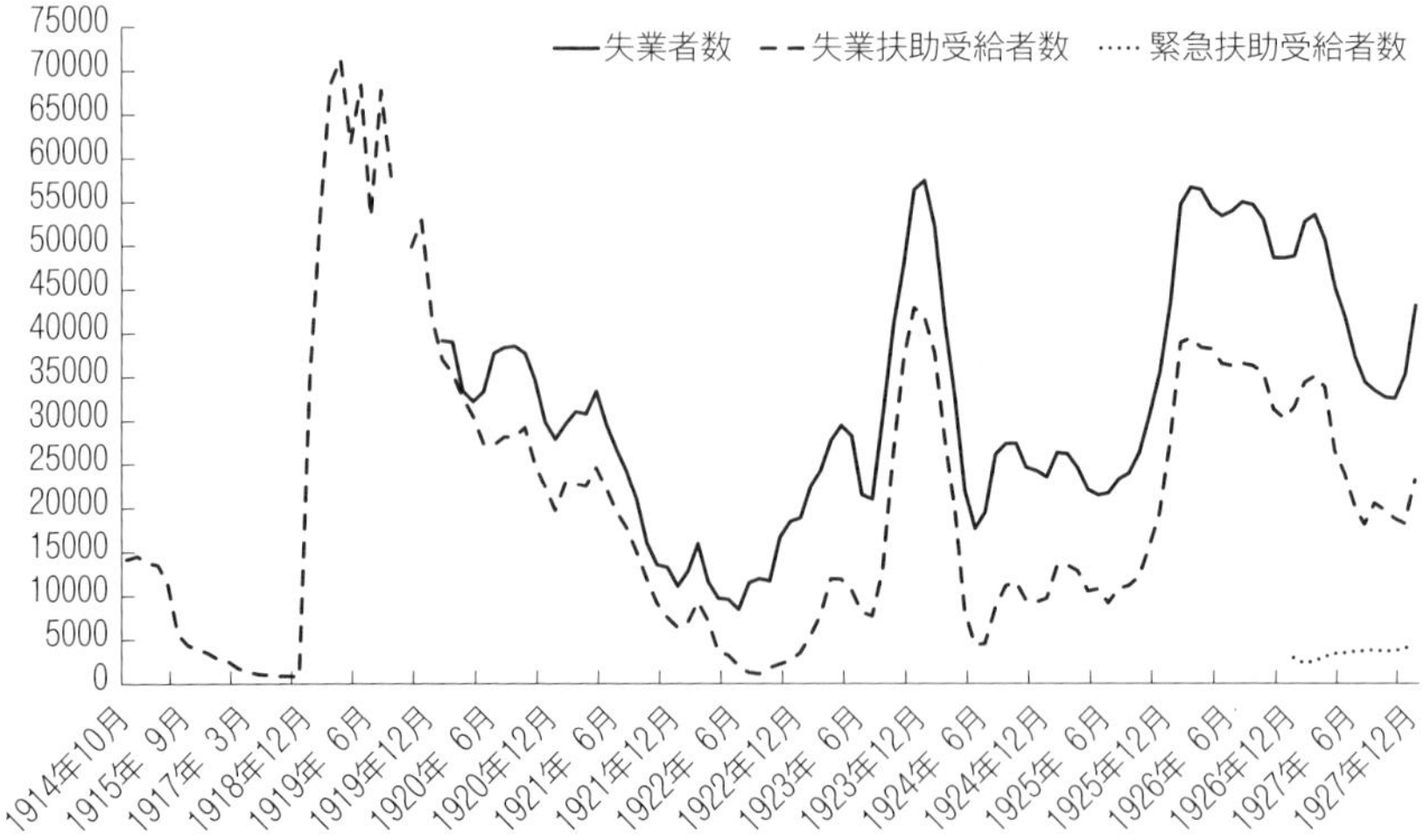

図2－2　ハンブルクにおける失業者数および失業扶助・緊急扶助受給者数
（1914年10月―1927年12月）

出典：Arbeit und Wohlfahrt, Jg. 1 Nr. 3（März 1922）, S. 33f.; Statistisches Jahrbuch für die freie und Hansestadt Hamburg, 1925, S. 272, 1926/27, S. 298, 1927/28, S. 307; Emil Hüffmeier, *Das Hamburgische Arbeitsamt*, Hamburg 1919, S. 17. Jahresbericht der Verwaltungsbehörden der freien und Hansestadt Hamburg 1926, S. 346; 1927, S. 373.

二　失業の実態と失業扶助の展開

第一次大戦勃発に伴う平時経済から戦時経済への移行によって発生した大量失業は、ハンブルクにおいても空前の規模となり、一九一四年九月中旬には失業者数は二万八七一〇人を数え、その内訳は、一万三六七八人の熟練労働者・職人が最も多く全体の四七・六パーセントを占め、次いで不熟練労働者の一万二五五〇人（四三・七パーセント）が続き、そして、職員層が全体の八・六パーセントにあたる二四八二人であった(22)。失業が専ら不熟練労働者に偏っていた第一次大戦前と比較すると、熟練労働者・職人や職員層にまで失業の危機がおよび、幅広い社会層が失業問題に直面していたのが大戦期の特徴といえる。

このような大量失業に対処するために、HKでは、結成わずか五日目の一九一四年八月五日に早くも失業扶助の導入が決定され(23)、その受給者数は図2－2にみられるように、ピーク時の一九一四年一一月には一万四〇〇〇人を超えた。その後、受給者数は持続的に減

表2－1　ハンブルクにおける就業人口（1907/1925年）

職種	1907年				1925年			
	男性	女性	合計		男性	女性	合計	
自営業者	66,287	22,569	88,856	21.3%	74,645	18,853	93,498	15.9%
職員	80,822	15,470	96,292	23.1%	127,777	58,583	186,360	31.8%
労働者	155,863	28,351	184,214	44.2%	202,732	48,129	250,861	42.8%
その他	2,363	45,166	47,529	11.4%	1,595	54,093	55,688	9.5%
合計	305,335	111,556	416,891	100.0%	406,749	179,658	586,407	100.0%
市人口	453,629	449,690	903,319	46.2%	551,473	601,050	1,152,523	50.9%

註：市人口合計数横の百分比は，市人口に占める就業者の合計数の比率を示している．
出典：Statistisches Reichsamt 1926, S. 514.

少し、一九一五年九月にはピーク時の三分の一以下の四四〇八人となり、一九一六年一二月以降は二〇〇〇人を下回る水準にまで低下する。これは、ハンブルク市内および周辺地域における軍需産業の成長によって、一部で労働力不足にいたるほど労働需要が増大したためである。大戦期の大量失業問題は、平時経済から戦時経済への移行期にあたる一九一四年八月から一九一五年前半にかけての一過性のものであり、以後はむしろ軍需産業での労働力不足が問題となった。

これに対して、ワイマール期には一九一八年末より一九二七年にかけて断続的に三度にわたって大量失業が発生し、失業が恒常的な問題へと変容した。いずれの際にも失業者および失業扶助受給者の数は、大戦勃発直後のそれをはるかに凌駕しており、大戦期と比較してワイマール期の方が失業問題の深刻さが増していることがわかる。終戦直後の最初の大量失業は、復員と、戦時経済から平時経済への転換によって生じたものであり、ピーク時の一九一九年三月には本章の考察期間全体を通じて最も多い七万一二八八人が失業扶助の対象となった。二度目の大量失業は、一九二三年末にピークを迎えるハイパー・インフレーションによる経済的混乱に伴って生じたものである。三度目の一九二五年後半から一九二七年前半にかけて生じた大量失業は、問題の持続期間が最も長く、ワイマール期の失業者救済体制に様々な課題を突きつけることとなった。

一九一八／一九年および一九二三年の大量失業が主に外生的要因によって生じたものであったのに対して、一九二五―二七年のそれは構造的な要因に帰するものであった。表2-1によれば、一九二五年のハンブルク市内の就業人口は、大戦前の一九〇七年と比較して全体で約一七万人増加し、それに伴い、就業人口比率も四六・二パーセントから五〇・九パーセントへと約五ポイント上昇した。戦前と比較して就業人口が絶対的にも相対的にも増加するなか、「産業合理化」運動によって労働需要が減少し、労働需給のバランスが崩れたことが一九二五—二七年の失業問題の主因であった。[24]

そのため、この時の失業問題においては、失業者数の著増だけでなく、失業の長期化が事態の悪化を招いた。ハンブルク市内に限定された記録が残されていないのでハンブルク州全体の数値をあげると、一九二五年末までは失業扶助受給者の内、受給期間が一三週間未満の人々の比率がおおむね八〇パーセントを上回る水準にあったが、一九二六年に入るとその比率は持続的に低下し、一九二六年八月には四分の一を割り込むにいたった。他方、受給期間一三—二六週間および二六—三九週間の人々の比率が漸増し、一九二六年八月にはそれぞれ四九パーセントおよび二二パーセントに達した。また、同月には初めて受給期間が三九週間を超える失業者が一定の比率を占めるようになった。[25]

労働需給のバランス悪化が特に目立ったのは、職員層であった。表2-1にみられるように、一九二五年の職員層は一九〇七年の約二倍の一八万六〇〇〇人を数え、就業人口全体に占める比率も二三・一パーセントから三一・八パーセントへと約九ポイント上昇した。職員層以外のカテゴリーはすべてその比率を下げているので、絶対的にも相対的にも職員層の増加が最も顕著であった。職員層の増加は特にインフレ期にみられた現象であり、そのなかには学歴や職歴の点で不向きな人々も多く含まれていた。そのため一九二五—二七年には職員層の失業者も多く、一九二六年六月を例にとると約五〇〇〇人の職員層が失業扶助を受給していた。これは同月の失業扶助受給者の一三・八パーセントに相当し、大戦期の一九一四年九月と比較すると約六ポイント増加している。また、職員層のなかには、後述するように、従前所得の関係から失業扶助を受給できない者も多く、そうした人々を含めると一九二六年に職員層の失業者数は多い時で約一万人を数えた。このなかには勤続二〇—三〇年の上級管理職の者も少なくなく、大戦期と比較して職員層の失業問題はさらに深刻さを増していた。[26]

こうした事態に対処するため、まず失業扶助の給付金額が引き上げられたが、詳細については第四節で取り上げる。次いで、職員層の失業問題については、失業扶助受給対象者の拡大がはかられた。一九二三年に導入された当事者拠出の支払いが、従来の疾病保険の拠出金に上乗せされる形を取られたため、失業扶助を受給するには、失業以前に一定期間、疾病保険加入義務を有する職に就いている必要があった。だが、疾病保険には一定以上の所得があると加入することができず、そのため、その水準を超えていた職員層は、失業扶助の受給対象外となっていたのである。一九二五年一一月にこの問題をめぐって開催されたラント間の協議においてハンブルクが全職員層を失業扶助の対象とすることを要求したことが契機となり、一九二六年一月には年収二七〇〇マルクまでの職員の失業扶助への加入が義務づけられ、また年収六〇〇〇マルクまでの職員が失業扶助に加入可能となった(27)。

そして、職員層の失業問題への対処以上に大きな変革をもたらしたのは、失業扶助満了者への対処である。失業扶助の受給期間は一九二四年二月以来、二六週間（実質的には三九週間）に設定されていたが、一九二五年の後半にはこの受給期間を満了しても次の職に就くことのできない失業者の存在が問題とされるようになった。この問題に対応するために、一九二五年一二月にライヒの財源によって、失業扶助満了後六カ月が経過した失業者と、六カ月以上失業状態にある失業扶助受給対象外の職員層に対する救済措置として総額五〇〇万マルクの一時的な現金給付が行われた(28)。

長期失業問題に対応するため一九二六年三月には失業扶助の受給期間が三九週間（実質的には五二週間）に延長されたが、根本的な問題の解消にはいたらなかったため、一九二六年一一月一一日には緊急扶助 Krisenfürsorge がライヒによって導入されることとなった。緊急扶助の対象者は、失業扶助の受給期間満了者と、拠出期間不足者であり、財源は全額公的拠出として、ライヒと自治体がそれぞれ四分の三と四分の一を拠出することとなった。これにより、失業扶助と緊急扶助の二重構造が確立され、この枠組みは一九二七年一〇月の失業保険導入後も踏襲されることとなる(29)。

三　失業扶助の担い手

大戦期のＨＫにおいては、失業扶助の受給要件や受給金額などに関する細則は各地区委員会で独自に定められた。地区委員会には、地区内の自由労働組合や、商業会議所、各宗派の教区代表なども加わり、地区内の扶助活動全般の調整が図られた。そして、失業扶助の実務は、公的救貧事業の扶助区域を単位として各地区に複数設けられた地区小委員会が担った。受給希望者は、初めに地区小委員会から派遣される名誉職扶助員が実施する困窮度調査を受け、受給の可否だけでなく、給付金額や給付方法などが決められた。一九一四年一〇月以降は労働意欲をチェックするために、毎日、職業紹介所に赴き求職活動をすることが受給者に義務づけられたが、引き続き、困窮度調査は必須の受給要件とされた[30]。

失業扶助のあり方を左右した扶助員の数は一九一五年一一月時点で一六〇八人にのぼり、その内、約四二パーセントにあたる六七三人が女性であった[31]。扶助員の活動実態についてはほとんど史料が残されておらず、管見の限りでは、一九一六年一一月に、ＨＫから地区委員会および地区小委員会の活動調査を委託されたＦ・シュレーダー Franz Schröder の報告書がほぼ唯一の手がかりとなる。シュレーダーはハンブルク出身の経済市民層であり、銀行業や、海運業、保険業などに従事し、大戦勃発前には複数の慈善団体で名誉職をつとめ、民間慈善についての豊富な経験を有していた人物である[32]。シュレーダー報告書では、全二七地区の内、二二地区が対象となっている。調査内容は、各地区に存在する地区小委員会の数や扶助員の数、扶助員の活動全般におよび、調査は専ら関係者からの聞き取りにもとづいてなされた。調査の重点は給付手続きのチェック体制におかれ、地区委員会と扶助員の相互チェックを通じて濫給の抑制がなされているか否かが評価された。シュレーダー報告書によれば、扶助員として活動していたのは、大半が当該地区の中間市民層の男女であった。この他に、公的救貧事業の扶助員がＨＫの扶助員を兼ねるケースもあり、また、労働組合の組合員が扶助員をつとめることもあった[33]。

民間慈善の経験に長けたシュレーダーの視点からすると、市民層の名誉職扶助員のあり方には多くの問題があった。その一つが濫給である。たとえば、自営業の扶助員が「将来の顧客」を失わないために、すなわち大戦終了後にも顧客をつなぎとめておくための打算から、また、扶助員を初めてつとめる者が「地上のキリスト」のように振舞い、受給者に対して過度に寛大に接することから、必要以上の給付がなされるケースがみられた。それ以上に問題視されたのは、扶助員の職務怠慢であった。ある地区では八〇人の扶助員が登録されていたが、実際に職務を遂行していたのは二六人だけであり、残りの五四人は名誉職の経歴欲しさのためだけに名目上扶助員を引き受けていたにすぎなかった。また、扶助員が労力を省くために受給申請者の自宅を訪問せず、困窮度調査が形骸化していたことも問題例として指摘された。地区委員会や地区小委員会は本来こうした扶助員の行動を監督する立場にあったが、名誉職としての性質上、扶助員が容易に職務を放棄できるため、「腫れ物にさわるように」扶助員に対応せざるを得ず、こうした問題の多くが放置されていた[34]。

HKでは大戦終結一年前の一九一七年より、大戦終了後の復員兵士の帰還に伴って予想される大量失業への検討が始められていた。この点に関して、HK執行委員会のなかでは、「〔HKによる〕困窮度調査はきわめて無遠慮に実施されるため、何らの落ち度もなく失業状態にある復員兵士に対して、そのような手続きを伴う失業扶助の受給を求めることは道義的に考えて不可能である[35]」ため、大戦終了後HKは失業扶助から手を引き、新たに失業者救済を担う公的部局を設置すべきであるという提言がなされていた。大戦後の失業者救済体制は実際にこの通りに展開することになるが、こうした提言がなされた背景に、シュレーダー報告書で指摘された名誉職扶助員の諸問題が大きく影響したと考えられる。

シュレーダー報告書は、市民層扶助員の問題点を様々な角度から列挙する一方で、公的救貧の扶助員がHKの扶助員を兼担しているケースや、労働組合の組合員が扶助員をつとめているケースに対しては高い評価を与えていた。特に後者のケースについては、ある女性組合員によって主導されていた地区小委員会の事例に言及しつつ、労働組合のメンバーは男女を問わず、「厳格に業務を遂行し、公平な仕事ぶりを示し、そして、様々な事態に対して的確な判断を示す」ことが多いとされた[36]。またシュレーダーによれば、港湾労働者の多いザンクト・パウリでは、例外的に多くの下層民が扶助員をつとめ、そのなかには受給対象者も含まれていたが、申請者や受給者の実情をよく把握しているため、業務が円滑に進んでいた[37]。こうした実情を背景に市の救貧局長O・J・ローゼ Otto Joseph Lohse はすでに一九一五年末の時点で、「将来、社会的扶助活動において、労働者の有益な協力を失うわけにはいかない」、という展望を示した[38]。このことは大戦期に、これまで市民層を主体としてきた民間慈善のあり方が大きく変容しつつあったことを示唆している。

次に、ワイマール期に目を転じると、まず労働局において、失業扶助や職業紹介をはじめとする各部門の業務は運営評議会 Verwaltungsrat によって統括されていた。運営評議会は、議長および副議長と、労使同数のパリテート原則の下、使用者側および被用者側よりそれぞれ六人ずつ選出された代表とによって構成されていた[39]。議長W・マテイ Walter Matthaei は上級裁判官をつとめていた教養市民層であり、一九一〇年より市議会議員に選出され、大戦前の市議会では救貧委員会に所属していた[40]。副議長のE・ヒュフマイアー Emil Hüffmeier は労働者層の出身であり、一九〇六年より建築労働組合の幹部をつとめ、一九一三年には市議会議員に選出された。市議会議員として社会保険庁や家庭支援中央委員会に所属していたほか、大戦中はHKの執行委員会のメンバーにもなっていた[41]。この二人の人選から明らかなように、労働局には旧体制下での社会政策の経験が継承されただけでなく、パリテート原則の採用とあいまって、労働者層が強く関与する組織構成がなされたのである。

運営評議会の策定した方針に沿って失業者の窓口となったのが、市内一四カ所に設置された失業扶助登録所 Meldstelle である。これは、調査員 Ermittler を通じて、受給申請をした失業者の困窮度調査を実施し、その後、給付のための事務手続きを進める労働局の出先機関であった[42]。困窮度調査に従事する調査員は、申請者の受給の可否を判断する重要な役割を果たしていたが、ＨＫの名誉職扶助員についてと同じく、その実態については体系的な史料が残されていない。わずかに残された断片的な史料によれば、調査員の所属階層は大部分が労働者層および職員層であり、困窮度調査のために一時的に雇用された人々であった[43]。失業者救済の中核的実務が、扶助受給者と同じ階層に所属する人々によって担われる傾向がさらに強まっていたといえよう。

一九二〇年二月に労働局の改組によって労働庁が発足すると、失業扶助の運営機構にも変化が生じた。労働庁は、市参事会代表三名および市議会議員七名によって構成される独立した部局となり、部局長には労働局運営評議会の副議長ヒュフマイアーが就任した。労働庁の業務は、各職業紹介所の人事や、社会政策に関わる市参事会との間の意見交換、他の社会政策関連部局との連携などと定められた。そのため、失業扶助の運営は、労働局の運営評議会を改組した扶助委員会に継承されたが、一九二二年七月二二日のライヒ職業紹介所法によって、ラント中央職業紹介所の後継組織であるラント職業紹介局 Landesamt für Arbeitsvermittlung の自主管理機構に委ねられ、以後、一九二七年のライヒ失業保険の導入までこの運用体制が維持されることとなる。これにより、使用者側および被雇用者側の代表によって構成されるラント職業紹介局の管理委員会が、ライヒ職業紹介所法によって定められた自主管理機構として職業紹介と失業扶助を一元的に管理・運用することとなった。だが、ラント職業紹介局をはじめとする職業紹介所の人事権は労働庁に握られ、また財政面でも市政府に大きく依存していたため、失業扶助の自主管理は名目的なものにすぎなかった[44]。

労働庁の裁量権そのものもまた、ライヒの意向に掣肘されていた。なかでもその影響が強く及んだのは、調査員を中心に最大の職員数を抱えていた失業扶助部門の人事問題である。第一次大戦直後の労働市場の混乱が収まり、失業者数が一時的に下落した一九二一年八月に、労働庁内で職員削減の検討が行われた。この当時、労働庁では全体で一二〇〇人強の職員をかかえ、その内、約七五〇人が失業扶助部門に所属していた。他方、失業扶助受給者の数は、同年四月の約二万四六〇〇人から約一万五〇〇〇人へと約四〇パーセントの減少がみられた。こうした状況に対して、労働庁では失業部門の職員約二五〇人の削減が図られた。その論拠として持ち出されたのが、受給者数と関係職員数の比率は三〇対一が望ましいというライヒ労働省の見解である。労働庁内の協議では、この比率を超える数の職員を雇用し続けると、ライヒの負担する一二分の六の拠出金が支出されなくなる可能性があるということが議論の出発点となっていた(45)。同様の事態は、一九二七年後半に一九二五年来の長期失業問題が終息しつつある際にもみられた(46)。このことは、本来、自治体の所管である失業扶助の運用に対して、ライヒの間接的介入が強められつつあったことを示唆している。

四　失業者救済の規範

第一次大戦期からワイマール期にかけて、失業者救済をめぐる体制や、失業者の規模、失業扶助の担い手などについて様々な変化がみられた一方で、失業扶助の運営に際しては一貫して個別的扶助（扶助の「個別化」Individualisierung）の原則が追及された。世紀転換期から両大戦間期にかけて、個別的扶助は救貧をはじめとする扶助政策の中核的な規範概念であり、前近代の宗教的扶助活動以来の「人から人への救済 Hilfe von Mensch zu Mensch」、すなわち画一的な救済ではなく、個々の困窮者に適した物的ならびに精神的な救済手段を提供することを目的としていた。そして、個別化の原則が扶助の扶助たるゆえんであり、社会保険などその他の社会保障との決定的な相違点と考えられていた(47)。

ＨＫの失業扶助は、「平時において公的救貧との関わりを一切有したことがなく、ただ戦争のためによってのみ困窮化した品行方正な人々」の救済を目的としていたため、公的救貧の受給経験者およびその潜在的可能性のある者の排除が定められていた他は、専ら扶助員の困窮度調査によって給付の可否が左右された。また、給付水準は各地区委員会が独自に設定し、個別的扶助の原則の下、個々の失業者への給付額や給付方法は実質的に扶助員の裁量に委ねられていたため、地区ごとの給付実績に差が生じたばかりでなく、世帯構成などの条件が同一の失業者の間でも受給額が異なる事態が頻発した。このため給付水準の一元化を求める声がHK内部でみられたが、執行委員会はこれに対して消極的な姿勢を示した。執行委員会によれば、地区ごとの物価の違いや、疾病や高齢など各世帯の個別の状況に対応する必要があるだけでなく、戦時下の失業者の社会的多様性を考慮すると、給付水準を一律に定めることが困難なためである。[48]伝統的な個別的扶助の原則に、戦時下特有の事情が加味されることにより、統一的な給付額の設定が敬遠されていたといえよう。

だが、戦時中の失業扶助の運営を全面的にHKに委ねることが市議会で決定された後の一九一四年一一月に、HKの方針は一転し、全地区共通の標準給付額が導入された。この遠因は、HKの財源問題であった。HKの財源は専ら私的な寄付に依存していたが、失業者数が増加するなか、寄付金のさらなる上積みもほとんど期待できず、資金の枯渇が予測されていた。このため、HKは市政府への補助金の要請を余儀なくされたが、その実現には統一的な標準給付額の導入を通じて、HKの活動に対するより広いコンセンサスを得る必要があった。というのも市議会では、公的扶助の導入を求めていた社会民主党や、自由主義左派が、失業扶助の給付水準が一様ではない状況を問題視し、HKの失業扶助への全面的依存に難色を示していたからである。したがって、標準給付額の導入は、地区間や受給者間の格差を解消するためというよりは、むしろ、失業扶助への公的補助金投入を実現させるための布石だったのである。[49]

こうした経緯によって導入された標準給付額は、表2-2にみられるように、一カ月あたり、単身者二六・四〇マルク、

表２－２　ハンブルク戦時救済の失業扶助標準給付額と平均受給額

（単位：マルク）

標準給付額（１カ月）	
単身者	26.40
夫婦	31.20
子ども手当（第１－３子，１人あたり）	4.80
子ども手当（第４子以降，１人あたり）	3.60
市内全体の平均受給額（1914年12月）	
単身者	16.97
夫婦	23.45
各市区平均受給額の分布（1914年12月）	
単身者	5.30～19.98
夫婦	11.00～29.60

出典：Hamburgische Kriegshilfe: Richtlinie, 3. Auflage, 20. Dezember 1914, S. 15; Bericht über die in den Bezirken der Hamburgischen Kriegshilfe während des Monats Dezember 1914 gewährten laufenden Unterstützung, in: StAH 351-2II 454 Bd. 5.

夫婦三一・二〇マルクであり、第一―三子については一人あたり四・八〇マルク、第四子以降については一人あたり三・六〇マルクの子ども手当がついた。これに対して、標準給付額が導入された翌月の一九一四年一二月の受市内全体の平均受給月額は、単身者一六・九七マルク、子無し夫婦二三・四五マルクであり、いずれも標準給付額を大きく下回った。各地区の平均受給額についてみると、単身者については五・三〇―一九・九八マルクに、子無し夫婦についても一一・〇〇―二九・六〇マルクに広く分布しており、依然として地区間の差は大きいままであった。これは、標準給付額の導入によって給付体系に一定の枠ははめられたものの、扶助員の裁量により受給世帯の状況に応じて標準給付額から増減させることが可能だったためであり、実質的には個別的扶助の原則は維持されたのである。

個別的扶助の原則は、ワイマール期の失業扶助にも踏襲された。ライヒ失業扶助令では、「労働意欲・能力を有する一四歳以上の者で、戦争の影響に伴う失業によって困窮状態にある者に」のみ受給資格が与えられることとされた。ここでいう「困窮状態」とは、「失業ないし操短により、世帯を共にする家族の収入を併せても必要な生計費を賄うことができない状況」と定義されていた(50)。

そのため、個別的扶助の原則に沿った困窮度調査の力点は、失業者の家族構成や、世帯収入、年金やその他の社会保障の受給状況におかれ、世帯収入の状況に応じて受給の可否と、給付額が決定された(51)。しかしながら、大戦終息直後に発生した大量失業の際には、そもそも労働局が設立された直後だったため、失業扶助制度そのものの始動に多くの労力が割かれ、困窮度調査は表面的なものに終始し、実質的には、個別的扶助の原則を適用することはほぼ不可能であった(52)。

個別的扶助の原則があらためて問われることとなったのは、長期失業の問題が深刻化した一九二五―二七年の局面である。この局面において特徴的であったのは、労働庁だけでなく、福祉局も失業者救済において前景に出てきたことである。もともと福祉局は、失業扶助だけでは生計を維持することのできない失業者に対して、再度、福祉局の困窮度調査を受けることを前提に、現金給付だけでなく、医療費の補助や、牛乳の割引などの現物給付を追加的扶助と

表2-3　ハンブルクにおける失業扶助の1週間あたり給付水準（1925年2月—1926年11月）

（単位：RM）

	1925年2月9日	1925年12月14日	1926年3月1日			1926年11月8日		
			単身者	家族手当受給者		単身者	家族手当受給者	
				受給期間1-8週間	受給期間9週間以上		受給期間1-8週間	受給期間9週間以上
21歳以上	8.10	9.72	10.68	9.72	10.68	12.30	10.68	11.76
21歳未満	4.86	5.88	7.08	5.88	6.48	8.16	6.48	7.14
配偶者手当	3.00	3.30	3.30			3.30		
子ども手当	2.10	2.34	2.34			2.34		
給付上限	19.50	21.60	21.60			受給期間1-8週間＝23.34 受給期間9週間以上＝24.42		

出典：Jahresbericht der Verwaltungsbehörden der freie und Hansestadt Hamburg, 1925, S. 619; 1926, S. 373f.

して実施していた(53)。一九二五—二七年の失業問題では、失業の長期化によって生じた失業扶助満了者が公的扶助の受給者となるケースが増大し、従来の追加扶助にとどまらず、福祉局が失業者救済体制の一翼を本格的に担うこととなったのである。

労働庁の失業扶助と福祉局の公的扶助のいずれも個別的扶助を原則としていた点では一致していたが、その運用方針には大きな相違があった。このことが端的に反映されていたのが、給付水準の差である。

まず、公的扶助の基準額は、一九二四年および一九二五年を通じて段階的に引き上げられ、一九二五年一〇月の時点で一週間あたり、単身者九RM、子無し夫婦一四RM、一五歳以下の子ども手当二RMとなった。夫婦と子二人の世帯を例にとると、二人分の子ども手当を含めて二〇RMであり、一九二六年以降もこの水準が維持された(54)。

他方、表2-3にみられるように、失業扶助の給付水準は一九二五年から一九二六年末にかけて、三度にわたり段階的に引き上げられた。一九二五年一〇月時点での給付額は、一週間あたり、単身者八・一〇RM、子無し夫婦一一・一〇RM、子ども手当を含めた夫婦と子二人の世帯一五・三〇RMであり、すべての属性において公的扶助の給付水準を下回っていた。一九二五年一二月には、二一歳以上の単身者の給付額は一週間あたり九・七二RMとなり、公的扶助の水準をやや上回るようになったが、子無し夫婦一三・〇二RM、夫婦と子二人の世帯一七・七〇

ＲＭは、依然として公的扶助を下回る水準であった。一九二六年の二度にわたる給付額引き上げにより、同年一一月には単身者だけでなく、受給九週間以上の夫婦の給付水準も公的扶助のそれを上回るようになったが、夫婦と子二人の世帯の給付額は受給九週間以上でも一九・七四ＲＭであり、公的扶助の水準をやや下回っていた。

その上、失業扶助には配偶者・子ども手当を含む給付総額に上限が設けられており、一九二六年一一月の上限額二三・三四ＲＭ（受給期間一―八週間）と二四・四二ＲＭ（同九週間以上）は夫婦と子ども四人の世帯の給付額に相当した。公的扶助には給付総額の上限が設定されていなかったため、子どもが五人以上いる多子世帯については、子どもの数が増えるにつれて、失業扶助と公的扶助の給付格差が広がる構造になっていた。

このように、もともと失業扶助の給付水準は、公的扶助のそれより低く、給付水準の引き上げ後も、子持ち世帯への待遇は公的扶助より劣っていた。これは、ハンブルクに限らず、同時代の他都市でもみられた傾向であった。その根本的な要因は、公的扶助と失業扶助の基本方針の相違にある。公的扶助が「社会的諸観点」soziale Gesichtspunkte に沿った最低限の生計維持を基本方針としていたのに対して、失業扶助については、同じく失業者の生計維持に主眼が置かれていたものの、同時に、労働市場政策の一環としても位置づけられていた。すなわち、失業扶助については、就労へのインセンティブを低下させない程度の水準に給付額を抑制する必要があり、それが子持ち世帯を中心とする公的扶助との差につながったのである。[55]

このような基本方針の相違を背景に、失業扶助と公的扶助の間には、個別的扶助の要となる困窮度調査の厳格さにも差がみられた。失業扶助満了後、公的扶助の対象となれば失業扶助よりも高い水準の給付を受けることが可能となるため、公的扶助の困窮度調査は失業扶助のそれより厳しく実施され、一九二五年後半に長期失業問題が深刻化する以前には、失業扶助が満了した後に、公的扶助の受給申請を行った失業者はごく一部に過ぎなかった。そのため、当初、福祉局は失業扶助満了者に対する特別な対応をする用意はなく、従来の公的扶助受給者と同様の処遇をしていた。[56]

だが、一九二五年末に長期失業者の数が増加し、失業者によるデモ活動によって社会的危機が顕在化すると、共産主義勢力の台頭に対する警戒感から、福祉局でも本格的な対応の必要性が認識されることとなった[57]。当時のハンブルクでは、ハイパー・インフレーションに伴う社会的混乱から、一九二四年の市議会選挙で市政を担う社会民主党とドイツ民主党が大きく得票率を後退させる一方、極右勢力や共産党が影響力を拡大させていた[58]。こうした背景より、長期失業問題への対応は、市政そのものにとって喫緊の課題と位置づけられたのである。特に問題とされたのが、公的扶助の受給対象となる失業扶助満了者の増加である。その推移については体系的な統計が残されていないが、断片的な記録によれば、一九二六年六月に約一二〇〇人を記録し、一九二六年九月には約五〇〇〇人に達していた。同じ時期の公的扶助全体の受給者数は一万七二四六人と一万九九〇〇人であったので、公的扶助の受給対象者に占める失業扶助満了者の比率は、約七パーセントから約二五パーセントへと三倍以上の増加がみられた[59]。

失業扶助満了者への対応については、ハンブルク福祉局もメンバーとなっていた北西ドイツ福祉局連合 Vereinigung nordwestdeutscher Wohlfahrtsämter の所属都市との連携が図られた。一九二六年一月に開催された同連合の協議では、失業者の増加に伴う大規模な困窮化は共産党の煽動を介して直接的な政治的危機に陥る危険性があるという認識が共有され、労働能力を有する公的扶助受給者のために雇用を創出する労働扶助 Arbeitsfürsorge を積極的に活用することが各都市共通の基本方針となった[60]。この基本方針の下、ハンブルクの福祉局も緊急失業救済事業の拡張をはかったが、それによって創出された雇用はきわめて限定的であり、長期失業問題の抜本的な解決にはいたらなかった。

こうした状況のなか一九二六年一一月二一日に、緊急扶助が導入された。先の図2-2にみられるように、緊急扶助の受給者数は一九二七年八月まで持続的に増加し、一九二六年一二月から一九二七年九月の一カ月あたりの平均受給者数は三二四三人に及んだ。この結果、一九二六年一二月を例にとると、公的扶助の受給対象となっていた失業扶助満了者の数は約一〇〇〇人減って四〇〇〇人前後となり、その分の福祉局の負担は減少した[61]。

だが、ハンブルクを含む北西ドイツ福祉局連合に所属する多くの都市の福祉局は、そもそも緊急扶助の導入に反対の姿勢を示していた[62]。ハンブルク福祉局長O・マルティニ Oskar Martini によれば、緊急扶助の導入は、失業扶助および公的扶助の受給者に加えて、第三の扶助受給者のカテゴリーを形成することとなり、失業者の相互関係を複雑化し、きたるべきライヒ失業保険の導入を阻害する恐れがある。特に憂慮すべきは、緊急扶助の実施機関が職業紹介所のため、慎重かつ個別の対応が必要な長期失業者に対して、福祉局とは異なりシェーマ的な扶助がなされることとなり、扶助の本来的目的を果たすことができない、というのがマルティニの主張であった[63]。

一九二七年一〇月にライヒ失業保険が導入されると、失業者救済の主体は自治体から、ライヒ保険公団に移った。これは、失業者救済業務からの自治体福祉行政の「解放」を意味したが、失業保険の給付金だけでは不十分な失業者に対する救済は引き続き自治体の役割とされたため、失業保険を補完する上で、どの程度、公的扶助が必要となるのかという新たな課題を自治体に突きつけることとなった[64]。その上、失業保険満了者に対する救済体制として、緊急扶助と公的扶助による二段階の枠組みは継承されることとなるので、マルティニの指摘した問題点はそのまま積み残されていくこととなる。

おわりに

現代化の起点の一つとみなされる第一次大戦を契機として、失業に直面する階層が広範囲に及ぶようになった。このような質的転換が生じた失業問題に対して先駆的に対応に乗り出したのはライヒではなく都市であり、ハンブルクでは一九世紀以来の都市ガバナンスのあり方を背景に、民間慈善団体ＨＫがその役割を担った。そして、ＨＫの組織形態と人的ストックは大戦後も労働局と福祉局に継承され、大戦期に形成された枠組みはライヒ失業扶助の制度的基礎をなすこととなる。

ワイマール「社会国家」が形成されていくなかで、自治体の裁量権は徐々にライヒによって侵食されたが、制度の核となる困窮度調査は自治体の専管事項であり続けた。その担い手としては、すでに大戦期より労働者層が重要な役割を果たしていたが、大戦後にはさらにその傾向に拍車がかけられ、ワイマール期社会政策の特色である労働者層の関与が強まった。他方、戦時失業扶助ならびにライヒ失業扶助は扶助原則を基礎としていたために、一貫して伝統的な個別的扶助が規範として遂行された。だが、一九二五―二七年の長期失業問題は、相互補完関係にあった失業扶助と公的扶助における基本方針の相違を顕在化させ、特に一九二六年の緊急扶助導入は個別的扶助のあり方に大きな波紋を投げかけることとなった。

以上より、ワイマール「社会国家」成立前後の失業者救済体制は基本的には都市からライヒへの政策主体の変容を軸に再編されていったと捉えることができる一方、大戦前までは政策の客体であった労働者層が、失業扶助の担い手として一定の比重を占めるようになったと考えられる。このことは、失業問題の質的転換とあいまって、失業をめぐる都市ガバナンスの変容が、第一次大戦とワイマール「社会国家」形成のような外在的要因だけではなく、都市社会の内在的な変化からも影響を受けていたことを示唆しているといえよう。

註

（1）森宜人「『社会都市』における失業保険の展開――第二帝政期ドイツを事例として――」『歴史と経済』第二一一号（二〇一一年）、森宜人「ヴィルヘルム期ドイツにおける都市失業保険――大ベルリン連合を事例として――」『社会経済史学』第七七巻第一号（二〇一一年）。

（2）森宜人「戦時失業扶助と『社会都市』――第一次大戦期ハンブルクを事例として――」『社会経済史学』第八〇巻第一号（二〇一四年）。本章では、議論の前提として第一次大戦期の状況にも言及するが、その際には主に同稿で得られた知見の一部が用いられる。

（3）たとえば、Carl Christian Führer, *Arbeitslosigkeit und die Entstehung der Arbeitslosenversicherung in Deutschland 1902-1927*, Berlin 1990, Hans-Walter Schmuhl, *Arbeitsmarktpolitik und Arbeitsverwaltung in Deutschland 1871-2002*, Nürnberg 2003, 福澤直

樹『ドイツ社会保険史――社会国家の形成と展開――』名古屋大学出版会、二〇一二年。

（4）この点については、Richard Evans, *Tod in Hamburg. Stadt, Gesellschaft und Politik in den Cholera-Jahren 1830-1910*, Hamburg 1991, Stephen Pielhoff, *Paternalismus und Stadtarmut. Armutswahrnehmung und Privatwohltätigkeit im Hamburger Bürgertum*, Hamburg, 1999. 馬場わかな「世紀転換期ドイツにおける家族の保護――ハンブルク在宅看護・家事援護協会を事例として――」『西洋史学』第二五三号（二〇一四年）などの先行研究がある。

（5）Werner Jochmann, “Handelsmetropolen des Deutschen Reiches”, in: ders.（Hg.）, *Hamburg. Geschichte der Stadt und ihrer Bewohner. Bd. 2: Vom Kaiserreich bis zur Gegenwart*, Hamburg 1986, S. 15-107, hier S. 82-84.

（6）森「戦時失業扶助と『社会都市』」、四三―四四頁。

（7）Hermann Joachim, *Handbuch der Wohltätigkeit in Hamburg*, 2. Aufl., Hamburg 1909, S. 385-393.

（8）森「戦時失業扶助と『社会都市』」、四七頁。

（9）Pielhoff, a.a.O., S. 420-423.

（10）Satzungen der „Hamburgischen Kriegshilfe“, in: Staatsarchiv Hamburg（StAH）351-2II 454, Bd.1.

（11）森「戦時失業扶助と『社会都市』」、四五―四九頁。

（12）Führer, a.a.O., S. 119.

（13）森「戦時失業扶助と『社会都市』」、四一―四三頁。

（14）Volker Ullrich, “Weltkrieg und Novemberrevolution: die Hamburger Arbeiterbewegung 1914 bis 1918”, in: Landeszentrale für politische Bildung Hamburg（Hg.）, *Hamburg im ersten Viertel des 20. Jahrhunderts: die Zeit des Politikers Otto Stolten*, Hamburg 2000, S. 97-128, hier S. 108-115.

（15）Ursula Büttner, “Der Stadtstaat als demokratische Republik”, in: W. Jochmann（Hg.）, *Hamburg. Geschichte der Stadt und ihrer Bewohner. Bd. 2: Vom Kaiserreich bis zur Gegenwart*, Hamburg 1986, S. 131-264, hier S. 131-134. 革命期の労・兵評議会の動向については、木村靖二『兵士の革命――一九一八年ドイツ――』東京大学出版会、一九八八年が詳しい。

（16）Stenographischer Bericht über die Sitzung der Bürgerschaft der Freien und Hansestadt Hamburg, 27. Sitzung vom 6. November 1918, S. 648-664.

（17）Reichsgesetzblatt（RGBl.）1918, Teil. 1, S. 1305-1308.

(18) RGBl. 1923, Teil. 1, S. 946f.; 1924, Teil 1, S. 121-127.

(19) Emil Hüffmeier, *Das Hamburgische Arbeitsamt*, Hamburg 1919, S. 5-8; Johannes Biensfeld, *Arbeitswesen und Arbeitsamt in Hamburg*, Hamburg 1924, S. 24-26.

(20) Schreiben von Dr. Zahn An das Hamburgische Arbeitsamt vom 20. März 1919, in: StAH 111-2 CII d11-60; Hüffmeier, a.a.O., S. 45f.

(21) Jahresbericht der Verwaltungsbehörden der freien und Hansestadt Hamburg（Jbr. VB. HH.）1925, S. 633-637.

(22) 森「戦時失業扶助と『社会都市』」、四四―四五頁。

(23) Protokoll der 2. Versammlung des Hauptausschusses am 5. August 1914, in: StAH 351-2II 454, Bd. 1.

(24) Jbr. VB. HH. 1926, S. 343.

(25) Reichsarbeitsblatt, 1925, Nichtamtlicher Teil, S. 81, 149, 213, 284, 352, 412, 477, 524, 596, 645, 733; 1926, Nichtamtlicher Teil, S. 5, 77, 153, 208, 288, 364, 440, 504, 584, 639, 701, 794; 1927, Nichtamtlicher Teil, 6f.

(26) Ebenda, S. 343f.

(27) Jbr. VB. HH. 1925, S. 601f.

(28) Ebenda, S. 601f.

(29) Führer, a.a.O., S. 426ff.

(30) 森「戦時失業扶助と『社会都市』」、四六、四九―五〇頁。

(31) Helene Bonfort u.a., *Bericht über die in Hamburg während der Jahre 1914-15 von Frauen geleistete Kriegshilfe*, Hamburg 1916, S. 6.

(32) Ausschnitt aus der Hamburger Nachrichten vom 1. September 1930, in: StAH 731-8 A769-8 Schroeder.

(33) 1. — 25. Berichten von Franz Schröder vom 1. — 29. November 1916, in: StAH 351-2II 454, Bd. 9.

(34) 7. — 9. Berichten von Franz Schröder vom 10. — 14. November 1916, in: StAH 351-2II 454, Bd. 9.

(35) Die Organisation der Arbeitslosenunterstützung in Hamburg nach dem Kriege. Eine Anregung von Dr. Friedrich Zahn, S. 9, in: StAH 351-2II 449, Bd. 2.

(36) 8. Bericht von Franz Schröder vom 11. November 1916, in: StAH 351-2II 454, Bd. 9.

(37) 13. Bericht von Franz Schröder vom 17. November 1916, in: StAH 351-2II 454, Bd. 9.

(38) Hamburgische Kriegshilfe. Erfahrungen bei der Kriegsfürsorge. Vortrag von Herrn Dr. Lohse（Direktor des öffentlichen

Armenwesens）in der Generallversammlung der Hamburgischen Gesellschaft für Wohltätigkeit, in: StAH 351-2II 449, Bd. 1.

(39) Biensfeld, a.a.O., S. 15.

(40) Überblick über das Leben von Dr. Walter Matthaei, in: StAH 731-8 A762 Matthaei.

(41) Ausschnitt aus dem Hamburger Fremdenblatt, Nr. 180 vom 10. August 1920, in: StAH 731-8 A758 Hüffmeier.

(42) Hüffmeier, a.a.O., S. 20f.

(43) Johannes Biensfeld, “Erwerbslosenfürsorge und Arbeitslosenversicherung”, in: *Arbeit und Wohlfahrt. Blätter der hamburgischen Behörden für das Wohlfahrtsamt und das Arbeitsamt*, Jg. 1. Nr. 1.（1922）, S, 7f.; H. Eisenbarth, “Die Entwicklung des Arbeitsamtes”, in: *Arbeit und Wohlfahrt. Blätter der hamburgischen Behörden für das Wohlfahrtsamt und das Arbeitsamt*, Jg. 1. Nr. 2.（1922）, S, 7f.

(44) Johannes Biensfeld, “Hamburger Sozialpolitik. Zur 10. Hauptversammlung der Gesellschaft für Soziale Reform”, in: *Hamburger Echo* vom 27. Juni 1927.

(45) Niederschrift über die 34. Sitzung der Behörde für das Arbeitsamt vom 23. August 1921, in: StAH 376-15 B8.

(46) Schreiben des Senatskommissions für die Verwaltungsreform an die Behörde für das Arbeitsamt vom 25. Juli 1927, in: StAH 131-12 D27.

(47) Hilde Eiserhardt, *Das Zusammenwirken der Organe des Innen- und Außendienstes in der wirtschaftlichen Fürsorge eines Wohlfahrtsamtes* Frankfurt am Main 1925, S. 5-8.

(48) 森「戦時失業扶助と『社会都市』」、四六頁、五〇頁。

(49) 同上、五〇－五四頁。

(50) RGBl. 1918, Teil 1, S. 1305.

(51) Hüffmeier, a.a.O., S. 18f.

(52) Ebenda, S. 16f.; Eisenbarth, a.a.O., S, 7f.

(53) Rundschreiben an die Wohlfahrtsstellen vom 20. Oktober 1922, in: StAH 351-10I AW.00.11.

(54) Jbr. VB. HH. 1925, S. 641f.; 1926, S. 374.

(55) H. Pick, Grenzfragen zwischen Erwerbslosenfürsorge und Wohlfahrtspflege（13. August 1926）, in: StAH 351-2II 259.

(56) Schreiben vom Wohlfahrtsamt Hamburg an das Archiv für Wohlfahrtspflege Berlin vom 7. Februar 1925, in: StAH 351-10I AW.00.

12.

(57) Auszug aus dem Protokolle des Sentas Hamburg vom 16. Dezember 1925, in: StAH351-2II 259.

(58) Büttner, a.a.O., S. 216-219.

(59) Auszug aus der Niederschrift über die Sitzung der Vereinigung nordwestdeutscher Wohlfahrtsämter am 30. Juni 1926 im Rathaus zu Lübeck., in: StAH 356-2I 267; Jbr. VB. HH. 1926, S. 397; Statistisches Jahrburch für die freie und Hansestadt Hamburg 1926/27, S. 300.

(60) Niederschrift über die Sitzung des Ausschusses der Vereinigung nordwestdeutscher Wohlfahrtsämter am 20. Januar 1926 im Wohlfahrtsamt Hamburg, in: StAH 351-2II 259.

(61) Jbr. VB. HH. 1926, S. 397.

(62) Auszug aus der Niederschrift über die Sitzung der Vereinigung nordwestdeutscher Wohlfahrtsämter am 30. Juni 1926 im Rathaus zu Lübeck, S. 11f, in: StAH 356-2I 267.

(63) Schreiben des Präses des Wohlfahrtsamtes Martini vom 16. Juni 1926, in: StAH 356-2I 267, Bd. 1.

(64) Jbr. VB. HH. 1927, S. 385f.

第3章　都市史と都市自治体の間の相互関係
――一八七〇年代から一九七〇年代にわたる市史『バーミンガム史』の形成――

岩間俊彦

はじめに

本章は、一九五二年と一九七四年に刊行されたバーミンガムの市史の特徴、過程、影響について検討する。(1) イングランド中部の中核的な商工業都市であったバーミンガムでは、都市自治体設立一〇〇周年（一九三八年）を記念して、バーミンガム都市自治体による大部な市史の刊行が企画された。そして、一九五二年に全二巻の市史『バーミンガム史 *History of Birmingham*』が出版された。(2) これら全二巻本は、一九六〇年代以降に発展したイギリス都市史研究のさきがけとして評価されてきた。同市史は、バーミンガムにおける「市民の知的な事業」として、一九七四年に続刊の第三巻も刊行され、同書も精緻な都市史研究の業績として高い評価を得た。(3)

本章では、これらの市史の記述・構成の特徴だけでなく、市史刊行事業の過程や担い手について、一次資料に基づいて明らかにすると共に、同事業の歴史的背景について考察する。まず、バーミンガムの市史が、都市の近代性をあらわす上で重要な役割を果たしたことについて、「シビック・ゴスペル civic gospel（市民の教義）」と呼ばれる一九世紀後半から二〇世紀初めにおけるバーミンガム都市自治体を中心とした都市改良と関連する社会的、文化的、政治的環境の活性化という事象をめぐる歴史記述の構築に注目しながら、考察する。

次に、市史『バーミンガム史』の企画や刊行の過程と市史の構成や記述の特徴について明らかにする。さらに、市史の刊行の背景と意義について、バーミンガム都市自治体による他の刊行物『バーミンガム自治体史 *History of the Corporation of Birmingham*』六巻[4]との関わり、市史の企画・刊行を担当した都市自治体の委員会の動向、同時代のバーミンガムにおける歴史的背景等から考察する。最後に、バーミンガムの市史の刊行事業が、多様な要因や歴史的背景が交錯しながら実現したことを明らかにすると共に、バーミンガムの市史等から形成された都市の歴史記述の意義について示したい。

一　バーミンガム史と近代都市の形成――シビック・ゴスペルからの考察――

これまで、一九世紀中ごろから後半におけるバーミンガムという都市の展開は、近代性をあらわす存在、すなわち、変化とそれに対応する力、変化の担い手たち、そして、都市の成長と知的な変化との共存等を示す存在、とみなされてきた[5]。その根拠とされる現象が、自治体文化 municipal culture、公私の機関や活動による交響楽団 symphony orchestra と称されるような都市自治体を中心とした都市文化や都市の統治の形成である[6]。この都市文化または都市の統治の核となるのが、一九世紀後半に、バーミンガム都市自治体を中心に進められた改良事業である。この改良事業は、ジョゼフ・チェンバレン Joseph Chamberlain（1836-1914）等に主導され、ガス、水道、街路や公共建築物等の都市空間整備にまでおよぶ。これらの事業については、同時代のバーミンガムの公論においても賛否は分かれたが、結局、説教者、ジョージ・ドウソン George Dawson（1821-1877）や会衆派の聖職者、ロバート・W・デイル Robert W. Dale（1829-1895）等の活動もあり、バーミンガムというコミュニティ（地域社会）では自治体と関連機関等によって改良事業を進め・支えるという理念の共有が進んだ。この一連の事象こそが、シビック・ゴスペル（地域社会における市民の教義または市民の福音、と訳す）である[7]。

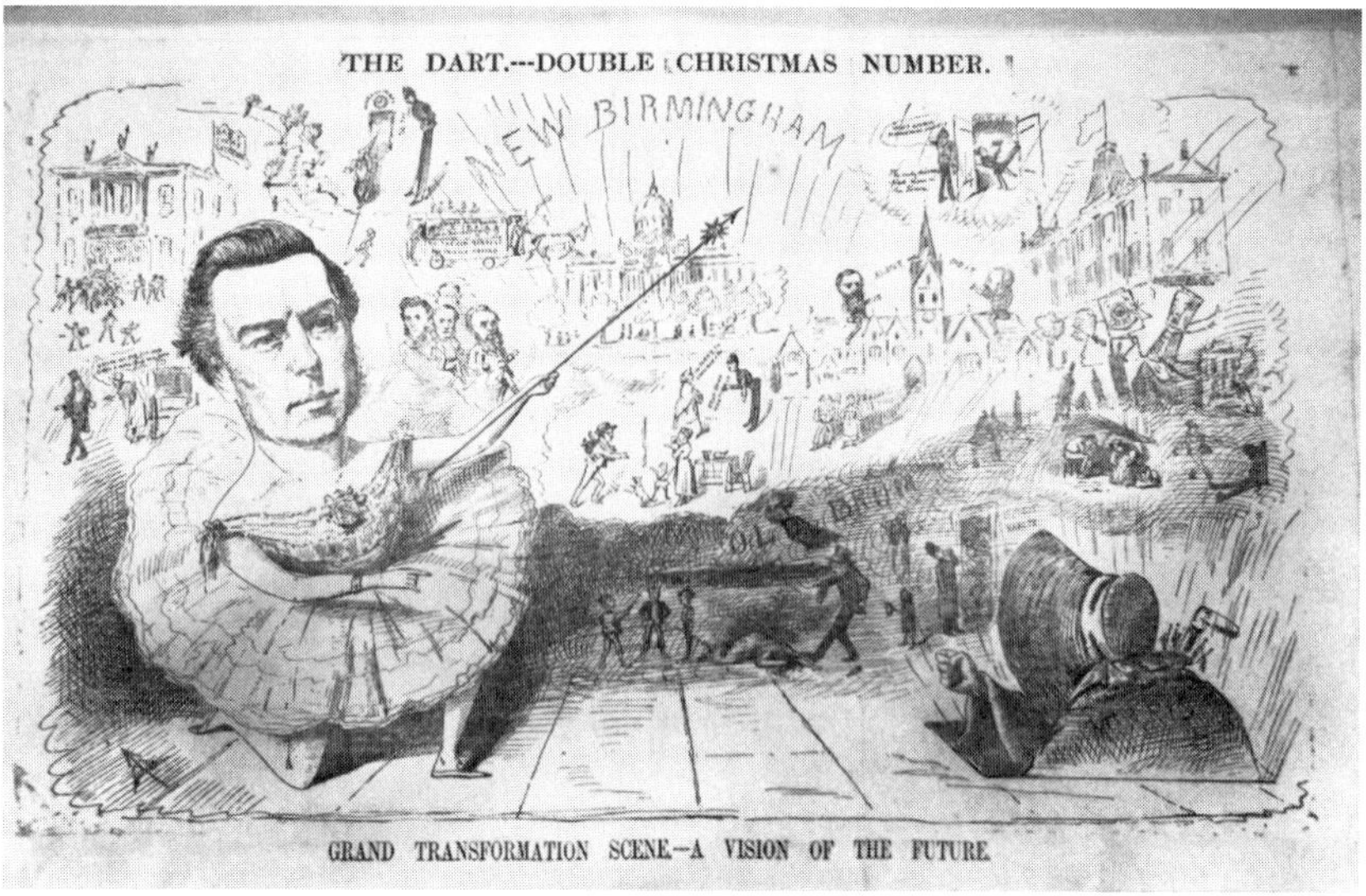

THE DART.---DOUBLE CHRISTMAS NUMBER.
NEW BIRMINGHAM
GRAND TRANSFORMATION SCENE.—A VISION OF THE FUTURE.

図3-1　都市改革の展望，1876年

左の人物がジョゼフ・チェンバレンで，シビック・ゴスペルをめぐる公論が風刺されている．
出典：*Dart*, 23 Dec. 1876．

それでは、いかなる過程で、一九世紀後半のバーミンガム都市自治体による都市改良を civic gospel という用語で記述するようになったのだろう。まず、『オックスフォード英語辞典 第二版 *Oxford English Dictionary*, 2nd ed.（OED）』のオンライン版とCDROM版には、civic gospel に関する用法が掲載されていない。また、一九・二〇世紀の同時代の英語文献を多数収録しているプロクエスト・データベース ProQuest databases（PQD）、ゲイル・データベース Gale Database（GD）、一九世紀文献資料オンライン Nineteenth Century Collection Online（NCCO）、一八・一九・二〇世紀のイギリスの新聞に関するデータベース、たとえば、The British Newspaper Archive（BNA）、The Times Digital Archive（TTDA）[8]でも civic gospel の用法は確認できなかった。そこで、OEDにおける gospel と civic の用法を確認しよう。

まず、gospel については、中世（特に一三〇〇年代以降）において、イエス・キリストへの賛歌といった用法があり、人間行為の指針や祈りの対象となりうる行為といった用法は一七世紀のジョン・ミルトン、一八世紀後半のエドマンド・バークを経て、一九世紀でも用いられている。この一七―一九世紀の gospel の用法は、civic gospel の意味とも合致する。civic については、都市の市民という意味での citizen を示す civic という用法は、一八世紀後半以降にあらわれ、一九世紀にも用いられている。また、市民の権利や定義を示す citizenship の用法もほぼ同じ時期にあらわれ語法として定着している。このような civic の用法が、civic gospel の用法の基礎である。

上記のような用法の gospel と civic がバーミンガム史で用いられたのはいかなる時期であったのだろうか。その一つが、ミュアヘッドのバーミンガム史の著作にみられるジョージ・ドウソンの引用である。ドウソンは、バプティストを経て非国教会徒の聖職者として、地域社会における行いと信仰の結び付きを説きながら、地方行政の改革の必要性を訴えた人物であった。彼の演説の中に、civic gospel という用語は見つけられなかったが、彼の演説において、人間行為の指針や祈りの対象となりうる行為としての gospel と都市の改良事業を結びつけた用法が確認できる。また、前掲のミュアヘッドの著作において、ドウソンに影響を受けて、バーミンガムの都市改良事業と信仰の結びつきを説いた会衆派のロバート・W・デイルが、新たな市民の理想をあらわしていたことも示される[9]。これまでの検討をまとめると、一九世紀の後半に、ドウソンやデイルの演説や発言において、都市改良とキリスト教の信仰が、gospel や civic といった用語で表現されるようになり、二〇世紀初めのバーミンガム史等の文献によって、都市改良を gospel や civic ideal に基づいて記述されるようになったといえよう。

このような用語・歴史記述・解釈は、本章で検討されるエイザ・ブリッグズ Asa Briggs（1921-2016）[10]による一九五二年の『バーミンガム史』において、civic gospel という用語と共に定着した。ブリッグズによる市史では、一九世紀後半のバーミンガムにおける都市改良について、civic revolution、new social gospel、civic gospel と称しているが、civic gospel の用語は一カ所のみである[11]。ブリッグズは、同市史において、一九世紀後半のバーミンガムの都市改良という civic revolution に関して、ドウソンやデイルといった同時代の非国教徒の聖職者が唱えた gospel という用語であらわすことがふさわしいとしている。そして、ブリッグズによる一九世紀の都市史に関する記念碑的業績『ヴィクトリア朝の都市』（一九六三年）[12]において、一九世紀中ごろから後半のバーミンガムは、「シビック・ゴスペルの形成 The Making of a Civic Gospel」として扱われることになった。他方で、ブリッグズの二書以後、一九世紀後半のバーミンガムの都市改良について、ドウソンやデイルの発言や活動と共に同時代の都市自治体の構成員を分析したヘノックは、一九世紀後半の都市改良を「都市自治体のゴスペル」と称することが適当である、と主張している[13]。一九世紀後半の都市改良の名称や理解を civic gospel と municipal gospel のどちらにするかという論争について、結論がついたとはいえないが、二〇世紀末にチェリーが指摘したように、ブリッグズの市史や『ヴィクトリア朝の都市』とヘノックの著作によって、一九世紀中ごろから後半のバーミンガムにおける都市自治体を中心とした改良事業を civic gospel あるいは municipal gospel と呼称することが定着したという解釈は、妥当なものといえよう[14]。

一九世紀後半から二〇世紀初めにおいて、バーミンガム都市自治体を中核にした都市改良の推進と関連する政治的、社会的、文化的環境の活性化という現象をシビック・ゴスペルと呼称し、シビック・ゴスペルをイギリス近代都市史上における「最上の統治 best-governed」の一つとして評価するというブリッグズの見解に対して[15]、用語や史実の精査だけでなく、事業経営、民主主義、帝国、キリスト教といった点からの一次資料分析を通じて、この見解を再検討する研究もあらわれた[16]。にもかかわらず、一九世紀後半の都市自治体による改良事業やそれを支えた価値観や行動様式、すなわち都市の政治社会に関するバーミンガムの評価は、基本的にブリッグズの市史等を基にしながら、都市史だけでなく経済史や社会史の研究者たちに共有されてきた。そこで、次節以降では、バーミンガムの歴史の近代性を私たちが共有する契機となった市史『バーミンガム史』の企画や刊行の過程や背景について検討する。

二　市史『バーミンガム史』の企画・刊行の過程と歴史記述の特徴

はじめに、で記したように、一八三八年に法人化されたバーミンガム都市自治体は、自治体設立一〇〇周年を記念

表3-1　『バーミンガム自治体史』，『バーミンガム史』，関連する出版物（1878—1974年）

年	刊行物『書名』巻，対象年	執筆者／編者
1878	『バーミンガム自治体史』第1巻，1838-1851	J.T. Bunce
1885	『バーミンガム自治体史』第2巻，1852-1884	J.T. Bunce
1902	『バーミンガム自治体史』第3巻，1885-1899	C.A. Vince
1923	『バーミンガム自治体史』第4巻，1900-1915	C.A. Vince
1938	『バーミンガム小史』起源-1938	C. Gill, C.G. Robertson
1940	『バーミンガム自治体史』第5巻，1915-1935	J.T. Jones
1952	『バーミンガム史』第1・2巻，起源-1865・1865-1938	C. Gill, A. Briggs
1957	『バーミンガム自治体史』第6巻，1936-1950	H.J. Black
1964	『ヴィクトリア州史　ウォリック州史第七巻　バーミンガム市』	W.B. Stephens
1974	『バーミンガム史』第3巻，1939-1970	A. Sutcliffe,R. Smith

出典：筆者作成.

して市史の刊行を企画した。まず、バーミンガム都市自治体の総務委員会General Purposes Committee の資料によると、同委員会の下部組織として、既存の『バーミンガム自治体史』に関する分科委員会 sub-committee において、一九三一年三月三〇日付けで市史の企画を行うことが承認された。[17] 一九三〇年代中頃まで、バーミンガム都市自治体の総務委員会や分科委員会の資料では、すでに刊行中の『バーミンガム自治体史』（一八七八年に第一巻（一八五二年まで）刊行、一九三一年の時点で第四巻（一九〇〇—一九一五年まで）刊行）と記念の市史が別企画なのかどうか、判断しにくい記述や整理もあり、記念の市史の企画の位置があいまいな状況にあった（市史等の出版については表3-1参照）。

その後、市史の執筆者に関する選定は速やかに決定されず、ようやく、一九三六年に、ハル大学のコンラッド・ギル Conrad Gill（1883-?）に対して、一九世紀以前の部分の原稿が依頼され、[18] 一九三七年に、バーミンガム大学のチャールズ・グラント・ロバートソン Sir Charles Grant Robertson（1869-1948）に対して、一九世紀以降の部分の原稿が依頼されたが、[19] 都市自治体法人化一〇〇年目の一九三八年に、市史の出版は間に合わなかった。その代わりに、上記の執筆者たちは、共著で小冊子『バーミンガム小史』を一九三八年に刊行した。[20] なお、二年後の一九四〇年には、『バーミンガム自治体史』の第五巻（一九一五—一九三五年）が出版された。そして、一九三九年におこった第二次大戦が終了するまで、市史の刊行は延期され、一九四六年に刊行の企画が再開されたが、上記両名の原稿の脱稿と刊行のめどはたっていなかった(21)。その後、一九四八年に、執筆者の一人ロバートソンの死去により、エイザ・ブリッグズが彼の担当部分の執筆を行うことになった(22)。結局、バーミンガムの市史全二巻は、一九五一年に刊行の目処が立ち、一九五二年に出版された。

市史出版後、一九五七年に『バーミンガム自治体史』第六巻（一九三六―一九五〇年）が出版され、一九六四年には、『〔ヴィクトリア州史〕ウォリック州史第七巻　バーミンガム市〔*Victoria County History*〕*A History of County of Warwick, Vol. VII, The City of Birmingham*』も刊行された(23)。後者の出版に際しては、市史刊行を担当した分科委員会に対して、ブリッグズの執筆部分（一九世紀バーミンガムの社会史）等について照会があり、同委員会は、前掲『〔ヴィクトリア州史〕バーミンガム市』のブリッグズの執筆箇所は、既刊の市史の概要 abstract を収録することを承認した(24)。そして、一九三九から一九七〇年を対象とした市史の第三巻目に関する企画・出版を担当する分科委員会が一九六五年に設置され(25)、一九七四年に市史第三巻が刊行された(26)。

次に、一九五二年に刊行された市史全二巻の特徴について、特にブリッグズの巻に注目しながら、整理しよう。ギルによる市史第一巻は一八六五年までの時期を扱う。目次は一八章からなり、一〇八六年から一八六五年の年表が付されている。年表を含めた本文は四五四頁で、序文・目次等・図版・別刷り地図等は別頁で、合計七〇頁程度である。最初の四章の六〇頁ほどで古代、中世、近世の記述を展開し、一八世紀から一九世紀半ばについては、一四章、三八〇頁ほどで記述する。

ギルの巻に対して、ブッリグズの巻は、一八六〇年代から一九三八年までの約九〇年について、一〇章、三二〇頁ほどで記述する。第二巻目には、本文とは別に年表、自治体の市長や名誉市民、主要な自治体役職者等が付される（合計二〇頁程度）。目次の構成は、二巻とも基本的に編年体だが、一八世紀後半から一九世紀後半までは、特定の時期のテーマ、たとえば、ギルによる第一巻では、一八―一九世紀の都市改良、議会改革、都市自治体改革とバーミンガム都市自治体の誕生、自治体の誕生と展開、鉄道の時代、等々、ブリッグズによる第二巻では、一九世紀中ごろから後半における地域社会の枠組み、都市の動向、世界の工場、世界で最上の統治を実現した都市、拡大したバーミンガム都市自治体、コーカス caucus（政党幹部会）による政治、によって構成されている。なお、両巻とも注記をできるだけ少なくし、最低限の脚注と、章末に参考文献を付す書式である。(27) このように、一九五二年刊の市史が、一八世紀以降、とりわけ一九世紀前半から中ごろ以降の近代の時期を重視していることは明らかである。

一九五二年の市史、特にブリッグズによる第二巻、は、未刊行の手稿等の新資料を用いて、新たな事実の発見や資料分析の水準を高めたわけではなく、主として同時代の文献や二次文献に依拠しながらバーミンガムの政治・経済社会・文化の包括的な歴史について、記している。よって、一九五二年の市史は、既刊のバーミンガム史の歴史叙述の継承・展開という特徴も有している。

まず、一八世紀後半に刊行されたウィリアム・ハットン William Hutton（1723-1815）によるバーミンガム史からは、一八世紀におけるバーミンガムの経済社会の活力とその発展だけでなく、都市への誇りに関する歴史像を継承した。(28) バーミンガムという都市社会の活力や変化という視点は、第一巻だけでなく第二巻においても意識されている。次に、一九世紀のバーミンガムの公共制度の発展や同時代の人々の公的活動や意識（改良精神、自助、進歩への信頼）といった特徴は、J・A・ラングフォード J.A. Langford（1823-1903）によるバーミンガムの公共制度に関する著作等から大きな影響を受けている。(29) さらに、一九世紀末から二〇世紀初めの都市の制度の発展、一九世紀から二〇世紀にかけての経済社会の構造、そしてジョゼフ・チェンバレンをはじめとする特定の人物の活躍というバーミンガム史の記述は、『バーミンガム自治体史』をはじめとする一九世紀後半から二〇世紀初めまでのバーミンガム史の著作の情報や記述を参照している。(30)

一九五二年の市史の構想や概略を形作った『バーミンガム小史』は、九〇頁ほどの小冊子で、基本的に都市の経済社会の発展の過程、都市の発展と自治体の発展を記述しているが、一九世紀には、都市の生活や社会の変化と、自治体や都市社会経済の関わりを示しているだけでなく、ジョゼフ・チェンバレンやキャドベリイ家等の一九世紀バーミンガムの偉人についての項目もある。[31] 同小冊子では、バーミンガム都市自治体の発展は民主主義 democracy の発展として認識されており、このような制度や組織の展開と民主主義のような近代の理念の発展との関わりという視点は、一九五二年の市史にも継承された。

ここで、一九五二年の市史に先行して刊行され、かつ、同市史も参照先としてきた『バーミンガム自治体史』との記述を比較検討してみよう。まず、後者の『バーミンガム自治体史』第一巻から第六巻における目次の基本構成には、大きな変更は見られない。いずれの自治体史の巻についても、自治体の機関全体の概要を記した後、委員会や部局 department ごとの活動が、編年体で記されている。これらの活動に関する記述は、案件の承認や事案の遂行といった事実を記すことが中心である。[32] 特に、二〇世紀以降を扱った四巻から六巻では、限られた紙幅と自治体の記録量の激増を背景にして、上記の自治体業務の事実を簡潔に記述する傾向が、顕著である。にもかかわらず、『バーミンガム自治体史』の記述内容に変化が生じたこともある。たとえば、第一巻と第二巻では、自治体内の党派争いについて言及されなかったが、一八八五から一八九九年を扱う第三巻では、都市自治体における党派の動向について記述が追加されるようになった。しかしながら、党派の記録といった記述上の変化も、四巻以降、自治体の各委員会の記録が急増したため、再び、前述のとおり、委員会の活動に関する事実の記録が記述の中心となった。また、二度の世界大戦におけるバーミンガム都市自治体と住民の対応や変化については、各委員会とは別に活動記録を収録するといったことも見られた。

このような『バーミンガム自治体史』と比較して、一九五二年の市史全二巻では、第一に、バーミンガムという都市の地域社会を描こうとする姿勢が、第一巻のギルの序文や第二巻のブリッグズの最初の章の題、地域社会の枠組み The Framework of a Community、が示すように、明快である。[33] 言い換えれば、バーミンガムという地域社会について、経済社会、政治、都市空間、都市の制度、都市の人々を関連付けながら描く姿勢は、バーミンガムの市史に通底している。このような記述の形は、ブリッグズ自身の先行研究を統合・再構築し、[34] 後に彼自身が展開する社会史研究、あるいは、全体史の基礎にもなりうるものであった。

この姿勢の上に、第二に、特にブリッグズによる市史第二巻は、都市自治体だけでなく関連する機関、人物、当時の価値観や社会関係を含む都市の利害関係とその展開をあらわす都市の統治を記述したという点で、画期的であった。[35]このような記述は、ブリッグズが、一八六五から一九一四年、世紀転換期、一九一四から一九一八年、そして一九一八から一九三八年といった時代区分のもと、各時期において鍵となる歴史的背景を明確にして、制度、活動、関係、思想や価値といった事柄を包括的に示してゆく「全体史」の志向とも合致していた。結果として、ブリッグズによる一九世紀後半のバーミンガムの統治の記述は、都市エリート（都市の主導的人物）に注目しながら、制度の展開、組織、運動を関連付けた。特に、バーミンガムの都市エリートとして、ジョゼフ・チェンバレンとその家族がいかにバーミンガムと関わってきたのか、チェンバレン家がバーミンガムの政治・経済・社会から距離をおくようになったのか、また、チェンバレンとは異なる宗派（クエーカー）かつ一族として、チョコレート製造業で著名なジョージ・キャドベリイ George Cadbury（1839–1922）等がいかにボーンビル Bournville 等の郊外開発を行いバーミンガムの空間的拡大に貢献したか、ということが、市史第二巻では重点的に描かれている。なお、市史刊行後、ブリッグズは、ジョゼフ・チェンバレンの研究に着手する予定だったが、他の研究者が同研究を進めていることから上記の計画を取りやめた。[36]他方で、一九七四年に刊行された市史第三巻では、チェンバレン家のバーミンガム都市自治体からの退場が、簡潔に記される一方で、両大戦間期から戦後にかけての都市自治体内の主導的人物に関する記述が、増加した。バーミンガムの中心的人物をバーミンガム史の記述の中に据えることは、一九五二年以前のバーミンガム史に関する著作でも試みられていたが、バーミンガムの主導的人物と都市の統治や都市の拡大を結びつけた都市史の記述に、ブリッグズの独自性があった。

また、ブリッグズによる市史は、シカゴ学派の都市社会学の業績をヴィクトリア期の都市の分析に関連付けただけでなく、一八九〇年代のアメリカ人のイギリス都市に関する評価を発見・引用したことも注目に値する。市史第二巻では、「世界で最上の統治が行われていた都市 the best-governed city in the world」という同時代のアメリカ合衆国の定期刊行物からの引用を章の題名に用いながら、バーミンガムの都市改良とその背景を同時代のシカゴと比較検討することによって、バーミンガムの都市改良という事象を他都市と相互に参照する可能性を切り開き、のちの都市史研究に大きな影響を与えた(37)。

このように、バーミンガムの市史、特に、ブリッグズによる第二巻目の記述は、彼自身の個性、すなわち、全体史と人物への注目、社会史への展開の可能性、都市社会学研究の積極的な援用、に大きく依拠していた(38)。但し、デイビッド・キャナダインが指摘したように、ブリッグズの市史は、一九世紀中ごろから二〇世紀前半のバーミンガムにおいて、個人の英雄劇と公的な活動を結びつけた魅力的な歴史記述であったが、同時代について異なった都市史の記述の方法もあろう(39)。また、すでに言及したように、バーミンガム史に関する史料の開拓という点で、ブリッグズとギルの市史全二巻では、書簡や日記といった未刊行の手稿は、十分に参照・引用・検討されたとはいえない状況にあった(40)。このような限界があるとしても、一九五二年の市史全二巻は、前述のとおり、一九世紀の近代都市の記述、とりわけ、ガバナンスの記述について、新たな水準かつ視点を提供した刊行事業であることは、確認したい。

なお、市史全二巻の刊行に対する当時の反響・評判は、出版市場だけでなくバーミンガムにおいて、高いものであったと断定することは難しい。たしかに、『タイムズ文芸評論 *Times Literary Supplement*』や『ニュー・ステイツマン *New Statesman*』において、また、『バーミンガム・ガゼット *Birmingham Gazette*』のようなバーミンガムの地方紙において肯定的評価があった一方で(41)、その他のバーミンガムの地方新聞や他の新聞にて、バーミンガムの市史に関する反響を筆者は確認できなかった(42)。他方で、学術分野においては、『経済史評論 *Economic History Review*』等で高い評価を得ており(43)、市史『バーミンガム史』の刊行は、イギリスにおける都市の歴史や社会の歴史に関する新たな潮流の始まりの一つと位置付けられる。実際、市史刊行後、同書の成果を踏まえて、ブリッグズは、著名な『ヴィクトリア朝の都市』を出版し、レスター大学のH・J・ダイオス H.J. Dyos（1921–1978）等による都市史研究の成果も一九六〇年代に展開する中で、ダイオス自身がバーミンガムの市史をイギリス都市史の先駆的業績として位置づけていた。(44)

他のイギリス地方都市、マンチェスタ、リヴァプール、リーズ等では、バーミンガムの市史から影響を受けて、都市ガバナンスや近代性をあらわすような市史の刊行が、行われたのだろうか。上記の地方都市でも、市史（特に自治体の歴史）の刊行は確認でき、それらの一部は自治体の記念事業等である。(45)しかしながら、筆者自身は、バーミンガムの市史刊行が、他都市の自負心・競争意識・市民意識に作用して、他の地方都市における市史の刊行を活性化させたという直接の証言を今のところ発見していない。にもかかわらず、一九五二年の市史『バーミンガム史』が、自治体による市史刊行物の中で最も良質かつ代表的な成果の一つであること、また、二〇世紀後半以降の都市史や地域社会史の先駆的業績であったことについては、イギリス都市史の研究者の間での了解事項といえるだろう。

三　市史『バーミンガム史』の企画・刊行の背景と意義

本節では、一九五二年に刊行された市史『バーミンガム史』刊行の背景や意義について、『バーミンガム自治体史』との関係、都市自治体の市史刊行に関する遂行・担当者・関与から考察したい。

第一に、市史の刊行企画は、シビック・ゴスペルの一部でもあったバーミンガム都市自治体に関する記録の公刊事業『バーミンガム自治体史』を発展・継承していた。前節で示したとおり、一九五二年の市史は、都市の統治を記述したという点で先駆的であった。他方で、シビック・ゴスペルが展開する中で、一八七六年に企画が始まった『バーミンガム自治体史』の刊行目的によれば、この刊行事業は、過去の都市の記録を集成して公正な行政の実現の参照先とすることを目指しており、まさに、都市行政の歴史を都市の統治として活用する実例であった。(46)一九五二年の市史は、『バーミンガム自治体史』の当初の刊行目的を継承・発展させ、都市自治体を含むより包括的な都市ガバナンスの歴史記述を実現しただけでなく、より幅広い読者を対象にした出版物でもあった。

第二に、バーミンガムの市史の企画は、市史刊行を担当する委員会（総務委員会、下部組織の分科委員会）の意図、執筆依頼や執筆者自身に関する問題、一九三〇年代末から一九四〇年代の第二次大戦の影響といったことを背景にして、刊行までたどりついた。

市史刊行に関する分科委員会の構成員には（表3-2）、バーミンガム都市自治体の指導的立場の人物（あるいは、かつて指導的立場にあった人物）が多く、都市エリート、あるいは、都市の名望家が中心であったと言い換えることもできる。実際、チェンバレン家と関係の深い人物や同家と繋がりのある党派・宗派の人物や別宗派のキャドベリイ家の人物が、分科委員会の構成員に含まれていた。市史が企画刊行された一九三〇年代から一九五〇年代のバーミンガム都市自治体議会における党派の動向に注目すると、まず、一九三〇年代において、チェンバレン家と関係の深い集団が支配的な党派（同時代のバーミンガムの党派の名称では、ユニオニスト Unionist（統一党）または保守党 Conservative）を形成していた時期であった。一九三〇年代後半から一九五〇年代前半には、前述の支配的党派（ユニオニストまたは保守党）とジョージ・キャドベリイ・ジュニア等も支持した労働党 Labour の間で競合あるいは併存する状況が続いた。但し、このような状況にもかかわらず、都市自治体の主要役職は、一九五〇年代前半まで、ユニオニストの都市エリートが担っていた。

しかしながら、一九五〇年代から一九七〇年代には、これまでバーミンガム都市自治体の政治的独自性と解釈されてきたユニオニストの支配は終了し、都市自治体では、議席等をめぐり労働党と保守党の競合が見られただけでなく、両党派とも、かつてのユニオニストのような閉じた人的関係と党派内の階層秩序関係を脱して、より民主的な組織となっていった(47)。同時代の分科委員会の主要メンバーは（表3-2）、都市自治体や党派の指導者が含まれていたが、党派運営の最前線から退いてから分科委員会に参加した人物もいた。また、この時期に、市史の記述をめぐって党派間の論争が生じるような事態は、おこらなかった(48)。市史担当の分科委員会は、バーミンガム都市自治体の財政・住宅・

表3-2　『バーミンガム自治体史』または市史『バーミンガム史』の分科委員会構成員（1930-1952年）

年 市史説明	市参事会員／ 市議会員	氏名	特記（年号に付す年は全て省略）
1930年 市史刊行検討開始	市参事会員	W.A. Cadbury＊※ （1867-1957）	市議会員1911より，市参事会員1919-1943，市長1919，名誉市民1938，実業家・企業役員（チョコレート製造業等の製造業者），クエーカー
	市参事会員	Samuel John Grey （1878-1942）	市議会員1919より，市参事会員1930より，事務弁護士
	市参事会員	W.B. Kenrick＊※ （1872-1962）	市議会員1914より，市参事会員1929より，市長1928，名誉市民1938，統一党（保守党）の中心人物，実業家（金属製品製造業者等），市の教育事業に貢献，（市で影響力を行使してきた）チェンバレン家との繋がり，ユニテリアン
	市参事会員	Ernest Martineau （1861-1951）	市議会員1901より，市参事会員1914-1945，市長1912，1913，名誉市民1938より，第一次世界大戦中の功績からC.M.G.，事務弁護士等
	市議会員	C.J. Simmons （1893-?）	市議会員1921より，労働党
1937年 1938年の市史刊行断念	市参事会員	Sir John Burman ※ （1867-1941）	市議会員1908より，市参事会員1931より，市長1931，バーミンガム・ダッデストン選挙区議員（M.P. for the Duddeston division of Birmingham）1923-29，ジャーナリスト，ユニオニスト協会，サイクリスト協会に関連
	市参事会員	W.A. Cadbury＊※	1930年参照
	市参事会員	W.B. Kenrick＊※	1930年参照
	市参事会員	Oliver Morland （1871-1959）	市議会員1919より，市参事会員1936-1945，企業役員
1946年 市史再着手	市参事会員	W.B. Kenrick＊※	1930年参照
	市参事会員	Sir Wilfrid Martineau＊※ （1889—1964）	市議会員1932より，市参事会員1941より，市長1940，統一党（保守党）の中心人物，市の教育や文化活動に貢献，チェンバレン家との繋がりあり，ユニテリアン，事務弁護士
1948年 執筆者（ギルとブリッグズ）確定	市参事会員	W.B. Kenrick＊※	1930年参照

	市参事会員	Sir W. Martineau*※	1946年参照
	市参事会員	William Theophilus Wiggins-Davies ※（1887-1960）	市議会員1927より，市参事会員1945より，市長1944，企業役員
	市議会員	D.S. Thomas（1915-?）	市議会員1945より，労働党？，ジャーナリスト
1952年市史刊行	市参事会員	G.C. Barrow（1903-）	市議会員1945より，市参事会員1952より，事務弁護士
	市参事会員	Sir J.［C.］Burman ※（1908-?）	市議会員1934より，市参事会員1948より，市長1947-1949，企業役員
	市参事会員	Theodore Beal Pritchett（1890-1960）	市議会員1924より，市参事会員1940より，市長1939，名誉市民1960，統一党または保守党，事務弁護士
	市参事会員	W.E. Wheeldon（1898-1960）	市議会員1927より，市参事会員1945より，バーミンガム・スモール・ヒース選挙区議員（M.P. of Small Heath division of Birmingham），労働党
	市議会員	Mrs. E.M. Crosskey（1893-?）	市議会員1945より，労働党，複数のバーミンガムの教育機関等において役員（ユニバーシティ・ハウス・事務局長，エッジバストン・ハイスクール評議会員他）

註：*　Briggs, *History of Birmingham* の序文（preface），※　Gill, *History of Birmingham* の序文に記載がある人物．特記は初出時記載．バーミンガム自治体の市議会員，市参事会員，市長の就任時期，党派，宗派，都市エリート間のつながり，関連する事業等については判明分のみ．

出典：BAHS, BCC, GPC, 1929-1974, BCC 1/AG/1/1/22-65; BAHS, BCC, HBSC, 1930-1972, BCC1/AG/37/1/5-38; *BYWW*, 1930, 1938, 1950, 1952, 1953, 1966, 1971, 1973, 1974; BNA; Gill, *History of Birmingham*; Briggs, *History of Birmingham*; Sutcliffe and Smith, *History of Birmingham* 等より作成．

教育・交通等の委員会に比べて中核の委員会事業でなかったこともあり(49)、相対的に党派間、議員間の利害対立の場とならなかったと思われる。

　市史が企画・刊行された時期には、中流階級の郊外住宅地として代表的なエジバストン Edgbaston を含むバーミンガム郊外の変貌、すなわち、不動産開発や管理を基礎とした地主貴族の権勢の後退や、自動車産業をはじめとする新産業の郊外地における展開が生じた(50)。同時に、都市エリートを顕彰する儀式の衰退(51)、自治体議員の職業や社会的地位（教育、年齢、性）の変化(52)、前述したユニオニストに支配されていた都市自治体議会がユニオニストと労働党という党派に二分されたこと、そして、地方都市自治体は、一九一八年以降、住宅、都市計画、公衆衛生の法制に

表3－3　『バーミンガム自治体史』または市史『バーミンガム史』の分科委員会構成員（1966-1972年）

年 市史説明	地位	氏名	特記（年号に付す年は全て省略）
1966年 続刊企画	市参事会員	Harry Watton (1904-1983)＋	市議会員1946より，市参事会員1952より，名誉市民1970，バーミンガムにおける労働党の指導者（1959-1966），市の郊外拡張やニュータウン計画支持，劇場や展覧会場の建設に尽力の反面，歴史的産業遺産については否定的態度
	市参事会員	Francis Griffin (1904-?)	市議会員1949より，名誉市民1970，統一党（保守党）の指導者（1960年代中頃），技術者，自動車取引業者
	市参事会員	Mrs. E.V. Smith	市議会員1945より，市参事会員1952より，労働党
	書記長	R.D. Siddall	
	市長	Harold Edward Tyler (1907-?)	市議会員1945より，市参事会員1961より，保守党，公認検査官，競売業者
1971年 草稿検討	市参事会員	Sir Francis Griffin＋	1966年参照
	市参事会員	Eric Edward Mole＋ (1900-?)	市議会員1944より，市長1961，保守党，製造業者
	市参事会員	Harry Watton＋	1966年参照
	書記長	P. Booth＋	
	市長	Victor Ernest Turton	市議会員1945より，市参事会員1963-1969，1971-，市長1971，労働党，企業役員
1972年 刊行準備	市参事会員	Sir Francis Griffin＋	1966年参照
	市参事会員	Ernest Walter Horton＋(1904-?)	市議会員1947より，市参事会員1956より，市長1962，労働党，造園業者
	市参事会員	Eric Edward Mole＋	1971年参照
	市参事会員	Harry Watton＋	1966年参照
	市長	Frederick Thomas Duncan Hall (1902-?)	市議会員1949より，市参事会員1961より，市長1972，保守党，企業役員・経営者

註：＋　Sutcliffe and Smith, *History of Birmingham* の序文に記載がある人物．特記は初出時記載．
出典：表3－2に同じ．

代表される中央政府の政策をふまえた行政サービスの運営を行う必要性も生じていた[53]。このような一連の変化に対応するために、バーミンガムの都市エリートあるいは名望家が主導した市史の刊行において、一九世紀の都市自治体の改良や統治の正当性とその意義、都市自治体議員の間の人的つながり、これらの議員と行政体を支持する階層秩序意識と都市自治体に帰属する市民意識、同時代の都市空間の拡大とその意味、工業化の展開による経済的変化等を記述して、一九三八年のバーミンガム都市自治体の正当性、存在意義、その展望を再度示すことが、バーミンガム都市自治体には、求められていた。

そして、分科委員会は、ジャーナリストや著述家に執筆依頼を行った『バーミンガム自治体史』とは異なり、市史の執筆者に学術機関の研究者をあてることにした。この執筆者選定の相違は、自治体史と比べて市史では、学術的な水準や地位を保ちつつ一般読者に向けた書籍を刊行するという意図によるものであった[54]。しかしながら、コンラッド・ギル、チャールズ・グラント・ロバートソン共に執筆が遅れたため、前節で示したとおり、自治体法人化一〇〇周年の一九三八年には、市史の刊行が間に合わず、その代わりに、両執筆者による『バーミンガム小史』という小冊子が刊行された。

さらに、市史の刊行は、一九三九年におこった第二次大戦により、都市自治体が出版延期を決定したことから、遅れた。また、戦時中と戦後直後には、市史あるいは自治体史の分科委員会において、バーミンガムにおける戦時の記録を反映した市史を刊行しようとする提案もなされており、戦争の事実や記憶を記録した市史の刊行と遅れていた自治体法人化一〇〇周年のための市史の刊行とが、混在し、出版の企画の混乱が見られた[55]。結局、前者の大戦の実態を記録したバーミンガム都市自治体による市史の刊行は、一九四〇年代末から一九五〇年代にかけては実現せず、後に、一九五七年刊行の『バーミンガム自治体史』第六巻と一九七四年の市史第三巻において、第二次大戦期におけるバーミンガムの事実が整理・記述された。

また、第二次大戦後、ロバートソンは、執筆の断念とギルが彼の担当部分を執筆することを提案したが、分科委員会を介してギルとロバートソンの間で冷めたやり取りが行われた後、結局、ギルは、バーミンガムでの追加調査等が困難であること等から執筆の引き継ぎを拒否した[56]。ロバートソンから分科委員会宛の書面において、彼は、第二次大戦によって、市史を脱稿することがいっそう困難になったとあらわしていたが、一九四八年にロバートソンの後を引き継いだブリッグズによると、前任者の出版準備はほとんど行われていなかったようであった[57]。このように、市史刊行の遅れは、第二次大戦の影響だけでなく、総務委員会や市史の分科委員会の意図、執筆者自身の問題が絡み合ったことによるものであった。

第三に、市史の分科委員会は、一九五二年の企画出版と一九七四年の企画出版において、執筆者の原稿執筆に対する関与の形を変化させた。第一・第二巻の刊行時には、刊行の大幅な遅れ、執筆分担をめぐる対立、執筆者の変更等もあり、ギルの記述だけでなく新進の研究者であったブリッグズによる当時としては新たな試みともみられる記述内容、たとえば、チェンバレンやキャドベリイ等、都市エリートの統治観とそれを支える空間・関係・制度・行動・価値観を全体史として描く形に、分科委員会から、不満は表明されなかった[58]。分科委員会に代表されるバーミンガム都市自治体は、都市自治体の制度や自治体を含めた文化の展開を通じて一九世紀後半のバーミンガムの統治を明快に描くこと、また、これらの展開の背景にあった政治・経済・社会、第一次大戦の記録を記述することを重視していたと思われる。

他方で、一九六五年に設置された市史第三巻に関する分科委員会では、執筆者と委員会の間に対立が生じた。具体的な経緯は、以下のとおりである。

まず、バーミンガム大学のアンソニー・サットクリフ Anthony Sutcliffe（1942–2011）とロジャー・スミス Roger Smith の草稿に対して、分科委員会が厳しい批判を展開した[59]。その後、分科委員会に対する執筆者からの反論があり、原稿の再提出が困難な状況となった。そこで、分科委員会は、市史執筆者の選定を依頼したバーミンガム大学歴史学科に上記問題の解決策を照会し、ロドニイ・ヒルトン Rodney Hilton（1916–2002）が、分科委員会と執筆者の間の仲介に当たることとなった。

仲介の場では、ヒルトン主導で、分科委員会の見解や行為が学術的な成果である原稿への検閲 censorship にあたる可能性があることについて指摘されたり、執筆者による原稿取り下げと執筆中止もありうることを示唆されたりしながら、市史刊行を目指して、執筆者と分科委員会の間で見解のすり合わせが、進められた[60]。結局、改訂した原稿を執筆者が分科委員会に提出することとなり、その後、提出された改訂原稿は、分科委員会で承認された[61]。

分科委員会で問題となった当初の原稿は、委員会資料に収録されていないが、同委員会の記録によると、委員会が特に問題としたのが、自治体の財政とその執行の評価、教育やインフラ整備の施策に関する事実と評価、移民への施策とその評価、そして、都市空間の形成第二次大戦後のバーミンガムの都市計画に大きな影響を及ぼしたハーバート・マンツオーニ Sir Herbert Manzoni（1899-1972）[62]をめぐる評価であった。たとえば、当初の原稿において、マンツオーニが進めた都市計画に対して高い評価を与えていなかった点をはじめとして、フランク・プライス Sir Frank Price（1922-2018、二〇世紀半ばのバーミンガムにおける労働党の指導者の一人）等による党派活動に関する記述等といった点についても、分科委員会は問題にした[63]。結局、一九七四年に刊行された市史第三巻では、バーミンガムの行政組織が、戦後に組織を拡大させながら、都市問題に対応してきたことを記述しつつ、そのような行政の対応の中でマンツオーニや、ハリー・ワットン Harry Watton（1904-1983）とプライスのような党指導者等の人物が重要な役割を担っていたことが、強調された。

このように、市史第三巻では、財政や住宅問題をめぐって都市自治体内で党派間の対抗関係が生じていた時期にもかかわらず、チェンバレン家のバーミンガム都市自治体の活動からの離脱と宗派や人的つながりに依拠した党派組織や自治体組織の終焉、第二次大戦後の復興、すなわち、各行政部門の進展と変化、都市空間の再建や新規開発、議会法・国家の補助金や補助制度・課税による中央からの支配に対応した地方都市行政、ユニオニスト、後に保守党、と労働党という二大党派による地方自治議会の運営、という認識は、党派を超えて市議会員や市参事会員の間で共有されていた。一九六〇年代から一九七〇年代のバーミンガム都市自治体では、前述した中央の支配に対応しながら、都市空間の再編や発展と自治体組織の展開という「史実」を市史において整理・記録することに強い意欲がみられたのである。

最後に、一九七四年の刊行をもって、バーミンガムの市史の企画は終了した。キャナダインによれば、「市民の知的な事業」が終焉を迎えた[64]。また、一九七〇年代初めに市史や自治体史の分科委員会で議論された『バーミンガム自治体史』第七巻、一九五〇―一九七〇年は、実現しなかった[65]。以後、バーミンガム都市自治体による都市建築（あるいは都市計画）事業一〇〇周年を記念した書籍を例外として、同自治体が後援したバーミンガム史の小冊子や論文集は、刊行されたが、自治体による本格的な市史の刊行は行われていない[66]。

『バーミンガム自治体史』刊行の中止や市史第四巻が企画されなかった経緯について、バーミンガム市文書館に所蔵されている閲覧可能な自治体の記録が一九七〇年代初めまでのため、現時点で、公開されている自治体の一次資料に基づきながら検討することは困難である。おそらく、市史の続刊や自治体史の刊行の中止は、バーミンガム都市自治体の関連委員会が、一九世紀後半以来の都市の統治観や方法を具現化した『バーミンガム自治体史』や『バーミンガム史』の刊行の継承、すなわち自治体の顕彰行為や都市自治体権力の源泉となる記録として都市史の刊行の継続を断念したことによるもの、と考えられる。その背景にあるものは、一九七〇年代初めに明確化してきた、バーミンガム都市自治体における労働党と保守党といった党派の民主的組織化、一九世紀や二〇世紀前半に起源をもつ都市エリート層の都市自治体からの退場、自治体議員の出自や利害の多様化といった一連の変化[67]、である。

また、一九世紀後半から題名と出版者を変更しつつほぼ毎年刊行された『バーミンガム年鑑 *Birmingham Yearbook and Who's Who*』は、年毎の自治体の記録や同時代の制度の概要を掲載しており、『バーミンガム自治体史』を補完していたことも、行政の効率を重視しつつあった都市自治体が、上記の自治体史を含め市史の続刊の刊行を中止させた一要因であろう。これらの年鑑には、都市自治体の市議会員や市参事会員をはじめとする主要な自治体の役職者に関する個人的情報も掲載されていたが[68]、このような年鑑が目指してきた活動は、公的な空間や文化を形成する「近代的な」営みともいえる。そして、このバーミンガムの年鑑の刊行も、一九九八年に終了した。こうして、二〇世紀末には、自治体による市史や定期的な都市の案内の公刊といった近代的な営みは、終焉を迎えた。

本節を要約すれば、一九五二年のバーミンガムの市史と一九七四年の続刊の刊行は、都市自治体、特に、都市エリートによる統治の記録と正当化の試みであった。たとえば、現在も都市や社会政策に関する研究で参照されることの多い[69]シビック・ゴスペルに関する歴史記述は、都市自治体の都市エリートが中心となり、「最上の統治」の事例の一つといわれた一連の改良事業とそれらの政治・経済・社会・文化的背景を記録し・参照する営みであった。この市史の試みは、ギルやブリッグズといった歴史家の調査と記述という営みと結びついて実現した。他方で、バーミンガムでは、特定の宗派・人的つながりを基礎に都市自治体議会を支配していた都市エリートが地方自治体議会から離脱したこと、経済利害や地方自治利害を複雑化させる産業構造の変化、民主化した二大党派組織を基礎に市議会員や市参事会員の構成が変化したこと、中央の支配に対峙しながら地方自治体内で専門家集団の活動が制度化し活発化したこと、により、バーミンガムの市史に対する都市自治体の直接的関与は終わりを告げた。このように、バーミンガムの市史の刊行は、都市自治体の動向、歴史家の営み、二〇世紀前半から中頃までのバーミンガムの歴史的背景が相互に作用した中で、実現したのである。

バーミンガムの市史の刊行は、一九世紀の近代性をあらわす統治の手法を二〇世紀の都市制度の中で実現した営みであった。この営みは、専門職化や組織化が進む都市自治体や党派が展開する最中に、一九世紀の近代的な統治を支えた人的関係や価値観に依拠して開始され、一九七〇年代までにその役割を終了した。言い換えれば、一九五二年の市史の刊行は、二〇世紀の現代都市の制度で存続し、また、再評価された近代都市の統治の営みを再現したのである。

おわりに

本章では、バーミンガムの市史刊行の過程・背景・展開について考察した。第一に、バーミンガム市史の刊行事業の過程や背景は、入り組んだ要因や歩みによるものであり、都市自治体による単純な自己顕彰の営みではなかった。第二に、バーミンガムの市史のうち特にブリッグズの巻は、これまでのバーミンガム史を継承しながらも新たな解釈も生み出して、バーミンガム史の基礎となり、同都市の歴史を越えて都市史を発展させる礎となった。

このようなバーミンガムの市史を含むバーミンガム史の展開について、P・J・コーフィールドによる都市の歴史的変化に関する包括的かつ複線的な位置づけに依拠しながら整理すると、以下のとおりになる[70]。

第一に、循環する歴史における都市 cities in cyclical history という整理がある。一九世紀後半のジョゼフ・チェンバレン等による一連の都市自治体を中心とした改革、シビック・ゴスペルに関して、一九世紀末のバーミンガム史の著作から一九五二年の市史に至るバーミンガム史の著作は、高い評価を与えていた一方で、一九七〇年代、一九八〇年代の都市史研究からは、再考がなされた。そして、二一世紀現在、一九世紀のシビック・ゴスペルは、社会関係資本の文脈で再評価されている[71]。このような一連の研究の流れは、循環する歴史における都市という位置づけと合致する。

第二に、直線的歴史における都市という整理 cities in linear history では、コーフィールドも引用しているウィリアム・ハットンによるバーミンガム史の記述にみられるような一八世紀に直線的に発展してゆく都市バーミンガム、という記述が、確認できる。このようなハットンの自信に満ちた一八世紀バーミンガム像は、一九五二年の市史を含めて、バーミンガム史の歴史記述の中心の一つであった。

第三に、革命的な変化を伴う歴史における都市 cities in revolutionary history では、第一にあげたチェンバレンの改革や産業革命を歴史上の画期として位置付けるバーミンガム史の歴史記述と、合致する。

最後に、コーフィールドは、長期の諸力 long-term forces の中にある都市という整理や、都市が有する傾向、たとえば、都市建築等の動向や景観、人口、自然のモノ、社会や組織、緩やかだが確実に起こる変化の場、様々な状況との接続や調整という場等々といった特徴を示した。バーミンガムの歴史は、中世以降、特に一八世紀以降、景観も空間も大きく変容し拡大してきただけでなく、それらを支える政治・経済・社会・文化の制度や活動が入り組みながらダイナミックな展開をしてきたことを強調しており、上記の整理や特徴とバーミンガム史の記述は合致する[72]。以上のように、バーミンガムの市史をはじめとするバーミンガム史の歴史記述は、近代的な都市をあらわす参照先として存在し続けたことが確認できた。

バーミンガム史が、より広義には近現代イギリス都市史 modern British urban history といえるかもしれないが、一九世紀中ごろから二〇世紀中ごろにかけて、イギリスの近代性を代表的にあらわした時期は、過ぎ去ったが、都市における近代性に関する参照先や近代性を継承する存在として、バーミンガム史は、今も形成されている[73]。本章は、都市の統治と過去の記録の保持・活用に関する相互関係について明らかにしたと共に、近代都市から現代都市への継続と変化のダイナミクスを示したのである[74]。

註

（1）本章は、ＪＳＰＳ科研費二五二八五一〇五、二五三八〇四三四、一六Ｋ〇三七八二の助成による成果の一部である。本章を基礎に、'The Making of the *History of Birmingham*: Municipal Borough and Urban History, 1870–1974', Seminar for the Centre for Urban History, University of Leicester, 23 November 2018が作成された。

（2）C. Gill, *History of Birmingham, Volume I: Manor and Borough to 1865*, Oxford University Press: London,1952; A. Briggs, *History of Birmingham, Volume II: Borough and City 1865-1938*, Oxford University Press: London, 1952. これら全二巻の表題は、『バーミンガム史』だが、地方自治体が企画した都市の歴史の文献について、日本では市史と称することが一般的なので、バーミンガムの都

市自治体が企画した当該都市の歴史に関する書籍を称する時は、市史あるいは『バーミンガム史』と表記する。

（3） A. Sutclilffe and R. Smith, *History of Birmingham, Volume III: Birmingham 1939-1970*, Oxford University Press: London, 1974; D. Cannadine, 'The 'Best Governed City', Part Three', *Historical Journal*, 19, 1976, p. 544.

（4） J.T. Bunce, *History of the Corporation of Birmingham, vol. I*（*To the year 1851*）, Cornish Brothers: Birmingham, 1878; idem, *History of the Corporation of Birmingham, vol. II*（*1852-1884*）, Cornish Brothers: Birmingham, 1885; C.A. Vince, *History of the Corporation of Birmingham, vol. III*（*1885-1899*）, Cornish Brothers: Birmingham, 1902; idem, *History of the Corporation of Birmingham, vol. IV*（*1900-1915*）, Cornish Brothers: Birmingham, 1923; J.T. Jones, *History of the Corporation of Birmingham, vol. V*（*1915-1935*）, The General Purposes Committee: Birmingham, 1940; H.J. Black, *History of the Corporation of Birmingham, vol. VI*（*1936-1950*）, The General Purposes Committee: Birmingham, 1957. なお、全六巻の各巻とも、二分冊から成る。

（5） T. Hunt, *Building Jerusalem: The Rise and Fall of the Victorian City*, Weidenfeld & Nicholson: London, 2004; S. Gunn, *The Public Culture of the Victorian Middle Class: Ritual and Authority in the English Industrial City 1840-1914*, Manchester University Press: Manchester, 2000.

（6） M. Daunton（ed.）, *The Cambridge Urban History of Britain, Volume III 1840-1950*, Cambridge University Press: Cambridge, 2000, pp. 412-413, 838; R.J. Morris and R. Trainor（eds.）, *Urban Governance: Britain and Beyond since 1750*, Ashgate: Aldershot, 2000.

（7） Briggs, *History of Birmingham*, chap. IV, esp. p. 131; A. Briggs, *Victorian Cities: A Brilliant and Absorbing History of their Development*, Penguin ed., Penguin Books: Harmondsworth,〔first published in 1963〕1968, chap. 5; D. Fraser, *Power and Authority in the Victorian City*, Basil Blackwell: Oxford, 1979, pp. 101-110; Hunt, *Building Jerusalem*, chap. 8; 伊藤航多「市民文化としての「郷土研究」――一九世紀イングランドの都市における歴史文化とその社会的理念」『史学雑誌』一一八巻一〇号、二〇〇九年一〇月、四一頁。なお、一部の研究者は、同事象を「自治体のゴスペル municipal gospel」と呼称している。E.P. Hennock, *Fit and Proper Persons: Ideal and Reality in Nineteenth-Century Urban Government*, Edward Arnold: London, 1973, Part II. 註13も参照。

（8） NCCOは二〇一八年三月末時点、その他は二〇一八年七月一九日時点の調査による。

（9） J.H. Muirhead, *Nine Famous Birmingham Men*, Cornish Brothers: Birmingham, 1909, pp. 100-101, 276-277と、これらの頁の柱における the new civic ideal という用語を参照。

（10）日本でも数点の翻訳書（『ヴィクトリア朝の人びと』ミネルヴァ書房、『イングランド社会史』筑摩書房等）が刊行されている。'Asa Briggs obituary', http://www.theguardian.com/books/2016/mar/15/lord-briggs-of-lewes-asa-briggs-obituary（二〇一八年一一月二〇日確認）; M. Taylor（ed.）, *The Age of Asa: Lord Briggs, Public Life and History in Britain since 1945*, Palgrave Macmillan: Basingstoke, 2014; S. Yeo, 'Reflections on Asa Briggs: Asa Briggs, 'An Appreciation'', *Labour History Review*, 83, 2018.

（11）Briggs, *History of Birmingham*, pp. 67-68, 131. 一九五二年の市史第二巻において、civic gospel は p. 131にのみあらわれている。

（12）本章ではBriggs, *Victorian Cities* を参照した。

（13）E.P. Hennock, 'The Social Compositions of Borough Councils in Two Large Cities, 1835-1914', in H.J. Dyos（ed.）, *Study of Urban History*, Edward Arnold: London, 1968; idem, *Fit and Proper Persons*, Part II. 註7も参照。

（14）G.E. Cherry, *Birmingham: A Study in Geography, History and Planning*, John Wiley & Sons: Chichester, 1994, p. 77. civic gospel という用語が、出版物において、一九―二〇世紀の転換期に用いられ始め、一九五〇年代から一九六〇年代に注目された後、利用頻度が停滞した後、二〇〇〇年代以降、増加傾向にある点は、Google Books Ngram Viewer でも確認できる（二〇一八年七月一八日確認）。

（15）註37を参照。

（16）Hennock 'The Social Compositions of Borough Councils'; idem *Fit and Proper Persons*; L.J. Jones, 'Public Pursuit of Private Profit?: Liberal Businessmen and Municipal Politics in Birmingham, 1865-1900', *Business History*, 25, 1983; D.P. Leighton, 'Municipal Progress, Democracy and Radical Identity in Birmingham, 1838-1886', *Midland History*, 25, 2000; E. Hopkins, *Birmingham: The Making of the Second City 1850-1939*, Tempus: Stroud, 2001; A. Green, "The Anarchy of Empire': Reimaging Birmingham's Civic Gospel', *Midland History*, 36, 2011.

（17）Birmingham Archives and Heritage Service（BAHS）, Birmingham City Council, History of Birmingham Sub-Committee, Minute Book（BCC, HBSC）, 30 March 1931, BCC1/AG/37/1/5. なお、同委員会の決定以前の一九三〇年一一月一七日の総務委員会にて、『バーミンガム自治体史』の出版（第五巻）と一九三八年の自治体法人化一〇〇周年の記念出版を関連づけて検討することが試みられており、市史『バーミンガム史』の刊行企画に関する始まりとも考えられる。BAHS, Birmingham City Council, General Purposes Committee, Minute Book（BCC, GPC）, 17 Nov. 1930, BCC 1/AG/1/1/23.

（18）BAHS, BCC, HBSC, 26 June 1936, BCC1/AG/37/1/8.

（19）BAHS, BCC, HBSC, 26 Nov. 1937, BCC1/AG/37/1/9.

（20）C. Gill and C.G. Robertson, *A Short History of Birmingham: From its Origin to the Present Day*, The City of Birmingham Information Bureau: Birmingham, 1938. この小冊子の刊行については、BAHS, BCC, HBSC, 26 Nov., 20 Dec. 1937, BCC1/AG/37/1/9を参照。

（21）BAHS, BCC, HBSC, 20 May, 27 June 1946, BCC1/AG/37/1/13.

（22）BAHS, BCC, GPC, 21 June 1948, 21 Feb. 1949, BCC 1/AG/1/1/35; BAHS, BCC, HBSC, 23 Feb., 12 April 1948, BCC1/AG/37/1/14.

（23）Black, *History of the Corporation of Birmingham, vol. VI*; W.B.Stephens（ed.）, *A History of County of Warwick, Vol. VII, The City of Birmingham*, Oxford University Press: London, 1964. なお、主として地理学の成果だが、The British Association〔R.H. Kinvig, J.G. Smith and M.J. Wise〕（ed.）, *Birmingham and its Regional Setting: A Scientific Survey*, rep. ed., S.R. Publishers: Wakefield〔first published in 1950〕1970も刊行された。

（24）BAHS, BCC, HBSC, 13 Oct. 1950, BCC1/AG/37/1/16, 1 Nov. 1951, BCC1/AG/37/1/17.

（25）BAHS, BCC, GPC, 11 Jan., 13 Dec. 1965, BCC 1/AG/1/1/52, 9 Jan. 1967, BCC 1/AG/1/1/54; BAHS, BCC, HBSC, 12 Jan. 1966, BCC1/AG/37/1/32.

（26）Sutcliffe and Smith, *History of Birmingham*.

（27）ブリッグズの巻には、章末の参考文献は掲載されていない。

（28）W. Hutton, *A History of Birmingham, To the End of the Year 1780*, Pearson and Rollason: Birmingham, 1781.

（29）J.A. Langford, *Modern Birmingham and its Institutions: 1841-1871*, 2 vols., E.C. Osborne: Birmingham, 1873.

（30）註28、29、S. Timmins, *Birmingham and the Midland Hardware District*, Robert Hardwicke: London, 1866; R.K. Dent, *The Making of Birmingham*, J.L. Allday: Birmingham, 1894; Muirhead, *Nine Famous Birmingham Men*; idem, *Birmingham Institutions*, Cornish Brothers: Birmingham, 1911; J.H.B. Masterman, *The Story of the English Town: Birmingham*, Society for Promoting Christian Knowledge: London, 1920; G.C. Allen, *The Industrial Development of Birmingham and the Black Country, 1860-1927*, George Allen & Unwin: London, 1929. たとえば、アレンの著作が示した戦間期のバーミンガムにおける旧産業（金属工業、機械工業）の衰退や再編と新産業（自動車等）の展開といった記述が、ブリッグズの市史では取り入れられている。

（31）Gill and Robertson, *A Short History of Birmingham*.

(32) 通常、『バーミンガム自治体史』では、各巻の扱う時期の自治体に関する主要な出来事を整理したのち、財政、課税と関連する評価機構、(二〇世紀には)国家の福利厚生機構との関わり、交通、ガス、電力、水資源とその提供、市場、公共の保健、教育、公的事業、不動産・住宅・設備等、警察機構、地方法廷、消防、博物館等、公浴場、公園娯楽、排水設備、(二〇世紀には)自治体金融機関、食物動物検査、公共図書館、労務・賃金、その他、等々に関する委員会あるいは部局の章によって構成されていた。Bunce, *History of the Corporation of Birmingham, vol. I*; idem, *History of the Corporation of Birmingham, vol. II*; Vince, *History of the Corporation of Birmingham, vol. III*; idem, *History of the Corporation of Birmingham, vol. IV*; Jones, *History of the Corporation of Birmingham, vol. V*; Black, *History of the Corporation of Birmingham, vol. VI*.

(33) Gill, *History of Birmingham*, p. viii; Briggs, *History of Birmingham*, pp. 1-10.

(34) A. Briggs, 'Thomas Attwood and the Economic Background of the Birmingham Political Union', *Cambridge Historical Journal*, 9, 1948; idem, 'The Background of the Parliamentary Reform Movement in Three English Cities', *Cambridge Historical Journal*, 9; idem, 'Social Structure and Politics in Birmingham and Lyons, 1825-1848', *British Journal of Sociology*, 1, 1950.

(35) Morris and Trainor (eds.), *Urban Governance*.

(36) A. Briggs, *Special Relationships: People and Places*, Frontline Books: London, 2012, pp. 145-147.

(37) J. Ralph, 'The Best-Governed City in the World', *Harper's New Monthly Magazine*, 81, 1890. 文献中において、最上の統治が行われていた都市では、文明開化し協同性を持った市民による自治が存在することや、ビジネスマンやビジネスの原則にそって運営されていること等が、あげられている。また、筆者のラルフは、同時代のバーミンガムでは、シカゴのように思慮深い人々が存在したことを指摘しただけでなく、バーミンガムにおける自由都市、労働者階級の自立、(外国の)知識人を取り込む空間、小規模独立業者の優勢と公的活動への参加といった点にも注目している。シカゴの都市観については、ブリッグズも参照している J. Ralph, *Our Great West*, Harper: New York, 1893 も参照。

(38) Briggs, *Special Relationships*, pp. 95, 145-149; Dyos (ed.), *Study of Urban History*, pp. vii-ix; Taylor (ed.), *The Age of Asa: Lord Briggs*, pp. 6-7, 30-31, 36-38, 81-8; 長谷川貴彦「階級・文化・言語——近代イギリス都市社会史研究から」『思想』八二八号、一九九三年六月、一一一—一一二頁。

(39) D. Cannadine and D. Reeder (eds.), *Exploring the Urban Past: Essays in Urban History by H.J. Dyos*, Cambridge University Press: Cambridge, 1982, pp. 215-216; Cannadine, 'The 'Best Governed City', pp. 541-544. たとえば、都市内の要因だけでなく都市外や都市

間の関係や影響といった点があげられる。

（40） Dyos（ed.）, *Study of Urban History*, p. 30.

（41） *Times Literary Supplement*, 10 Oct. 1952; *New Statesman*, 30 Aug. 1952; *Birmingham Daily Gazette*, 17 July 1952.

（42） 分科委員会の記録によると、主要な学会誌（*English Historical Review*; *History*; *Bulletin of the Institute of Historical Research*; *Economic History Review*）、新聞 *Birmingham Post*, *Manchester Guardian*、雑誌 *Times Literary Supplement*; *New Statesman*; *World Review*; *Contemporary Review*; *Fortnightly*; *Quarterly Review* への献本や、広告掲載を進めるものとして、*Times Literary Supplement*; *New Statesman*; *Birmingham Post*; *Contemporary Review*; *World Review*; *English Historical Review*; *Manchester Guardian*、広告を検討する対象として、*Birmingham Mail*; *Birmingham Weekly Mail* が検討されたようである。BAHS, BCC, HBSC, 2 July 1952, BCC1/AG/37/1/18. しかしながら、これらの定期刊行物全てに書評が掲載されたわけではなかったし、広告等も新聞や雑誌の一部でしか確認できなかった。バーミンガム市図書館所蔵の *Birmingham Post*, *Birmingham Mail* のマイクロフィルムの調査、BNA、TTDA、PQD、GD等のデータベースによる。

（43） S.G. Checkland, 'English Provincial Cities', *Economic History Review*, New Ser., 6, 1953は書評論文。その他、*English Historical Review*, 68, 1953, pp. 270–273; *American Historical Review*, 58, 1953, pp. 611–612に書評が掲載された。

（44） Briggs, *Victorian Cities*; Dyos（ed.）, *Study of Urban History*, p.30; Cannadine and Reeder（eds.）, *Exploring the Urban Past*, pp. 215–216.

（45） 簡単には Briggs, *Victorian Cities* の文献目録を参照。一九世紀までの書誌については C. Gross, *A Bibliography of British Municipal History*, 2nd ed., Leicester University Press: Leicester〔first published in 1897〕, 1966 を参照。二〇世紀末から二一世紀については D. Reeder, 'The Industrial City in Britain: Urban Biography in the Modern Style', *Urban History*, 25, 1998; R.J. Morris, 'Urban Biography: Scotland, 1700–2000', *Urban History*, 29, 2002; A. McTominey, 'Reviews: C. Chinn and M. Dick（eds.）, *Birmingham*（2016）; A. Kidd and T. Wyke（eds.）, *Manchester*（2016）; R. Rodger and R. Madgin（eds.）, *Leicester*（2016）', *Urban History*, 44, 2017.

（46） BAHS, Birmingham City Council, Borough of Birmingham,［Copy］, Proceedings of the Council, Birmingham, 11 Jan. 1876, L34.3; Bunce, *History of the Corporation of Birmingham, vol. I*, p. iii; Fraser, *Power and Authority in the Victorian City*, chap. 4.

（47） R. Ward, *City-State and Nation: Birmingham's Political History 1830-1940*, Phillimore: Chichester, 2005, pp. 4–14, 233–258;

Sutcliffe and Smith, *History of Birmingham*, pp. 1–13, 57–119.

(48) 一九五〇年代以前も同様であった。BAHS, BCC, GPC, 1929–1974, BCC 1/AG/1/1/22–65; BAHS, BCC, HBSC, 1930–1972, BCC1/AG/37/1/5–38.

(49) D.S. Morris and K. Newton, 'Birmingham Council and Birmingham Population in the Context of England and Wales', University of Birmingham, Faculty of Commerce and Social Science, Discussion Papers Series F., 1, 1968; idem, 'The Social Composition of Birmingham Council, 1930–1966', University of Birmingham, Faculty of Commerce and Social Science, Discussion Papers Series F., 2 ,1969; idem, 'The Occupational Composition of Party Groups on Birmingham Council, 1920–1966', University of Birmingham, Faculty of Commerce and Social Science, Discussion Papers Series F., 3, 1969; idem, 'Chairmen and Non-Chairmen of Birmingham Council', University of Birmingham, Faculty of Commerce and Social Science, Discussion Papers Series F., 4, 1969; idem, 'Profile of a Local Political Elite: Businessmen on Birmingham Council, 1920–1966', University of Birmingham, Faculty of Commerce and Social Science, Discussion Papers Series F., 6, 1969.『バーミンガム自治体史』でも、同書や市史『バーミンガム史』に関する委員会の記述は、単独の章や節で記述されることもなく、筆者が確認した限りでは、刊行企画に関する記述もほとんど見当たらない。また、バーミンガム自治体の主要な委員会とその構成員を掲載するバーミンガムの年鑑でも、市史の分科委員会の委員のリストは、筆者が確認した限りで、一年度（一九三八年）のみ掲載されただけであった。*Birmingham Yearbook and Who's Who*（*BYWW*）, Cornish Brothers; Birmingham Post and Mail: Birmingham, 1930, 1938, 1950, 1952, 1953, 1966, 1971, 1973, 1974.

(50) D. Cannadine, *Lords and Landlords: The Aristocracy and the Towns 1774-1967*, Leicester University Press: Leicester, 1980, chap. 10–14; Cherry, *Birmingham*; Sutcliffe and Smith, *History of Birmingham*.

(51) Gunn, *The Public Culture of the Victorian Middle Class*, pp. 187–197; D. Cannadine, 'The Bourgeois Experience as Political Culture: The Chamberlains of Birmingham', in M.S. Micale and R. L. Vietle（eds.）, *Enlightenment, Passion, Modernity: Historical Essays on European Thought and Culture*, Stanford University Press: Stanford, 2000.

(52) 市議会員や市参事会員の構成の中心は、一九世紀後半以来の都市エリートや伝統産業（金属、機械）の担い手から、専門職やホワイトカラー層に重点が移り、五五歳以上の議員が占める割合も低下した。また、一九五〇年代初め以降、女性の市議会員（後には市参事会員も）が増加した。両大戦間期から一九六〇年代にかけて、バーミンガムの産業構造でも、製造業の重要性は残っていたが、雇用の多くは第三次産業に移行していった。Hennock, 'The Social Compositions of Borough Councils'; Sutcliffe and Smith,

History of Birmingham; Morris and Newton, 'Birmingham Council and Birmingham Population'; idem, 'The Social Composition of Birmingham Council'; idem, 'The Occupational Composition of Party Groups on Birmingham Council'; idem, , 'Chairmen and Non-Chairmen of Birmingham Council'; idem, 'Profile of a Local Political Elite: Businessmen on Birmingham Council'; K. Newton, *Second City Politics: Democratic Processes and Decision-Making in Birmingham*, Oxford University Press: Oxford, 1976.

(53) Cherry, *Birmingham*, p. 111; Briggs, *History of Birmingham*, pp. 226–277; Daunton, *The Cambridge Urban History of Britain*, pp. 261–286.

(54) BAHS, BCC, HBSC, 30 March 1931, BCC1/AG/37/1/5, 7 May, 22 Oct., 19 Nov. 1935, 26 June 1936, BCC1/AG/37/1/8.

(55) BAHS, BCC, GPC, 3 Dec. 1941, BCC 1/AG/1/1/31, 16 Oct. 1944, BCC 1/AG/1/1/32, 14 May 1945, BCC 1/AG/1/1/33; BAHS, BCC, HBSC, 18 Dec. 1940, BCC1/AG/37/1/12, 20 May 1946, BCC1/AG/37/1/13.

(56) BAHS, BCC, HBSC, 20 May, 27 June 1946, BCC1/AG/37/1/13.

(57) BAHS, BCC, HBSC, 27 June 1946, BCC1/AG/37/1/13; Briggs, *Special Relationships*, p. 63.

(58) BAHS, BCC, HBSC, 18 Oct. 1948, BCC1/AG/37/1/15, 2 Nov. 1949, 13 Oct. 1950, 9 Nov. 1950, BCC1/AG/37/1/16, 1 Nov. 1951, BCC1/AG/37/1/17.

(59) BAHS, BCC, HBSC, 17 Aug. 1971, BCC1/AG/37/1/37. B.M. Stave, 'Interview: A Conversation with Anthony R. Sutcliffe: Urban History in Britain', *Journal of Urban History*, 7, 1981には、市史の執筆に関する経緯や契約内容について言及がある一方で、分科委員会に関する発言は見当たらない。

(60) BAHS, BCC, HBSC, 17 Sep., 24 Sep. 1971, BCC1/AG/37/1/37.

(61) BAHS, BCC, HBSC, 3 July 1972, BCC1/AG/37/1/38.

(62) *Oxford Dictionary of National Biography*, Oxford University Press: Oxford, 2004 における同人物の項目も参照。

(63) BAHS, BCC, HBSC, 17 Aug., 17 Sep., 24 Sep. 1971, BCC1/AG/37/1/37.

(64) Cannadine, 'The 'Best Governed City', p. 544.

(65) BAHS, BCC, GPC, 13 Dec. 1971, BCC 1/AG/1/1/61, 14 Apr., 14 June 1972, BCC 1/AG/1/1/62, 15 Jan. 1974, BCC 1/AG/1/1/65.

(66) Birmingham City Council, Development Department, *Developing Birmingham, 1889 to 1989: 100 Years of City Planning*, Birmingham City Council, Development Department: Birmingham, 1989; M. Dick, *Birmingham: A History of the City and its People*,

Birmingham Library Services: Birmingham, 2005; C. Chinn and M. Dick（eds.）, *Birmingham: The Workshop of the World*, Liverpool University Press: Liverpool, 2016. 二〇世紀後半以降、自治体の市史とは別に、V. Skipp, *The Making of Victorian Birmingham*, Victor Skipp: Birmingham; C. Upton, *A History of Birmingham*, Phillimore: Stroud, 1993; Cherry, *Birmingham*; E. Hopkins, *The Rise of the Manufacturing Town: Birmingham and the Industrial Revolution*, rev. ed., Sutton Publishing: Stroud, 1998; idem, *Birmingham*; Ward, *City-State and Nation* のようなバーミンガムの近現代史が刊行された。他都市でも、二〇世紀末以降、同様の状況にある。同時に、歴史学やその他の専門的知見に基づいて一般読者に向けた近年のイギリス都市伝記 urban biography は、共著の論文集の形をとることが一般的であり、地方の視点や要因にとどまらない包括的かつ独自の記述を実現することが困難な状況にある。Reeder, 'The Industrial City in Britain'; Morris, 'Urban Biography'; McTominey, 'Reviews'. 同状況を示す最新の叢書として、Chinn and Dick（eds.）, *Birmingham*; A. Kidd and T. Wyke（eds.）, *Manchester: Making the Modern City*, Liverpool University Press: Liverpool, 2016; R. Rodger and R. Madgin, *Leicester: A Modern History*, Carnegie Publishing: Lancaster, 2016.

（67）Sutcliffe and Smith, *History of Birmingham*; Newton, *Second City Politics*.

（68）*BYWW*, 1930, 1938, 1950, 1952, 1953, 1966, 1971, 1973, 1974.

（69）たとえば、S. Szreter, *Health and Wealth: Studies in History and Policy*, University of Rochester Press: Rochester, 2005, pp. 400-406. また、Hunt, *Building Jerusalem* を著したトリストラム・ハント Tristram Hunt は、労働党の政治家、国会議員（二〇一〇—二〇一七年）として、地域社会の歴史にも言及しながら、政治活動を行ってきた。

（70）P.J. Corfield, 'Conclusion: Cities in Time', in P. Clark（ed.）, *The Oxford Handbook of Cities in World History*, Oxford University Press: Oxford, 2013, pp. 828-843, esp. 831.

（71）Szreter, *Health and Wealth*.

（72）Gill, *History of Birmingham*; Briggs, *History of Birmingham*; Sutcliffe and Smith, *History of Birmingham*; Hunt, *Building Jerusalem*; Dick, *Birmingham*.

（73）たとえば、バーミンガム近現代史を一般読者（特に学習者）に啓蒙する目的で描かれ記された絵本、J. Bowman, *This is Birmingham: A Glimpse of the City's Secret Treasure*, Waverley Books: Glasgow, 2009 は、バーミンガムの近代性（啓蒙、技術、統治、アメニティ等）の過去・現在・未来を簡明にあらわしている。

（74）バーミンガムの市史刊行の背景・過程・意義に関する研究から明らかとなった史実や解釈は、近年、日本の地方自治体の一部でみられた自治体首長をはじめとする都市の権力掌握者等による市史への関与に関する議論に対しても、示唆を与えると思われる。岡田知弘「『新修彦根市史　通史編　現代』刊行中止事件と出版に至る道」『歴史学研究』九三三号、二〇一五年七月、五五―六三頁、野田公夫「『新修彦根市史通史編　現代』発刊中止問題について――何がどう問題になり、どうなったのか」『日本史研究』六二九号、二〇一五年一月、六四―七九頁を参照。

コメント1 都市研究とガバナンス概念
――都市行政学の視点から――

羽貝正美

はじめに

本コメントは、ガバナンス概念に焦点を合わせ、この概念が都市研究にいかなる意味をもち、またその深化にどのように寄与しうるのか、第1―3章を念頭に考察することを目的とする。

当初の問題提起の表現を拝借すれば、本書は、「現代都市史研究」をさらに深化させることを目的に、「都市ガバナンス」を「中央と地方（都市）の政府、民間企業、ボランタリー・セクターの間の相互作用によって構築される都市秩序」と理解した上で、「現代都市の成立と変容の過程を、「都市ガバナンス」をキーワードとして歴史具体的に明らかにすること」を課題としている。より詳細には、右に例示されるような「重層的で多様な諸主体が協力しあるいは対抗する過程のなかで一定の都市秩序が構築され、それが内的なもしくは外的な状況の変化によって変容し、新たな都市秩序が形成される過程」を明らかにすることとしている(1)。

指摘するまでもなく、「ガバナンス」をはじめ、「現代都市」、「都市ガバナンス」、「都市秩序」、「現代都市史研究」という本書のキーワードは、都市研究にとって、いずれも大きくかつ重要な主題であり、人文科学・社会科学の諸分野において様々な研究対象が設定された上で、多角的に考究されてしかるべきものであろう。本書もまたそうした取り組みの一つとして位置づけることができる。

本コメントはもとより試論の域を出るものではないが、提起された問題意識とそれを共有する第1―3章の三論文に触発されるかたちで、政治学、行政学、都市行政学という専門分野の視点から、改めて、歴史的考察を含む都市研究におけるガバナンス概念の意義と課題を探ってみたい。そして、今後、この概念をどのように研究に活かすことができるのか、その可能性について考えてみたい。幾分変則的ではあろうが、各章へのコメントを軸に論ずるというよりは、それらが拠って立っている「ガバナンス」概念を軸に考察することとする。

以下、第一に、ガバナンス概念がどのように用いられているのか、ガバナンス論の今日的状況とともにそこで何が問われているのかについて、背景とともに概観する。その上で、第二に、行政学・都市行政学分野で積み重ねられてきた広義の都市研究に言及しながら、伝統的に用いられてきた「民主主義」や「体制構造」といった分析概念とガバナンス概念との異同について検討を加えることとする。最後に、本書の問題提起と各章を手がかりに、都市研究におけるガバナンス概念自体の意味あるいは射程を総括的に展望したい。

一　ガバナンス論の現在

1　ガバナンス論の広がり

周知のように、今日、政治の世界から、行政、金融、経済、社会にいたるまで、実に様々な、ほとんどすべてといってよい程多様なフィールドにおいて様々な研究対象が設定され、「ガバナンス」なる言葉をもちいて考察が進められている。実務・現場での使用頻度について明確に把握しているわけではないが、実務の世界以上に、研究の世界において、より多用されている印象を受ける。一つの言葉としては長い歴史を有するこの概念が、極めて現代的な状況の中で用いられていることをまず確認する必要があろう。言葉の理解と社会的浸透という面では過渡的な状況にあると言わざるをえない。

自ら帰属する組織・団体に「ガバナンス」あるいは「コーポレート・ガバナンス」が働いているかどうかといった議論から、地域レベルの「コミュニティ・ガバナンス」、自治体レベルの「ローカル・ガバナンス」（都市を念頭に「アーバン・ガバナンス」という表現が用いられることもある）、さらには国レベルの「ナショナル・ガバナンス」、そしてその圏域を超えた国際レベルの組織・機構の「グローバル・ガバナンス」や「トランスナショナル・ガバナンス」のあり方にいたるまで、概念自体は広範囲に拡散している。明確な定義づけのない分だけ多義的に用いられているともいえる。

しかしながら、ガバナンス概念が、わが国の専門研究、なかでも政治学、行政学、都市行政学、経済学、経営学といった社会科学諸分野を中心に急速に用いられるようになったのはそれほど昔のことではない。正確に言えば、むしろ最近のことといってよい。その端緒は九〇年代末のアジア金融危機と、この事態に至った背景ならびに収拾の方策に対して、世界銀行やＩＭＦ、またアジア開発銀行等の国際的金融機関が「ガバナンス」という表現を用いたことにあるとの指摘もある(2)。実際、その後、国レベルの政治や民主主義のあり方、開発の現実、貧富の格差など、端的に言えば政府・公共部門の失敗と責任をガバナンスという表現を用いて論じた数多くの論説・著作がヨーロッパやアメリカにおいて公刊されるようになった。

2　論議の広がりの中で問われていること

わが国において、欧米諸国のガバナンス研究の成果が紹介・咀嚼されると同時に、日本の国・自治体両レベルの政府活動の現実に焦点を合わせた考察が沸騰するように活発になるのも、世紀の転換期、二〇〇〇年前後以降のことである。大きな政治的・経済的・社会的背景に注目するならば、一九九〇年代前半の自民党政権の崩壊と政権交代、それに続く地方分権改革の本格的な始動、また阪神淡路大震災を契機にひろまったボランティア活動、それを機にかたちをなしたＮＰＯ法と市民セクターの活性化といった変化を指摘できる。そうした様々な現実の事象がガバナンスをキーワードとする研究を刺激し促したとみて間違いないであろう。政策の形成・執行・評価の実質的主体たる政府それ自体のあり方が根本から問われ始めたともいえる。様々な公共サービスの提供における政府（中央、地方両レベル）の役割を「相対化」しようという問題意識のなかで、自治体・地域レベルにおける市民、ＮＰＯ、企業等の非政府部門の役割と、それらと地方政府とのパートナーシップを強調する傾向があることも指摘されている。

ちなみに個々の作品のタイトル等は注記に譲るとして、主な主題を拾うならば、都市政府、政策、大都市行政（制度）、地方自治、地方分権、政府間関係、自治体経営（改革）、財政、ＮＰＭ、政策評価、都市の再生といった主題が目立ち、共著形式の論集も多い。扱われている具体的な政策分野に視点を移すならば、都市計画、環境、高齢者福祉、学校教育、市民活動など、ハード、ソフトの両面にわたって実に多様である(3)。定期刊行物の特集も同様の傾向にある。日本行政学会が「ガバナンス論」を共通論題に設定したのは二〇〇三年であった。

こうした多岐にわたるテーマや分野にみてとれるように、背景の根本には、既存の政府や制度が社会的・経済的な大きな社会変動に適切・的確に応えられなくなった現実がある。それは、有権者・納税者たる国民・市民の視点からすれば、政府に十分な信頼を寄せることができなくなっているという現実を意味する。そこから、「政府の相対化」という根本の問題意識や政治観・行政観と、政治・行政の実態・内実を問うという観察の姿勢が生まれることになる。問われているのは中央政府だけではない。地方分権が叫ばれ、国主導の市町村の再編（合併）が進められる中にあって、自治・分権改革という視点から地方政府もまた行財政運営や市民参加のあり様を問われることになった。そうした事情は、ＰＤＣＡによる政策循環（「目標と成果による管理」）を徹底しようとの取り組みや、政策評価への専門家や市民の参画を得て外部評価を実施する地方政府が増加したことに明瞭にみてとることができる。

改革について補足すれば、政治や行政、あるいは都市や自治体をめぐる改革は緒に就いたものの、国民や市民からすれば見るべき成果がなく、現状に変化がないではないかといった疑問や、そもそもビジョンが不明確であり何をどう変えようとしているのか、改革の目的と目標が曖昧であるといった疑問もガバナンス論の活性化の要因の一つとなっている。

たしかに、明確な定義のないままに、多様なレベルで様々に論じられているという現状からすれば、論議が拡散しているともいえるのかもしれない。しかし、ガバナンスという概念を用いることによって、総じて、都市自治体における都市自治とは何か、言い換えれば、都市の自立と自律とは何か、それらを支える諸条件とは何か、という都市をめぐる本質的課題に関心が寄せられてきたことは間違いない。実都市とそこに生きる市民を前提に、「都市の民主主義」あるいは「都市における民主主義」が改めて問われ始めたといえるのではないだろうか。誰が支配しているのか（Who governs?）。どのように統治しているのか（How governed?）(4)。現実の姿を明確にし、あるべき状態が模索され始めたのである。この点は現代のガバナンス論の特質として軽視すべきではない。

二　ガバナンス概念とガバナンス論

1　ガバナンス概念の射程

考察の深さや視野の広さという問題はひとまず脇におくとして、過去一五年ほど、様々に語られてきたガバナンスという概念にはどのような特質があるのだろうか。この点を今少し掘り下げて考えてみたい。

現時点の状況で言えば、政治、行政、政策を論ずる多数の論者の考察は一つひとつがある意味で自己完結しており、「ガバナンス」という概念自体に関する共通理解が生まれているようにはみえない。定義が定まらないことに加え、分析概念か規範概念かといった概念の有効性や本質的価値に関する議論も十分に深まっているともいえない。

しかし、多様な考察、議論を通じて一定の了解事項も形成されつつあるように思われる。あえて共通項を探り、多様な論者の問題意識を整理してみよう。以下のように総合できると思われる。すなわち、ガバナンスという概念とは、

「社会経済環境の変動を視野に入れて、広く政治すなわち統治行為（政策形成過程における政治・行政の選択決定行動）に関わる多様な主体間の関係性、具体的には権力・影響力の分布状況を明らかにし、その関係性の中で現実の統治行為が遂行されていく過程・態様」を示すための概念として用いられてきたのではないだろうか。多数の論者が意図しているのは、「ヒューリスティック（heuristic）な概念」としてのガバナンス概念であるとの指摘、すなわち、従来の事象の観察や把握の仕方では捉えられないものを広範囲に視野に取り込むための視点であるとする指摘も、基本的にこうした整理に重なるものであろう(5)。

この概念はまた、多くの場合、分析概念であると同時に、規範概念としても用いられている。そのことは、しばしば引き合いに出される「ガバメントからガバナンスへ」といった表現にもうかがうことができる。「ガバメント」を統治機構および統治に必要な諸制度と理解するとすれば、そうした機構・制度が現実に諸主体の関係性の中でどう作動し、全体の秩序を規定しているのか、その結果として形成される諸主体の関係性の現実（ガバナンス）を分析・説明すると同時に、どこに問題がありどう打開する必要があるのかを考える枠組みとして用いられている。分析と規範の両面をもつこうした用い方は、先に述べた背景を踏まえれば自然のことであろう。

但し、規範意識をもって現実を問い直し、「あるべきガバナンス」の姿を提示しようと試みる場合であっても、その中身は一様ではない。また、ガバナンス概念が、伝統的な「制度」や「民主主義」といった概念とどのように異なるものなのか、全く同じものなのか、何が新しいのかといった問題についても必ずしも十分に掘り下げた考察がなされてきたとはいえない。強調される非公共部門の役割と政策形成過程における関与にしても、政策課題毎に問われているところが異なるとはいえ、いかなる主体がどのような場に参画しているか、する必要があるか、それをいかに制度的に担保するかといった考察も、いわば現在進行形で蓄積されつつある状況にある。制度化とともに、非制度的な場の機能をガバナンス論の中でどう位置付けるかという重要な課題も残されている。多くの論者がそれぞれに考察し論ずるなかにあっても、ガバナンス概念の核心に迫りきれていないように思われる。

2　民主主義の質とガバナンス

では、ガバナンス概念の何が新しいのだろうか、反対に、現状では問題意識としてどのような側面が弱いのだろうか。以下、前者については「民主主義」概念との関係性から、後者については次節で戦後日本の行政研究の特質を手がかりに考えることとする。

前節で概観したように、広い視野をもって現状を客観的に捉え、都市自治あるいは都市の自立・自律を論じようとしているガバナンス論の現状からすれば、この概念は伝統的、且つ、より大きな包括的概念（理念・価値）である「民主主義」と大いに重なるものと想定される。正確に言えば、ガバナンスのあり方が集団や共同体の民主主義の質を規定するという意味で親和性をもち、両概念は補完的な関係にあるとみてよいのではないだろうか。都市自治体の場合、互いに価値観の異なる多数の個人や多様な社会集団とともに、規模の異なる多層のコミュニティ・ガバナンスと自治体全体としてのガバナンスが重層しており、それら複数のレベルで認められるガバナンスが総体として健全にかみ合わない限り、都市としての民主主義は劣化せざるをえない。

いうまでもなく、理論上はともかく、現実には理想的なガバナンスの重層と、それを基礎とする完全な民主主義は有り得ない。とすれば、伝統的な民主主義という観点から都市自治体の政治・行政あるいは政策を分析しようとする場合、ガバナンスという概念はその複雑な実態とそこに内在する諸課題を客観的に抽出するための有効な概念装置となろう。永遠に未完のものでしかないとしても、理想とのギャップをはかり、どこに課題解決に向けた鍵があるのか、その手がかりを得ることが可能となる。

本コメントは民主主義を本格的に論ずる場ではないが、「民主主義を民主化すること」が求められている今日、現実の民主主義が様々な課題を抱えていることは周知のとおりである。しかし、原理的に言えば、むしろ「不完全性」こそ民主主義なるものの本質というべきであろう。変化してやまない社会経済環境の中で、都市自治体がいかに民主主義を体現した「自治の器」になりうるか。それは器を構成する構成員間（主体間）の社会的な合意形成の在り方、すなわち市民社会のあり方と、地方政府と構成員との間の公共的な意思決定のあり方によって定まる。内包される事柄の複雑さや実現の困難さに比較して、表現としては極めて平易な印象を受けるが、都市の民主主義は「住民自治」と「団体自治」の二つの原理が相互に補完し合いながらいかに作動するかによって規定されると言い換えることができる。ガバナンスという概念は、この「住民自治」と「団体自治」を統合したものであり、広く「自治」のありようを制度と非制度の両面を視野に取り込んで、構造的に、かつその変化を捉えながら解明するための概念といえはしないだろうか。

3　都市研究と歴史研究

(1)　戦後日本の行政研究・都市研究

次に、現状におけるガバナンス概念の適用において不十分と思われる側面について取りあげてみたい。それは、行政研究を念頭におけば、歴史をほぼ捨象した考察が多いという点にある。こうした現状に照らして改めて想起するに値することは、戦後日本の行政研究の特質を大掴みに捉えた次のような指摘である。すなわち、強い歴史意識に基づいて、官僚制と地方自治の二つを主たる研究対象に設定し、その分析・考察をとおして最終的に体制構造分析を志向するような研究のあり方、という指摘である(6)。

こうした行政史研究というアプローチの背景に、軍国主義と戦争、国民の動員、敗戦、占領政策、そして公務員制度や地方制度をめぐる戦後改革といった歴史的事実があることは指摘するまでもない。そうした戦後改革を経てもなお変わらずに継承された行政制度、政府間関係、官僚制のエートスや慣行も研究者の探究心を捉えて離さなかった。一連の政策決定を支配する根本の政治的・行政的要因は何か。いわば断絶の中の連続を広く深く徹底的に探っていこうとする姿勢には、この二一世紀に生きて研究する者とは明らかに異なる、研究対象との時間的・心理的距離感がある。それはまた、こうした行政史研究に内在する規範意識にもつながっているものと思われる。

具体的には、そうした諸要因を、政治、行政の権力構造と意思決定のあり方に求め、時には明治期のわが国の行政制度創世期にまで遡って捉えようしてきた。また都市計画、住宅政策といった個別の政策分野では、戦後の（現代の）政策課題や官僚制に対する問題意識から出発して、歴史に遡って制度と実現された政策の実態に迫り、問題の原点の析出を試みた研究もある。(7)「行政責任」という言葉にも伺われるように、最終的ゴールともいえる体制構造分析は、民主主義とそれに基礎をもつ政策形成を定着させなかった諸要因を一定の時間軸のもとに解明すること、広く全体を見ること、歴史上のある時点・時期の政策選択や決定、あるいは不決定が、現代都市あるいは現代国家の何を規定しているか、を摘出することにあった。

本書の問題意識に立ち返るならば、同時に、右に整理したガバナンス概念の意味内容を前提にすれば、法令、制度、政策に軸足を置いた研究が多いとはいえ、また「ガバナンス」という表現を用いていたわけではないが、実質的にそれはまさに「ガバナンス」に着目した研究と位置付けることができるのではないだろうか。但し、歴史を重視したこうした行政研究は、今日、極めて限られたものとなっている。

（2）本書の意義

最後に本書第Ⅰ部第1章から第3章に触れながら、改めてガバナンスに着目した都市研究と歴史研究の関係性について考えてみたい。

本書所収の三論文は、第1章（高嶋論文）「戦後占領期の大都市制度をめぐる運動と諸主体――一九四六―四七年の大阪特別市制運動を中心に――」、第2章（森論文）「ワイマール「社会国家」の成立と都市失業扶助の変遷――ハンブルクを事例として――」、第3章（岩間論文）「都市史と都市自治体の間の相互関係――一八七〇年代から一九七〇年代にわたる市史『バーミンガム史』の形成――」である。いずれのタイトルにも「ガバナンス」の表現はないものの、各章はいずれも、研究の対象と時代を異にしながらも、現代都市が形成されていく過程において直面した課題や問題に「現代都市の形成とガバナンス」という切り口から考察を加えたものである。

各章の内容を今少し具体的に確認するならば、第1章（高嶋論文）は、戦後直後の特別市制運動に手がかりを求め、古典的であると同時に常に新しい課題というべき大都市制度と都市自治のあり方をめぐる議論を詳細に跡付けたものである。互いに利害を異にする多様な主体が問題をどう認識しいかに行動したかを検証したもので、空間と権限・財源（結果としての公共サービス）をめぐる政治過程の検証といってもよい。第2章（森論文）は、多岐にわたる政府活動の機能を「社会管理」機能と総称するとして、最もその色合いが濃く、政治的にも合意形成の困難な失業扶助という政策の形成過程を多様なデータを用いながら論証したものである。行政国家といわれる国家形態が形を成し始める初期段階の実証研究である。第3章（岩間論文）は市史の編纂という、過去の市政を振り返りそれを評価するという高度に政治的な営為が、どのような主体のもとにいかなる過程をともなって遂行されたのか、その過程において都市自治や市民の自治はどう捉えられていたのかについて詳細に論じたものである。

市史編纂、失業扶助、都市自治を主題にした各章は、すでに触れたとおり、いずれも「ガバナンス」に着目した現代都市史研究である。共通して論じられていることを整理するならば、関わっている多様な主体とそれぞれの関心・目的・利害、そうした諸主体間の対抗関係（関係性・相互作用）、そして主題をめぐる議論の過程・推移とそこから生み出される一定の都市秩序である。史・資料に基づいたこうした実証的研究は、「ガバナンス」という概念に自覚的になって初めて可能となるものではないだろうか。それはまた、「何が問われていたのか」、「どこに問題の核心があるのか」、「歴史の中で導かれた結論やなされた選択が現代に示唆することは何か」、「今日まで積み残されることになる問題は何か」を、読む者、聴く者に自然に考えさせることになる。

さらに、中央政府や都市政府あるいは政府間関係が担う責務とともに、そうした主体が他の多様な諸主体との関係でいかなる位置を占めているのか、その再定位を考えさせる契機ともなろう。「ガバナンス」あるいは「都市ガバナンス」という視点から、現代都市の史的形成過程に焦点を合わせたこれらの研究は、まさに現代の都市自治や都市における民主主義を再検討するうえで不可欠の成果ではないだろうか。強いて言えば、研究の基礎にあるより大きな問題意識というべきか、現代都市が抱えている課題・問題と具体の研究関心との関係性への言及が今少し必要と思われる。

おわりに

このコメントは、冒頭に紹介した本書における問題意識と第1―3章の三論文を手がかりとして、現代都市史研究においてガバナンス概念を用いることの意義を中心に考察を試みたものである。

一方で、現代行政研究に歴史への眼差しが必要であり、他方で、現代都市史研究に現在への眼差しが必要だとすれば、これら二つの世界をどう架橋するか。二つの世界を架橋し都市研究の全体をより豊かなものとするために求められていることがガバナンス研究であり、そこで用いられるガバナンス概念ではないだろうか。現代都市において求められている「あるべきガバナンス」や都市秩序を考える手がかりは、歴史の中にあると考えられるからである。都市には、新たな都市秩序の形成の歴史もその破壊と混乱の歴史もある。安定期もあれば大きな変動期もある。当然にその移行期もある。「ガバナンスの民主性」自体が問われてもいる。その事実は、変化してやまない都市の研究に、一定の時間軸の中で都市が辿った過程を分析する作業と、ある時点に成立した都市秩序の断面を分析する作業の両方が必要であることを示唆している。その二つの作業に不可欠なのがガバナンスへの着目ではないだろうか。

基礎研究という表現を用いるとすれば、都市を対象にしたガバナンス研究は自然科学でいうまさに基礎研究に相当する。現代都市の歴史的な生成過程とその変化を多角的かつ客観的に捉え、分析し、考察を加えるという基礎研究なしに、現代の都市自治や都市の民主主義の諸条件は解明できないのであろう。また基礎研究の裏付けのない「べき論」も意味をもたないであろう。本書の問題意識と研究は全体として、そのことをガバナンスという視点の重要性とともに明瞭に語るものではないだろうか。

註

(1) 本書、序章、二頁。
(2) 中邨章「行政、行政学と「ガバナンス」の三形態」、『ガバナンス論と行政学』(年報行政研究三九)、二〇〇四年、四頁。
(3) タイトルに「ガバナンス」の表現を用いたものとして以下のような作品がある。実質的に都市政府と政策、ガバナンスを論じたものとしてはさらに数多く存在する。曽我謙悟「アーバン・ガバナンスの比較分析――英・仏・日の都市空間管理を中心に――(一)―(六)・完」(『国家学会雑誌』、一九九八―二〇〇〇年、村松岐夫・稲継裕昭『包括的地方自治ガバナンス改革』東洋経済新報社、二〇〇三年、中邨章『自治体主権のシナリオ――ガバナンス・NPM・市民社会』芦書房、二〇〇三年、岩崎正洋・佐川泰弘・田中信弘編著『政策とガバナンス』東海大学出版会、二〇〇三年、武智秀之編著『都市政府とガバナンス』中央大学出版部、二〇〇四年、植田和弘・神野直彦・西村幸夫・間宮陽介編『都市のガバナンス』(岩波講座　都市の再生を考える)、岩波書店、二〇〇五年、大山耕輔『公共ガバナンス』ミネルヴァ書房、二〇一〇年、青山侑『都市のガバナンス』三省堂、二〇一二年、佐々木信夫『大都市行政とガバナンス』中央大学出版部、二〇一三年。
(4) 村松岐夫『行政学教科書――現代行政の政治分析――(第二版)』有斐閣、一九九九年、二一―五頁。
(5) 曽我謙悟「ゲーム理論から見た制度とガバナンス」前掲、年報行政研究、八九―九一頁。著者は「「今までよりも、より広い範囲を見る」というものの見方、姿勢」という表現を紹介しつつ、「厳密な概念定義よりは、探究を行うべき現象の設定を行うように、概念を意味づけること」が必要であるとして、「複数の行為主体間における相互作用のあり方、そのあり方に影響を与える諸要因、それらの要因がその相互作用を形成するメカニズム」を明らかにすることが、ガバナンスの探究課題である、としている。
(6) 西尾勝『行政学』有斐閣、一九九三年、二〇―二一頁。
(7) 代表的な作品として、赤木須留喜『行政責任の研究』岩波書店、一九七八年、福岡峻治『東京の復興計画――都市再開発行政の構造――』日本評論社、一九九一年。

コメント2　ガバナンス概念と歴史研究
――日本近代都市史の立場から――

源川真希

はじめに

　ここでは、日本近現代都市史の立場から、本書の問題提起、そして二〇世紀の前半の都市行政の変化について歴史的、比較史的視点から議論した第1章（高嶋論文）、第2章（森論文）、第3章（岩間論文）に対するコメントを行う。なお、この三章のもとになった政治経済学・経済史学会セッション（二〇一五年一〇月）でのコメント、またそれが収録された『一橋研究』発刊（二〇一六年七月）後、二〇一六年一一月に東京大学社会科学研究所編の『ガバナンスを問い直す』が刊行された。これは、私がコメントを準備する以前から、長い時間をかけて議論されてきた研究成果である。よって、同書の議論にも若干ふれながら「ガバナンス」という概念を歴史研究に用いることについての筆者の考えをあらためて示したい。

一　ガバナンス概念はいかに使われているか――本書の課題設定へのコメント――

　まず本書の問題提起にかかわることから述べる。本書は、近年大学行政も含め行政の諸領域で使用されている「ガバナンス」という概念を、歴史研究に取り込んで分析しようという試みである。政治経済学・経済史学会編集『歴史と経済』に掲載された論文を見る限り、「ガバナンス」という概念で歴史分析を行った事例はないようなので、ここで扱う本書の三章は経済史分野あるいは歴史研究という点では、「ガバナンス」をテーマとした先駆的な研究なのかも知れない。

「ガバナンス」のもっとも基本的な定義は、マーク・ベビアによれば[1]、公的機関、民間組織、非営利団体等、主体の性格は問わず、「治める」という行為に関与する状況を示す用語という意味である。現在、官公庁のみならず、市民による様々な参加により行政運営がなされる状態を指し示し、かつ「かくあるべし」という当為を含んだ概念であると考える。だとすると、最初に、「ガバナンス」という概念をあえて歴史研究に用いる積極的な意味が議論される必要がある。

ベビアは、「ガバナンス」という概念の誕生が、二〇世紀の大衆社会化と従来の国家概念の変容、つまり中央機関と並んで政党、利益団体、世論が重要な役割を果たすことになったことと関連していると示唆した。しかし実際には、私見も加えて整理すると、大衆社会化と民主政体の腐敗、あるいは階級闘争の顕在化という背景のなかで、一九三〇年代にかけて行政国家が相対化されるのではなく、むしろそれが待望されるようになる。これが介入国家、ケインズ主義的福祉国家、ファシズム国家、社会国家、開発主義国家などと呼ばれる二〇世紀の資本主義国家のありようである。そして、ここにみられる国家のあり方（ファシズム国家を除く）が、戦争を経て戦後の資本主義体制のなかで広く普及していく。

しかし、主に経済成長の鈍化と財政破綻により危機に陥る一九七〇年代後半から現在にかけて、再び民間セクターの諸主体の役割が注目され、現在のように「ガバナンス」という概念が用いられるようになる状況につながっているものと考える。ちなみに、国会図書館の雑誌記事検索で「ガバナンス（ガヴァナンス）」を含む論文などを検索すると、一九九〇年までは四件、一九九一年―九五年が一三〇件、一九九六年―二〇〇〇年には一〇〇〇件を超える。初期の頃は、「コーポレート・ガバナンス」の使用例が多いように思う。一九九〇年代後半から使われるようになった「ガバナンス」は、行政分野でも広く使用されていく。

このような歴史的展開を前提として、今回、歴史研究に「ガバナンス」という概念で切り込むことの意味を考える必要がある。すなわち、行政権力だけではなく市民社会の諸主体の動きを重視しながら都市秩序のあり方を分析するという、分析概念としての「ガバナンス」の優位性をどのように考えるか、という点を議論したい。

また、ここでは近年発刊された「ガバナンス」の共同研究である『ガバナンスを問い直す1』(2)についても一言ふれておきたい。本コメントとかかわって重要なのは、宇野重規「政治思想史におけるガバナンス」、五百旗頭薫・宇野重規「歴史の中のガバナンス」の二つの論文である。前者は、「ガバナンス」が「ガバメント」とともに、船の舵を取るという意味の gubernare を語源としているとし、君主の家政が国家の統治となるなかで「ガバメント」は国家統治やその機関である政府を意味するようになったとする。他方で、効率的で有効な財産や人材の管理という含意は「ガバナンス」に受け継がれたという。多様なアクターの関係を規律づけることで、公共的な目的をいかに効率的に実現するかという問題意識を有しているともいう。

ここでの語源的説明は説得的であるが、「ガバナンス」という概念それ自体は、やはり二〇世紀末になって再登場したということも宇野氏によって述べられている。よって語源的な位置はわかるにせよ、また先にベビアの議論を紹介したところでもふれたが、「ガバナンス」は、「ガバメント」が全面に出てくる時代（おもに一九三〇年代から七〇・八〇年代）の後の一九九〇年代になって本格的に用いられるようになった、歴史性のある用語であると考えて間違いない。したがって、これを歴史分析に用いることには、やはり違和感を感じざるを得ない。

後者の論文、「歴史の中のガバナンス」では「ガバナンス」について、明治地方自治制における集落（旧村）が土木事業等を担っていくことなどを例示している。明治地方自治制が地域運営を名誉職に担わせていたことはこれまでもいわれてきたが、これを単なる権力的統治とは異なる「官」と「民」の協働ととらえているように思える。地域での行政の担い手はおもに地主などからなる名望家であり、昭和期に担い手は階層的下降をみせるだろう。彼等は以前の研究視角であれば、天皇制国家の支配を支える旧中間層、あるいは国家独占資本主義のもとでの体制的エージェントとして位置づけられてきた。このような担い手（地域エリート）と行政との関係を、なぜあえて「ガバナンス」という概念で説明するのか、それによって近代日本の農村社会のどのような新しい面が見えてくるのか筆者にはわからない。

最後に歴史研究の前提となる現状認識について議論しておく必要がある。これは私自身が、なぜ「ガバナンス」という概念を歴史研究に用いることに違和感をもつのかということの説明でもある。「ガバナンス」という概念が、現在、大学行政を含めて使用されていることは、一面では民間の様々な主体が参加するという面を言い表している。ここでは、法人、教育研究審議会、教授会、学生団体、職員団体、資本、地域住民、タックスペイヤーなど、学内外の多様な集団が、広い意味での大学運営の主体として想定されている。いわゆるステークホルダーが、みんなで協働してよいものを作っていくというイメージである。

とはいえ、これは財政面において公費負担を極小化することと連動しており、その意味では「小さな政府」と補完関係にある。また他方では、「ガバナンス」改革の名の下でのトップダウンによる意思決定などの、近年の大学でみられる行政運営とも決して背反するものではないように思われる。また諸主体が対等な「プレイヤー」という前提があるとすれば、あくまでも当為としての議論であり、実際には存在する支配・被支配の関係がみえてこないのではないか、との疑問もある。そうした点からも、「ガバナンス」という概念を歴史研究のツールとすること意味については、さらに議論を行う必要があるのではないかと感じざるをえないのである。

二　敗戦後大阪の運動と諸主体——第１章（高嶋論文）へのコメント——

第１章（高嶋論文）は、大阪市が、大阪府と対抗しつつ特別市制を実現しようとする動きを検討した。まず大阪と対比する意味で、東京都誕生の歴史過程をみよう。もともと東京市と東京府が存在したが、東京市は内務省、東京府の二重の管轄のもとにあった。そのなかで、一九二〇年前後から大阪市などとともに特別市制実現の動きが生まれる。東京市は単独で「都」となり、東京市以外の東京府の地域（三多摩）は「武蔵県」などにしようとした。東京都は、公選の都長による行政運営を行い府の監督を解消して権限も拡大するのが目標であった。しかし当然、切り捨てられる三多摩側は東京市のみで都となることに反対する。また内務省は、東京市を廃止し東京府全体を東京都として再編する案を提示する。そして都の首長を官吏として、内務省のコントロールをいっそう拡大しようとした。こうしたせめぎ合いは、一九三三年の都制案をめぐる対立という形でピークを迎える。日中戦争開始後には、地方制度調査会で内務省がイニシアティブをとる形での都制案が提案され、最終的には官治的な東京都制が一九四三年に成立した。都の首長（都長官）は官吏である。この東京都成立の歴史的過程を前提に、敗戦直後に大阪で、府と市がどのように対決するのかということは、非常に興味深いものがある。

本章の課題は「運動と諸主体」の分析である。まず内務省、大阪府、大阪市の動きにそくしてみてみると、大阪市は一九二〇年代の特別市制制定のころと同じような正攻法の運動をしているようにみえる。内務省は、東京都制を制定したころの官僚を引き継いでいると思うが、もちろん戦時期のように官治を押しつけることはできない。しかしこの場合、大阪府が住民投票問題を媒介に、大阪市の動きを掣肘しようとしていることがみてとれる。この時期の大阪府は、統一地方選挙で府知事が公選になり、府議会議員も新たに選出されているが、内務省の影響力を強く受けた存在でもあるかも知れない。新憲法下で、大阪府が独自の官僚機構を整備していく前の過渡期の段階である。府は、市の先手を打ってＧＨＱに働きかけているところなども、市より政治力を持っているようにみえる。敗戦後数年間における大阪府の、自治体としての歴史的性格が知りたいところである。

また、特別市制実現にあたり市民を巻き込んだ動きを展開するというのは、一見、戦後デモクラシー的な状況のように思われる。しかしこの動き方は既視感がある。一九三五年から内務省が主体となって選挙浄化と有権者に対する投票動員を行った選挙粛正運動が展開された。そこではパンフレットを作成して市民に配布する、学童・生徒を通じて選挙の浄化を訴える、お風呂屋さんの湯船の上に「選挙粛正」というスローガンを掲げてもらう、また地域単位（この場合、町内会・部落会）での座談会を開催するなどの取り組みがみられた[3]。その意味では、市民を巻き込んだ運動は、決して戦後デモクラシー的なものではなく、内務省の動員方式を学習したものともいえるかも知れない。

最後に、本章の最も大きな論点は、敗戦後の状況のなかで、自治体が地域の問題に対応する方式の違いを出そうとしたことである。大阪市は共同処理機関の設置により機能主義的な統治機構の再編によって、他方、大阪府は空間領域の拡大、すなわち市域拡張のような形で対処しようとしたという。また本章では、「政治的多元化」への対応と述べられている。しかし「政治的多元化」というと、左派政党、労働・農民運動、米ヨコセ運動の登場という敗戦後の政治状況が想起される。むしろ敗戦により戦時統制的枠組が一部はずれるなかでの、社会の欲望の噴出への対応ではないか。これは、評者の「ガバナンス」理解からすると、都市「ガバナンス」の限界ではなく、「ガバメント」の限界といった方がよいのではないか。

三　ワイマール期社会政策の展開をどうみるか——第２章（森論文）へのコメント——

第２章（森論文）では、失業扶助をめぐる国や地方自治体行政、慈善団体、労組、政党などの諸主体の役割が明らかにされた。また、公的扶助と失業救済の規範、すなわちどのような考え方で救済の対象とするか、という点での相違を分析した点でも興味深い。公費の投入においては、合理的な支給基準が必要であり、それが従来の扶助の個別化の修正を求めていくが、実質的には個別的扶助が維持されるという。

本章では、失業救済におけるライヒ、都市行政、それに民間慈善団体、労働組合といった主体が、失業扶助の制度を進める具体的な過程が明らかにされた。これらの動きについて、まさに「ガバナンス」という概念のもつ視角が一定の役割を果たすものと思う。つまり民間団体や非営利団体の関与という面に、より強く光をあてることができるからである。

とはいえ、ベビアが述べるように、国家行政が相対化され「ガバナンス」といいあらわされる状況が生まれ始めた二〇世紀初頭は、そうした思想史的展開の一方で、むしろ行政国家化を求める動きが強まった時期であると概括できる。失業保険の制度化をめぐっても、慈善団体、労働組合という民間セクターの動きが大きな役割を果たしながらも、それが都市専門官僚層の政策構想とも符合するなかで、最終的には都市自治体行政に取り込まれている。その際、原理としては給付基準の合理化を伴いつつ、ライヒによる制度化につながっていくものと思われる。

馬場氏、森氏をはじめドイツ都市史研究で用いられている「社会都市」とは、第二帝政期ドイツの社会政策に基づく諸施策が展開された都市の歴史分析から導き出された枠組であり、ワイマールから第二次大戦後の「社会国家」のための実験場だったという(4)。そこでは、単なる救貧ではない「生存配慮」（エネルギー供給、社会インフラ、保健・公衆衛生施設、住宅政策、都市計画、文化・教育などを含む給付行政）の政策が展開されたが、これはむしろ、二〇世紀初頭にみられはじめた「ガバナンス」の克服と、これに替わる上からの行政課題への包摂（「ガバメント」）として理解できるのではないか。

なお、日本近現代都市史研究の成果からいうと、一九一〇年代から二〇年代の都市行政については、大阪市政を中心に研究の蓄積がある。大阪市では第一次大戦期の工業化のいっそうの進行で、労働者が集積するが、それに対応するための都市インフラの整備、社会政策の実施が行政の課題となる。従来、大阪市の政界に存在した名望家による「予選体制」（予選により政治的有力者の選出と利益配分を行い、これが行政をコントロールする）が存在したが、都市行政は一九二〇年代に特に顕著に転換する。関一市長の時代、都市インフラの整備、公営事業の展開、社会政策の実施、都市行政の合理化が進行する。彼は従来の市会に存在した「予選体制」に基づくシステムを転換し、都市行政主導の行政展開によって上からの社会政策的対応を行った。これを小路田泰直氏は「都市専門官僚制」と呼んだ(5)。他方、東京市の場合、市会の力が強いままで市長の主導性はなかなか発揮されなかったが、それでもやや官僚組織が自立して、社会政策を担っていく状況が生まれる。これはむしろ行政主体の「ガバメント」により、社会問題に対応する都市の姿を示している。

四　市史編さんと都市のアイデンティティ——第3章（岩間論文）へのコメント——

第3章（岩間論文）は、自治体史編さんという事業が持つ都市行政における意味が、バーミンガムの事例をつうじて検討された。その際、岩間氏は一九世紀後半から二〇世紀にかけての都市改良の事業ないしその意味付けを当事者達が「シビック・ゴスペル」と表現したことに注目している。おそらく市史編さんが、都市の発展を担った名望家層の業績を顕彰する面を持つだけではなく、市民に対して都市生活の一定の規範を提示するものとして行われたものと理解したい。

そこで、先の「ガバナンス」に関わって論点を提示する。これは「ガバナンス」という概念が登場する歴史的文脈と関連するが、近代における自治体史編さんという行為の歴史的意味をどうみるかという問題である。ベビアが述べた国家概念の変容の時期とは、国家の相対化の時期と言い換えてもよい。おそらくハロルド・ラスキなどの多元国家論が登場し、中央の国家という強大な官僚機構を有する団体を、社会に存在する様々な団体のなかに解消し、相対化するという試みである。そのなかで、様々な団体の一つとして自治体が新しい意味づけを与えられて浮上し、同時にその活動の正当性や市民との間のアイデンティティ形成のための物語が必要となったことが、自治体史編さんという行為を呼び込んだのではないか。

日本の場合、政治学、国法学者により、一九二〇年代後半に多元国家論が紹介されており、それと符合するかどうかわからないが、日本の諸都市も都市としてのアイデンティティ作りをしようとする。東京市の場合、市長を務めた阪谷芳郎が大正初期に『東京市民読本』を作成する。これは都市行政を市民に伝える目的で作られたものであるが、都市行政の実際の機能の解説と、市民の心がけのようなものが語られている。またのち後藤新平市長の時代に、新たに『東京市民読本』が作成されようとした。ここでは男子普通選挙（法改正は一九二五年）の実施を前にして、有権者の拡大を前提とした「あるべき市民」の規範が述べられた。また同時期には、「東京市歌」が作られて都市の一つのシンボルとして機能させられるようになる。

このように日本の一九二〇年代は、社会諸科学において「国家」が相対化されて「社会」が発見され[6]、また都市自治体のような団体の役割が大きくなるという意味での転換期であった。同時に急激に進行する政治の大衆化への適応が求められた。まさにその過程で、国家とは異なる団体としての都市の独自性、自律性（あるいは自治権）をアピールする動きがみられるように思う。こうして都市の歴史が語られ、あるべき市民の規範が提示されるというのが東京市を念頭においた際のイメージである。バーミンガムの事例は、国家と都市の関係の歴史という文脈で、どのように位置づくのかということについて議論がしたい。もし「ガバナンス」ないし、それをあらわす状態についての認識枠組で把握するということであれば、イギリスの事例は、この語の発生学とも関わった議論ができるのではないかと勝手に想像する。

おわりに

以上、本書の研究視角ならびに、第1―3章の分析に対するコメントを提示した。私自身、各章で取り上げられた歴史的事象に対する分析は、いずれも説得的かつ有益なものと考えている。だが、それを「ガバナンス」という概念で把握することに対して違和感がある、ということを述べてきたのである。それは現在、当為としての「ガバナンス」が政治権力と社会の関係をどのように変えようとしているか、これに対する実践的な評価とも関わるからである。

この点について、理論、現状分析、歴史研究の各領域から活発な議論が行われることを望んでいる。

註

（１）マーク・ベビア『ガバナンスとは何か』ＮＴＴ出版、二〇一三年。
（２）東京大学社会科学研究所、大沢真理・佐藤岩夫編『ガバナンスを問い直す　１』東京大学出版会、二〇一六年。
（３）源川真希『東京市政』日本経済評論社、二〇〇七年。
（４）馬場哲「ドイツ『社会都市』論の可能性」、『社会経済史学』第七五巻第一号、二〇〇九年。
（５）小路田泰直『日本近代都市史研究序説』柏書房、一九九一年。
（６）有馬学『日本の近代４　「国際化」の中の帝国日本』中央公論新社、一九九九年。

第Ⅱ部

第4章　両大戦間期のイギリスにおける地域計画の成立
――専門職としての都市計画家の登場と計画のガバナンス――

馬場　哲

はじめに

イギリスにおける都市計画の開始を告げたのは一九〇九年住宅・都市計画等法であった。しかし、同法にもとづいて地方自治体によって作成された都市計画スキームはごくわずかであった。第一次大戦終結後の一九一九年住宅・都市計画等法による改正の結果、スキームの作成は容易になったが、特に大都市における市街地の拡大の結果、個々の地方自治体の枠を超える問題が生起するようになり、地域計画 Regional Planning が一九二〇年代における新たな課題として浮上した。さらに、一九二〇年代半ばから農村保存 Rural Preservation の問題が注目されるようになり、地域計画は都市計画のたんなる拡張（都市地域計画）から都市・農村計画へと読み替えられ、一九三二年都市・農村計画法の成立をもって両大戦間期の計画立法は一応の完成をみた。本章が注目するトマス・アダムズ Thomas Adams は、一九〇九―一九三二年を「都市計画における実験期 an experimental era」と位置づけている(1)。

しかし、このような経緯で成立した両大戦間期のイギリス都市・地域計画は、主として戦後の基本法となった一九四七年都市・農村計画法との比較で、どちらかといえば否定的に評価されてきた。W・アシュワースは、戦後のイギリス都市計画史の嚆矢といえる研究で、両大戦間期の地域計画は過大評価されており、専門家による地域計画報告はあまり有用なものではなかったと指摘し、こうした否定的評価が長らく影響力をもった。[2] これに対して、J・シェイルは両大戦間期イギリスの農村保存に関する研究で、一九三二年法が既存の法定計画立法を強化し拡張したにもかかわらず、一九四七年法と比べて不当に厳しく評価されているとして、「両大戦間期の都市・農村計画を再評価すること」を同書の重要な目的とした。[3] D・マッセイも、アシュワースの否定的評価を意識しつつ、両大戦間期の地域計画が「一九四〇年代の計画の『新時代』の実現に向けて貢献することになる計画技術、政策および手続きの発展のための機会を提供した」として、アダムズの「実験期」を一九三九年まで拡張したうえで肯定的に評価しており、[4] U・ワノップ＝G・E・チェリーも「一九三九年までに明示的に地域的なパースペクティブと地域計画の健全な試運転は、より安全な基盤のうえでの都市計画実践の樹立に役だった」と述べている。[5] また、チェリーとA・ロジャーズは、「イングランドとウェールズにおける二〇世紀の農村計画が、形成期の持続的特徴をもつようになったのは両大戦間期のことだったと結論することを避けるのは難しい」と評価している。[6]

こうした両大戦間期イギリスにおける都市計画から地域計画への展開は、都市計画（家）という職業が形成される過程でもあった。すなわち、田園都市運動と都市計画運動によって一九〇九年法が成立したのち、一九一四年に都市計画協会 Town Planning Institute＝ＴＰＩが設立され、第一次大戦を経て一九二〇年代に入ると専門職としての都市計画家が、協会を基盤として形を整えていったのである。[7] 都市計画・地域計画の指導的人物は、官民の間を動きながらこの過程を牽引していった。

本章では、以上のような両大戦間期イギリスにおける都市計画・地域計画の展開過程を、各級政府（中央、カウンティ、地方自治体）、専門家団体、民間や他国の都市計画家間の連携と対抗という視角から検討してみたい。それは、都市ガバナンスという視角からこの時期のイギリス都市・地域計画を考えることでもある。

一　両大戦間期におけるイギリス都市計画法の展開と地域計画の成立

1　一九〇九年住宅・都市計画等法

イギリス最初の都市計画法である同法は第二部の五四―六七条で都市計画を扱っていた。その眼目は、新たな住宅地の開発を規制するスキームの準備のための認可権を地方行政庁 Local Government Board＝ＬＧＢに与えたことであったが、第五四条一項に「都市計画スキームは、開発途中の、あるいは建築目的に使われると思われる土地に関して、土地のレイアウトと利用に関連した適切な衛生条件、快適性、および利便性 proper sanitary conditions, amenity, and convenience の確保を一般的目標」とすると明確に規定されたことに注目するべきである。何が都市計画を構成しているかは、第四附則（fourth schedule）で、街路、建物、オープン・スペース、歴史的関心や自然の美の対象の保全、下水道、汚水処理、照明、給水などがスキームの最も重要な要素として列挙されていることから推し測ることができる。同法で地方自治体に与えられた権限は、それまで二〇年以上にわたって住宅や公衆衛生に関して行使してきたものの論理的拡張だった。また、一九〇六年に私法として議会を通過したハムステッド田園郊外法もモデルとなった(8)。

一九〇九年法は、法律の認可的 permissive な性格、手続きの複雑さ、都市計画の利点に対して残っていた疑念のために利用があまり進まなかった。一九一三年に認可されたスキームはわずか三つであったが、そのうち二つは、準備の進んでいたバーミンガム（クィントン＝ハーボーン＝エッジバストンと東バーミンガム）のもので、他の一つは、北西ロンドンのライスリップ＝ノースウッドであった(9)。地方自治体が準備ないし採用した都市計画スキームは一七二一（三〇万エーカー）にとどまり、しかも一九一九年までに実際に提出されたスキームは一三にすぎなかったが、そのうちバーミンガムが五であった。このため、一九〇九年法はバーミンガムのために制定されたと見ることもできるが、当時の都市計画委員長はN・チェンバレンであり、同法制定の立役者のひとりJ・S・ネトルフォールドは、バーミンガム・カウンシルを離れており、一九〇九年法の厳しい批判者となった(10)。こうして一九〇九年法は、大きな成果を挙げることができないまま第一次大戦によって事実上停止を余儀なくされた。

2　一九一九年住宅・都市計画等法

大戦による住宅問題の一層の深刻化を背景として、大規模な住宅建設プログラムの必要と住宅条件の改善を求める運動（「英雄のための住宅」）が高まり、一九〇九年法は修正を迫られた。また、一九一八年には労働者階級への住宅提供のためのテューダー・ワルタース報告が刊行された。こうしたなかで一九一九年にロイド＝ジョージを首相とする連立内閣が成立し、LGB長官（すぐに初代保健相）のクリストファー・アディソン（自由党）が同年三月一八日に住宅・都市計画法案を提出したが、上記の背景からもうかがわれるように、彼の法案の力点は労働者階級向けの住宅建設にあった。こうして成立した一九一九年法（アディソン法）は全部で五二条からなっていたが、都市計画関連は第四二—四八条のみであった。その主要な改正点は以下の通りであった。

①一九〇九年法について指摘されていた煩雑な手続きがかなり簡素化され、ほとんどすべての場合、地方自治体は都市計画スキームをLGB（一九一九年より保健省 Ministry of Health）の承認がなくても準備できる権限が与えられた。また、一九二一年五月二日の都市計画規則により、スキームの準備に必要な手続きが定められたが、それによれば、（i）スキーム準備のための決議、（ii）決議から六カ月以内に保健相に提出される、道路建設、オープン・スペースの確保、建築規制といった開発の概略を提出する予備報告書、（iii）予備報告書の承認後一二カ月以内に地方自治体によって採択されるスキーム草案、という手順を経て、スキームはその後六カ月以内に最終的に採択され、保健相に提出されることになっていた。

②計画権限を効果的にするために、人口二万人以上のすべての自治体は一九二三年一月一日から三年以内に都市

計画スキームを準備することを義務づけられた。しかし、スキームを迅速に準備できる地方自治体はなく、能力あるスタッフも少なく、一部の地方自治体を別とすれば都市計画の政治的・技術的伝統もなかった。期限は一九二三年住宅法により一九二九年一月一日まで延長されたが、一九二八年の時点でも二六二の人口二万人以上の自治体のうち九八しかスキームを提出することができなかった。後述する一九二九年地方行政法は一九三四年一月末（さらに一九三八年一二月三一日）まで期限を延長したが、一九三〇年までになお五八の自治体が提案を提出していなかった。

③既成市街地も都市計画スキームに含めることが可能となったが、中心は依然として新たに開発される土地のレイアウトであり、老朽化した不衛生地区は住宅法のもとで取り扱われた。

④いくつかの隣接する地方自治体による合同都市計画委員会の形成が可能となった。但し、合同委員会は通例執行権をもたず、助言機能をもつにすぎなかった。(11)

3　関連する住宅法・地方行政法

一九〇九年法、一九一九年法、一九二三年法では、住宅法と都市計画法は同一法内に統合されていたが、一九二四年に住宅補助金を拡大した住宅法が発布されたため、一九二五年に都市計画法が制定され、住宅法と都市計画法は分離した。その主たる理由は、住宅法が複雑なものになったことであるが、両者が引き続き密接に関連していたことは言うまでもない。(12)

もう一つ重要な関連立法として挙げられるのが、一九二九年地方行政法である。同法は広範な内容をもち、救貧法業務が公的扶助として救貧法委員会からカウンティ・カウンシル County Council（＝CC）とカウンティ・バラ County Borough（＝CB）に移管されたこと（一条）でも有名であるが、都市計画についても重要な変更があり、CCに他の地方自治体とともに都市計画スキーム作成の権限が与えられた（四〇条）。さらに、保健相はCCとCBの境界を変更することができるようになった（四九条）。これは当初、特にCCと都市地区カウンシル Urban District Council（＝UDC）の間およびUDCと農村地区カウンシル Rural District Council（＝RDC）の間で疑心闇鬼を生んで混乱を引き起こしたが、この結果一九三七年までにRDCの数は七五二から四八六に、UDCは七八三から六四九に減少し、長期的には地域計画を促進する方向に作用した(13)。

4　一九三二年都市・農村計画法

一九二〇年代、特に後半に入ると市街地の拡大とともに、農村・田園地帯の土地利用や開発に対する関心が高まってきた。一九二六年にはP・アバークロンビーらが中心となって農村イングランド保存評議会 Council for the Preservation of Rural England＝CPREが設立され、一九二九年には保守党のE・ヒルトン＝ヤングが農村部への計画権力の拡張を意図した農村アメニティ法案を提出した。こうして一九三〇年代に入ると農村部の計画が検討されるようになり、一九三一年にマクドナルド第二次労働党内閣の保健相A・グリーンウッドが都市・農村計画法案を提出した。すでに開発された都市部の計画権も大幅に強化し、スラム・クリアランスや追加的な住宅供給に注意を向けたこと、および開発負担金 betterment を従来の五〇パーセントから一〇〇パーセントに引き上げることで補償金 compensation と開発負担金の間のギャップを減らそうとしたことに特徴があった。これは常任委員会で七五パーセントに引き下げることを求められたが、全体として大きな反対を受けなかった。

しかし、一九三一年の挙国一致内閣の成立により保守党の勢力が増すと状況が一変した。都市・農村計画支持派であった「保守党開明派」の蔵相N・チェンバレンと保健相ヒルトン＝ヤングは「完全に非党派的なもの」として法案を再提出したが、労働党の支持は得られたものの、「筋金入りのトーリー」から私有財産への公的介入として強い批判を受けた。常任委員会でも法案は激しい攻撃を受け、名目では七五パーセントの開発負担金の徴収も事実上不可能になり、一九〇九年法のような認可的性格も復活した。また、地方自治体は、都市か農村か、あるいは建物を含んでいるかいないかに関係なく、つまり既成市街地を含むいかなる土地についてもスキームが作れるようになったとはいえ、適用を除外される「静的地域 static areas」という概念の導入により事実上骨抜きとなった。もっとも、一九三二年法のもとで都市計画が停滞したわけではなく、承認されたスキームの数は一九三三年の九四から一九三九年までに一四三に増加したにとどまったものの、様々な段階の計画スキームは一、四三六に達し、カバーされた領域は一九三三年の九〇〇万エーカーから一九三九年には約二六四四万エーカーまで拡大した(14)。

また、ミドルセックス（一九二五年）、サリー（一九三一年）、エセックス（一九三三年）などロンドン周辺のカウンティ・レベルで進められたスプロール開発防止策がリボン状開発制限法（一九三五年）の制定に結実するといった狭義の都市計画以外の公的介入の進展も都市計画スキームの作成にとって有利に作用した(15)。

二　両大戦間期イギリスにおける地域計画の成立

一九二〇年代に入ると、イギリスでもモータリゼーションが進んでバス交通が農村の孤立を打破することにより、都市と農村の結びつきを強めていった(16)。その結果、農村の宅地開発が始まり、散発的な住宅開発による農村の蚕食のリスクが高まり、都市計画による農村の保護の必要が生じた。また、サイクリングやハイキングといったリクリエーションの対象として農村への関心が高まった。すなわち、前述のように一九二六年にＣＰＲＥが、一九三〇年には「ユース・ホステル協会」が設立された。一九二七年に雑誌『カントリーマン』が刊行され、農村をテーマとする書物も増大した。しかし、都市計画ではこうした動きに迅速に対応することができなかった(17)。

一九一九年法にもとづく手続きは一九二一年都市計画規則で規定され、スキームの数の増加とともに、イギリスでは遅れていたゾーニング、都市調査 civic survey、計画手法も進展した。都市調査としてはシェフィールドのものが、大規模なスキームとしては、バーミンガムのノース・ヤードリーとステッチフォード都市計画スキーム（三、一七三エーカー）が代表的である(18)。

都市計画が拡大され、農村もカバーすることが明示的に規定されたのは一九三二年法によってであったが、それは合同委員会の設置を規定した一九一九年法でも可能であった[19]。事実、一九二〇年代は複数の自治体が関わる合同委員会をつうじて地域計画への関心が高まった時期であった。G・L・ペプラーは一九二三年の時点で「この国の都市計画の最近の発展で最も印象的なのは、協力して計画することを目的とする合同都市計画委員会を形成する地方自治体の自発的な連合である」と述べている。彼によれば、二二の合同都市計画委員会がすでに設置され、それらは「地域都市計画委員会」と呼ばれた[20]。

その最も早期の例としては、ドンカスターを中心とする南ヨークシャーの炭坑地域を挙げることができる。すなわち、一九一一年一月にドンカスターで都市計画会議が開かれ、地域の計画的開発が原則的に確認されたが、農村地区が計画を策定できず、一九一四年までに失速した[21]。しかし、一九一九年法成立後の一九二〇年一月に保健省主導で開催された会議を機に、ドンカスターをはじめとする八つの地方自治体からなる合同委員会が設置され、P・アバークロンビーと地元のコンサルタントのT・H・ジョンソンが都市計画スキームの準備のために任命され、一九二二年に報告書（The Doncaster Regional Planning Scheme）が刊行された。もっとも、最初の本格的な地域調査は南ウェールズの炭坑地域に関するものであり、一九二〇年に保健相が委員会を任命し、一九二一年に渓谷の外側に鉱夫用の住宅を提供することを勧告する調査委員会の報告書が提出され、それにもとづき四つの合同都市計画委員会（東グラモーガン、中部グラモーガン、西グラモーガン、アファン・ニース渓谷）が一九二三年から活動を開始した[22]。

一九二〇年代に入ると大都市圏でも地域規模の計画が次々と立案された。一九二〇年九月に会議が開催され、マンチェスターと周辺地区について、市の中心から半径一五マイルの領域をカバーする七六の地方自治体が参加する諮問都市計画委員会が設立された。同委員会は一九二六年に地域計画を準備するに至ったが、それは四つの州にまたがる一〇〇〇平方マイルをカバーし、七つのCBと八九（八八）の地方自治体を含んでいた。規模がもっとも大きかったのは、ミッドランド都市計画諮問協議会であった。同協議会は一九二三年に設立され、バーミンガム、コヴェントリー、キダーミンスター、ウォルソール、ウォリック、ウルヴァーハンプトンを中心とする地域をカバーし、総面積は一五六五平方マイルに及んだ。七〇の地方自治体を含み、地域内の人口は二五〇万人に達した。四つの委員会（幹線道路・排水路、建物開発、地域調査、財務）が設置されて地域スキームを準備し、一九三〇年代に採用され、全域についてゾーニングと道路計画が提供された。

しかし、もっとも重要な実践は、一九二七年一一月に設立された大ロンドンの地域計画委員会であった。同委員会はロンドン・カウンティ・カウンシルLCCなどを代表する四五人のメンバーと一二六の他の地方自治体代表から構成され、チャリング・クロスから半径二五マイル圏とほぼ重なるロンドンとホームカウンティ交通圏をカバーしていた。議長は建築家B・フレッチャー（LCC代表）で、技術顧問としてR・アンウィンが任命された(23)。

このように、合同委員会の設置は明らかな趨勢となり、しかもそれは諮問機関というよりも実施機関としての性格を強めた。一九二六年までに諮問委員会三三、実施委員会一だったのが、一九三一年までにそれぞれ六〇、四八になったことからも、それは分かる。その後も合同委員会の数は増え続け、一九三八年までに一三八に達した。少なくとも三〇の地域計画スキームがイングランドの合同委員会ないしコンサルタントによって準備され、一九三一年の報告によれば、国土の約三分の一が合同委員会によってカバーされており、それは、カンバーランドからミッドランドを経て大ロンドンとケントまで、国内の都市部の中核と大体重なるものであった(24)。図4-1は一九三一年における都市計画地域を示したものであるが、一九二三年のものと比較すると、いかにこの時期に都市計画・地域計画が広がったかがわかる(25)。実際、イギリスにおける地域計画とは都市計画の経験的拡張ということができ、その範囲は任意にクライアントから計画家に課されたのである(26)。

「地域」概念は、ともにP・ゲデスのアイデアに発する二つの系譜を含んでいる。一つは、社会的・文化的・環境的要因の研究のための単位という地理的概念であり、都市とその周辺地域を関連づけて捉えるものである。もう一つは、「調査 survey」のアイデアである。アバークロンビーのような指導的都市計画家は、この調査のアイデアを、彼

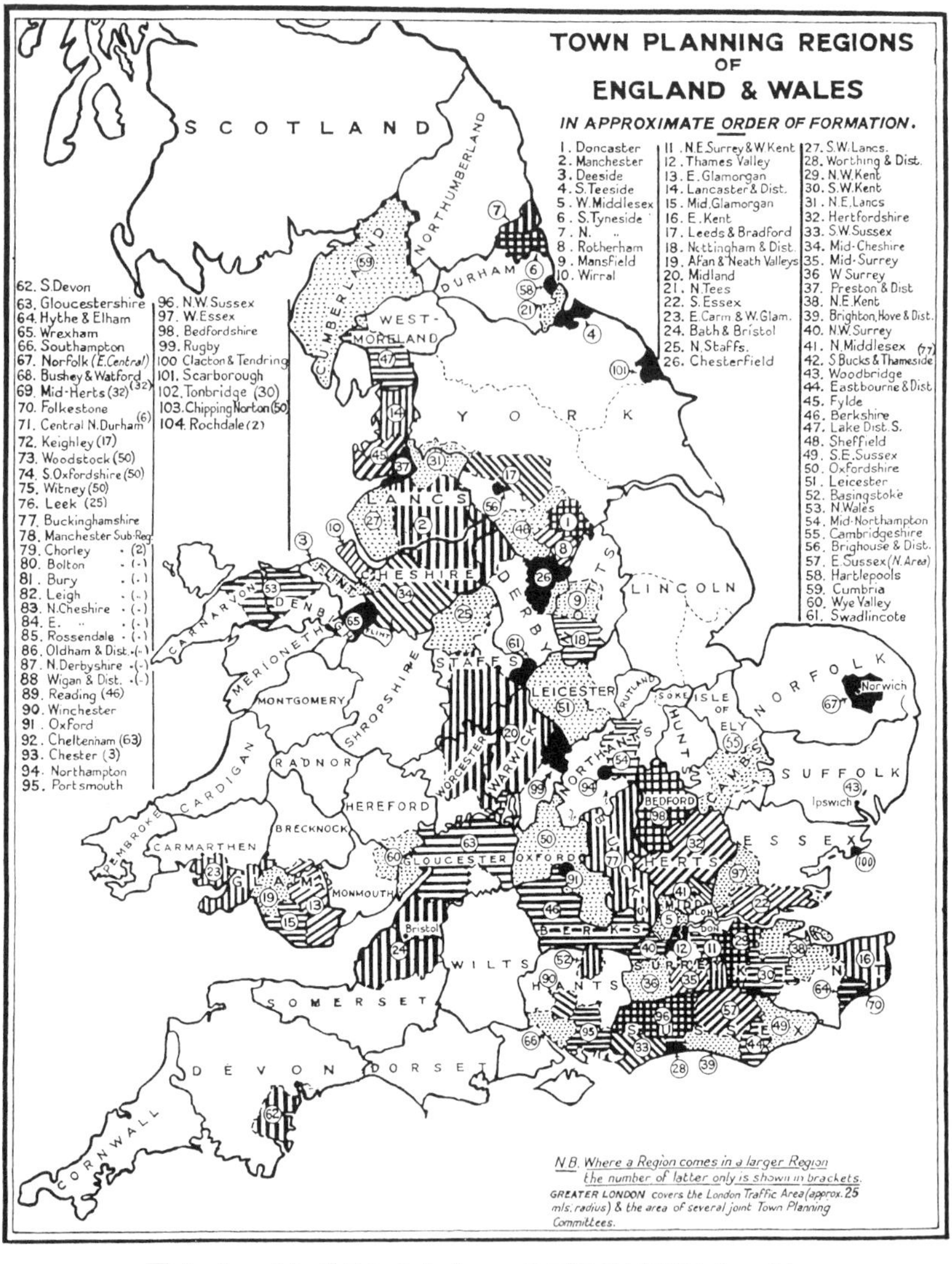

図4－1　イングラントとウェールズの地域計画（1931年）

出典：G.L.Pepler, "Twenty-One Years of Town Planning in England and Wales", *Journal of Town Planning Institute*, Vol.XVII, No.3, 1931, p.65.

らが都市地域を理解するために必要とするアプローチを提供するものと考えた[27]。また、地域計画アプローチの利点として、都市計画スキームよりも魅力的な計画文書を作成する傾向があったことが挙げられる。そのフォーマットを作ったのもアバークロンビーであった[28]。こうして都市計画と区別されたものというよりも、その延長上に地域計画が登場することになった。

三　両大戦間期イギリスの都市計画家

1　都市計画家の登場

このような都市・地域計画の発展に大きく貢献したのが、専門職としての都市計画家たちであった。イギリス都市計画草創期の計画家として、ゲデス、アダムズ、アバークロンビー、アンウィン、ペプラーらの名を挙げることができる。彼らについては、第二次大戦後の都市計画家を一部含むがチェリーの編著があり、同書への寄稿が拡充されてアダムズ、ゲデス、アンウィンについてのモノグラフも生まれている[29]。しかし、両大戦間期の都市計画家に対しては、「従来、都市デザインを担った者の多くは、高貴なプロフェッションとして振舞い、大衆を無視して独善的に計画してきた」という厳しい評価もある[30]。しかし、都市計画家が社会改革まで視野に入れて本格的に活躍するのは第二次大戦後を待たねばならなかったとしても、これまで見てきたような両大戦間期の都市計画から地域計画への発展とそれを担った都市計画家に改めて注目することには十分意味があると考える。ここでは、ゲデス、アバークロンビー、アンウィンほど知名度は高くないが、ＴＰＩの初代会長で「都市計画だけによって生計を立てた最初のイギリス人[31]」と呼ばれたアダムズに注目したい。

2　トマス・アダムズの経歴と活動（図4-2）

アダムズは一八七一年にエディンバラ近郊に生まれ、地元で農業や地方紙での言論活動を行っていたが、一九〇〇年にロンドンに移り、翌一九〇一年に田園都市協会 Garden City Association の常勤事務局員に採用された。彼は、提唱者E・ハワード、会長R・ネヴィルとともに、会員数の増加（一九〇三年に二〇〇〇人）、田園都市開発会社の設立と最初の田園都市としてのレッチワースの選定を推し進めた。また、第一田園都市会社の支配人に就任してレッチワースの建設を指揮したが、資金難に悩まされ、一九〇六年に経営から離れることを余儀なくされた(32)。

その後アダムズは、一九〇九年まで、都市計画家というよりも「土地差配人および助言測量士 land agent and consulting surveyor」として、七つの田園郊外（フォーリングス・パーク、ネブワース、グリン・コリー、チャイルドウォール、ニュートン・ムーア、オークリントン、シャーハンプトン）をデザインした。それらは、低密度で、あらゆる社会階級に提供される、大都市近郊の模範的な住宅地を目指すものであったが、やはり資金難と建設不況のため、最終的に適度な規模に達したのはネブワースとオークリントンだけであった(33)。

一九〇九年はイギリス最初の都市計画法が成立した年であるが、アダムズは、同法の法案作りに協力したこともあり、同年一二月にLGBの都市計画顧問 Town Planning Advisor に就任した。アダムズは法律の運用にも積極的に取り組んだが、計画規則の機械的運用などLGBのやり方に不満を覚えて、第一次大戦開戦直後にカナダに活動の場所を移すことになった。他方アダムズは、これと並行してアンウィン、S・アズヘッド、ペプラーといった都市計画家と専門家団体の設立に奔走し、一九一三年一一月にTPIを立ち上げ（正式の設立は一九一四年九月）、初代会長に選出された(34)。

カナダに移るきっかけとなったのは、一九一一年の会議でアダムズに感化されたC・ホジェッツの強い要請で保全委員会都市計画顧問に迎えられたからである。彼は移住後、一九一五年に設立された全国都市化改良同盟の事務局長を、一九一九年にカナダ都市計画協会（Town Planning Institute of Canada＝TPIC）を設立して二期会長を務めた。こうしてアダムズは、一九二三年にカナダを離れるまでに、オタワのリンデンリーのような具体的な都市計画案の提示、専門家の養成、州単位の都市計画法の制定などに向けて努力した。しかし、カナダは全体として公的介入に懐疑的で、保全委員会は一九二一年に解散し、都市計画法も地方によってばらつきが大きく、都市計画法があっても実施機構を欠く州もあった。都市計画の専門家養成も失敗に終わり、大恐慌後の一九三〇年代にTPICとその雑誌が行き詰まり、カナダの都市計画は破綻した。結局、アダムズのカナダ都市計画への貢献は「法律の成文化と実務の制度化の過程を早めたことだった」。その背景として、カナダでは、新大陸としての開拓が続いていたため、公的規制によって公共的利益を私的利益に優先することに対する抵抗がきわめて強かったことが挙げられる[35]。

図4－2　トマス・アダムズ（1921年頃）
出典：M. Simpson, *Thomas Adams and the Modern Planning Movement, Britain, Canada and the United States, 1900-1940*, London and New York, 1985, p.ii.

カナダ政府の仕事を離れた後の一九二三年一〇月以降のアダムズの主たる活動の舞台はアメリカ合衆国だった。ニューヨークとその周辺の地域計画と調査の総指揮者に任命されたからである。彼はアメリカ都市計画協会設立にも関わり、副会長を務めた。また、アメリカにおける専門家養成にも尽力し、ハーバード大学都市計画学部の創設に関わるとともに一九三〇―三六年には同大学の教授を務めた。ニューヨーク地域計画について少し述べると、アダムズは、シカゴ都市計画におけるD・バーナムに対応する役割を担い、ニューヨーク地域の人口増加を混雑の減少、環境基準の向上および交通負荷の減少とどう両立させるかという課題に取り組み、産業と交通の中心としての都市の成長を前提として、労働者の郊外への「分散」（＝衛星都市への移住）を目指す改造型計画を進めた[36]。

とはいえ、アダムズはイギリスでの活動をやめていたわけではなく、一九二〇年代には当時始まっていた地域計画スキームの作成にコンサルタントとして関わった。一九二一年にイギリスに帰国したとき、アダムズはイギリス造園家の第一人者Ｔ・モーソンと彼の息子たちと会社を設立したが、翌一九二二年八月に、ペプラーの異母兄弟で二〇歳近く若いＦ・Ｌ・トンプソンと新しいパートナーシップを結んだ。そして、一九二四年頃建築家のＥ・Ｍ・フライがロンドン大学教授アズヘッドの推薦でアダムズの会社に雇用され、都市計画コンサルタント会社アダムズ、トンプソン＆フライ社（ＡＴＦ社）が誕生した[37]。

ＡＴＦ社のオフィスは、諮問地域計画で常に忙しく、第二次大戦後に都市計画専門家のリーダー的存在になった多くの若い人々（Ｔ・シャープ、Ｂ・コリンズ、Ｃ・ブキャナン、息子のＪ・アダムズ）が雇用された。同社の成果は、地域計画に重心を置きながら、ニューファウンドランドのコーナー・ブルック、ケントのケムズリー、バーミンガム中心部、エディンバラなど広範な都市デザインに関わった。なかでもアダムズは、海岸のリゾート地に、伝統的なイギリスの景観と現代的なアメリカのリゾート地デザインがもつアメニティの提供を混合する可能性を見出して、特別な愛着をもった。すなわち、サセックスのイーストボーン、ヘイスティングス、ベクスヒル、サフォークのフェリックスストウといった地域の自然の保全に強い関心をもったのである。全部で一二と言われる地域計画は主としてトンプソンによって作成され、アダムズはときどき現地調査を行っただけだったが、報告書は、将来の発展のガイドラインを示し、三―四の土地利用のカテゴリー、交通の調整と限界的改善、コンパクトな住宅開発、経済的な公共施設の提供を推奨し、アメニティの保存を断固として強調した。アダムズは、アメリカからパークウェイと直線の公園というコンセプトを持ち込み、それを中部サリーのモールやサセックスのベクスヒルとバトルの間のダウンランドのような渓谷に適用した[38]。

ここでは一例として、中部サリー地域計画スキームの内容を検討しよう。一九二六年六月一〇日に中部サリー合同都市計画委員会が、ライゲート市を中心とする五つ（のちに六つ）の地方自治体を合わせた領域をカバーする地域計画を準備する目的で設置された。ＡＴＦ社は、地域計画スキームの準備について合同委員会に助言する委託を受け、一九二八年四月に報告書が提出された。

「序論」では、地域計画の目的は、地域内の開発が、衛生、経済、利便性、アメニティについての住民の条件の一般的福祉を確保するために管理されるべき方針を定式化することとされている。中部サリーの諸条件は地域計画を不可欠にするものであった。首都圏と接し、しかも美しい田園地帯をもつ南イングランドでは、産業と人口の分散という現代の傾向によって場当たり的な開発にさらされる潜在的可能性があったからである。

報告書の内容は、Ⅰ．地誌、Ⅱ．ゾーニング、Ⅲ．幹線道路網、Ⅳ．オープン・スペース、Ⅴ．アメニティの確保、Ⅵ．提言の要旨からなる。この地域はこれまで全体として静かな農村地帯であったが、この一〇年の間に二つの点で変化した。道路輸送と鉄道の発達によりロンドンの郊外住宅の範囲が二—三倍に広がるとともに、地主が大規模な所有地を市場に放出した結果、地域の北部が郊外化の波に呑み込まれることになったからである。

こうした傾向と自然的な条件を踏まえて、報告は、地域を三つのゾーンに分けることを提案する。①すでに開発が始まり、その進展が期待される北部と東部のような商工業・居住のための都市ゾーン、②ほとんど農村地帯で、そのままであることが期待される南部のような農村ゾーン、③景観の美しさのゆえに未開発のまま保存することが特に望ましいノース・ダウンズやリース・ヒルのような特別農村ゾーンがそれである。

田園都市・田園郊外構想においても建物の密度は重要な論点となったが、農村ゾーンではエーカー当たり四戸、特別農村ゾーンでは同一戸を超える建築は特別な場合にのみ認められるべきことが勧告された。また、都市ゾーンではエーカー当たり平均一二戸を超えてはならないとされたが、すでに開発がはじまっている場合には一六戸まで認められるとされた。

中部サリーには南北に四本、東西に一本の、計五本の幹線道路が走っていたが、自然条件に規定されて特に南部を東西につなぐ道路が欠如していた。報告書における道路についての提言は、既存の幹線道路の拡幅と改良のための包括的なスキームが必要というものだった。

中部サリーおよび境界地区におけるコモンほかのオープン・スペースは多く、全部で五四、総面積は四、五六四エーカーに達したが、北部・中部に偏っており、南部にはなかった。これも、やはり自然条件によるものであり、ウィールド・コモンは肥沃だったために囲い込みが実施されたが、あまり肥沃でない白亜や砂岩のダウンズは囲い込みを免れたためである。報告書は、ロンドンに近く、全国的な重要性をもつノース・ダウンズの尾根、リース・ヒルの放牧地、モール渓谷は、公共のオープン・スペースとして保存されるべきであり、ゴルフ・コースのような私的なオープン・スペースも余暇目的あるいは地区の「肺」として保存されるべきであると提案している。

それとも関連して、農村部のアメニティの保存が強調される。特別農村ゾーンでさえ、建物をまったく建てないことはありえないが、アメニティの保全は建物の密度よりも、建物の配置、デザイン、素材にかかっている。それゆえ、地方自治体は、保健省のモデル条項を都市計画スキームに加えることで建物をコントロールすることが推奨される。また、オープン・スペース以外にある樹木の保護、諸官庁に与えられた権限をフルに活用した植樹や道路の外観の改善、すでに広告規制法と都市計画法のもとで地方自治体の手にある広告管理の権限を用いたアメニティを損なう沿道の見苦しい広告の管理、道路交通の急成長に伴う沿道の施設、特に給油所の増大による景観の破壊と事故増大への対応、過去の遺跡、教会、邸宅、農家、町や村の景観の保存が提案されている(39)。以上が報告書の概要であるが、両大戦間期イギリスの地域計画の狙いを明瞭に示していると言えよう。

このように、この時期のイギリス地域計画は都市計画の経験的拡張であり、地域の範囲は任意のものであった。ATF社はこの文脈で将来の発展のガイドラインを示し、土地利用のカテゴリー、交通の調整と限界的改善、コンパクトな住宅開発、経済的な公共施設の提供を提言した。また、アメニティの保存が強調された。トンプソンは「アメニティの保存と関係すること以上に重要な地域計画の局面はない。田園のアメニティほど保存のために重要なアメニティはない」と言い切っている。しかし、次項で見るように、一九三〇年代に入ると地方自治体も自身の専門職計画官を任命しはじめるようになり、民間会社の仕事が減った。こうした背景から、他の事情も加わって、ATF社は一九三六年に解散した[40]。しかし、アダムズは活動をやめたわけではなく、一九三二年に大著『都市計画における最近の進歩 Recent Advances in Town Planning』を刊行し、一九三三年からは都市・農村計画サマースクールの創設に尽力し、一九三六―三七年にTPI内の全国調査委員会委員となり、一九三七―三九年には造園協会会長を務めたが、一九四〇年に死去した[41]。

3　TPIの役割

アダムズがTPI設立を牽引し、初代会長に就任したことはすでに述べたが、すぐにカナダに移ったため、アンウィンをはじめとするメンバーを落胆させた[42]。また、第一次大戦もTPIの活動に大きな困難をもたらしたが、一九一五年七月に試験委員会（後に教育委員会）が設置されており、専門職養成への動きを大戦中からはじめていたことは注目される。他方、一九〇九年リヴァプール大学にリーヴァの支援でシビック・デザイン学部が設立され、アズヘッドが一九一二年に設置されたリーヴァ講座の初代教授に就任した。一九一二―一五年にG・キャドベリイの援助でアンウィンがバーミンガム大学土木工学部で都市計画の講義を担当し、中断の後一九二〇年に復活した。一九一四年にはロンドン大学バートレット・スクールに都市計画学部が設置され、アバークロンビーをリヴァプール大学の後任としたアズヘッドが初代学部長に就任した。TPIはこうした大学教育との連携および独自戦略の開発を通じて都市計画教育の中心に位置するようになった[43]。

他方TPIは、大戦中に行われた王立建築家協会 Royal Institute of British Architects の都市調査には積極的に関わらなかったものの、一九一七年頃より戦後の都市計画の検討を始め、都市計画の実施を促進するために、強制的都市計画よりもむしろ規定の簡素化を提案した。一九一七年にE・R・アボットが会長に就任すると、この方向での都市計画法の改正に向けて努力し、一九一九年法に取り入れられた[44]。

この間TPIの会員数は順調に増加し[45]、都市計画の専門家の将来を明るくしたが、国民の都市計画に対する理解の不足、特に都市計画と住宅が同一視されていることが問題となり、宣伝の必要が認識された。前会長アズヘッドは、宣伝活動はＴＰＩの目的ではないとしつつ、より宣伝に適した団体や新聞による宣伝活動が行われるならば、国民の関心を呼び覚ますことができるであろうと述べている。しかし、宣伝活動に慎重な専門家と宣伝活動の主唱者との対立は、その後も協会内で長く続いた(46)。

一九二〇年代のＴＰＩは、一九一九年法にもとづく都市計画スキームの実施過程に関わりながら、土地整理 land assembly や都市デザインといった専門家として技術の向上に努めた。その際、合同地域計画委員会の形成が可能になったことを背景に、それは地域的な作業 regional work という形で行われた。ゲデスの影響力はなお失われておらず、Ｈ・Ｊ・フルーアやアバークロンビーも地域へと枠組みを広げることに熱心であった(47)。

その意味で、都市計画から地域計画への拡張は、ＴＰＩという専門家団体が基礎を固める過程と密接に関わっていたということができる。とはいえ、計画家は、自分たちの仕事がいかに理解されていないか、人々が無関心であるかについて依然として不満をもっていた。ＬＧＢの後継官庁である保健省内でも「都市計画課」の位置づけはなお低いものであり、計画に関して国民を啓蒙する必要が繰り返し唱えられるにとどまった。ＴＰＩ内では、専門家団体としては宣伝活動には参加できないという見解がなお支配的であり、ＣＰＲＥには代表を送ったものの、国際田園都市・都市計画協会委員会には代表を送らなかった。強制的都市計画導入の問題についても、全国住宅都市計画協会 National Housing and Town Planning Council の活動を歓迎するにとどまり、積極的な行動はとらなかった。但し、ＴＰＩは、ＬＣＣが慎重であった大ロンドンの地域計画には積極的に取り組み、一九二六年一月にアバークロンビーが首相宛ての請願書を提出し、諮問委員会が設置され、アンウィンが技術顧問に任命されることになった。このように全体として見れば、一九二〇年代にＴＰＩがとった行動は対内的なもので、専門家集団としての役割に関わるものだった。すなわち、アダムズとＴ・アルウィン＝ロイドは建築家、土木技師、測量士 architect, engineer and surveyor とは区別された専門職としての都市計画家の確立を究極的な目標と捉え、異論もあったが、都市計画に関わる技術者の基準と報酬がＴＰＩによって定められることになった(48)。

一九三〇年代になると国家による経済計画の重要性が増し、計画という発想は合理的で思慮深く、民主主義の問題の一つの政治的解決策とみなされるようになった。ＴＰＩにとっても計画と民主主義は重要なテーマとなった。ヒルトン＝ヤングが、農村への計画権力を拡大するために、ＣＰＲＥの支援を得て農村アメニティ法案を提出したとき、ＴＰＩは当初協力を拒否したが、法案が廃案になりかかると、他の専門家団体とともにこのことを非難する手紙を首相に送った。このことは、ＴＰＩの姿勢が変化したことを示している。またＴＰＩは、一九二〇年代に構築していた専門的基礎を、三〇年代に入ると地理学との連携という形で拡大した。Ｌ・Ｄ・スタンプが一九三一年に立ち上げた土地利用調査では地域調査における地理学者と計画家の経験が生かされた。ゲデスは長い間地理学会の理事会メンバーであり、アバークロンビーは、一九三七年に地理学会会長だったが(49)、地理学は「計画が準備される背景と、その計画の実現が置かれねばならない基礎を提供する」とコメントしている。

計画はまだ整然とした都市開発の問題と都市デザインの問題であり、不況や失業といった社会問題への関わりはわずかだったが、ＴＰＩや個々の会員が関心を広げて、公益、さらには民主主義を守ることや社会に直接貢献することを確信しはじめた。たとえば、一九三七年九月のサマースクールで、前マンチェスター市長のＥ・サイモンは、マンチェスターの都市計画がモスクワのそれと比べて効率的でない理由として、私的利害への補償の負担、中央当局・地方当局の権限不足、新たな情熱と決断力の欠如を挙げているが、仮にそうであっても「われわれは、この国では……民主主義が統治の最良の形態であると信じて」おり、「もしイギリスの民主主義が一念発起すれば、次の二世代以内に、イギリスの都市をもう一度生活するに適した美しい場所にするだろうと私は確信している(50)」と述べている。イギリスの都市計画家は財源・権限などの様々な制約を抱えつつ、第二次大戦後につながる社会改革への志向を胚胎させつつあったということができよう。

このような専門家団体としての発展過程と並行して、計画家、特に地方自治体の官吏の地位の改善が必要とされた。

北オクスフォードシャーの計画官Ｔ・Ｆ・トムソンは、計画官の地位が低く、「有能な都市計画家がいないと、われわれは有効な都市計画を得ることができないであろう」、「常勤の都市計画官は、都市のヒエラルヒーのなかで少なくとも衛生医務官が享受している地位に比肩できる地位を享受すべきである」と述べているが、一九三五年に協会内に都市計画官部が設置され、同年雑誌『計画官 Planning Officer』（編集者はシャープ）が発刊された[51]。

このようなＴＰＩの性格の変化に伴い、都市計画家の意味するところも変わっていった。初期の都市計画家は、ハワードのような理想主義的空想家、オルドリッジ、ショークロス、ネトルフォールドのような分別のある宣伝家・議員、ゲデスのような学者、および民間・自治体双方における専門家のいわば寄せ集めだったが、一九三〇年代には都市計画家とはなによりも地方自治体の官吏を中心とする技術者・専門職を指すものとなったのである。また、当初スキームの管理は地方の土木技師・測量士の部局の仕事であったが、スキームや計画の準備はコンサルタントに委託される慣行があった。ＡＴＦ社の一連の地域計画スキームはその代表例であるが、そこからコリンズやブキャナンのような後の卓越した計画家が登場することになった[52]。

しかし、一九三〇年代になると、地方自治体において、フルタイムの都市計画家のポストが増え、自らスキームと管理された開発を準備するようになった。この結果、都市計画家は地方自治体の装置の一部となり、コンサルタントの役割は低下した。ＡＴＦ社の解散やＴＰＩ都市計画官部の設置はそのことを象徴するものであった。こうして、都市計画家とＴＰＩは一九三九年の第二次大戦開戦の頃までには、一九一四年の時点とは違って専門家・専門家団体としての認知を獲得することになったのである[53]。

おわりに

二〇世紀前半のイギリス都市（・農村）計画法の枠組みを形成したのは、一九〇九年法、一九一九年法、一九三二年法であった。一九二〇年頃から地域計画という言葉が使われ出したが、ここでの「地域」概念は、合同委員会を構成する複数の地方自治体によって境界が画されるもので、フレキシブルであった。地域計画は都市計画の集合体であり、計画スキームの実施はあくまで個々の都市自治体の判断によるものであり、地域計画として実現されることはなかった。国家の法的枠組みの存在にもかかわらず、都市計画の主体として位置づけられた都市自治体の能力と意欲が伴わなかったことが、特に一九二〇年代における都市計画および地域計画の遅れをもたらしたといえる。しかし、両大戦間期にATF社やアバークロンビーらの都市計画家によって多くの地域計画が策定され、報告書が公刊された事実と経験は、第二次大戦期における計画の必要の高まりを経て、戦後に開花することになった。

第一次大戦前の都市計画家が様々な人々の寄せ集めだったのに対して、大戦期以後の都市計画家は専門家としての性格を強めたが、TPIのような専門職団体が設立されたものの、なお少数の指導的人物によって担われていた。本章では、その代表例としてトマス・アダムズを取り上げたが、彼は、民間団体の役員、コンサルタント会社の代表、官庁の上級官吏を歴任ないし併任し、さらにカナダ、アメリカの都市計画にも深くコミットした。これはアンウィン、アバークロンビー、ペプラーについても多かれ少なかれ当てはまることである。したがって、開発技術としての都市計画、およびその専門家としての都市計画家は、二〇世紀に入って官民一体となって徐々に形成されたということができる。

これをガバナンスという観点から見れば、一九二〇年代までは、法的な枠組みが固まりつつもなお民間主導であり、地方自治体には都市計画スキームを準備する能力がまだなく、民間の計画コンサルタントに依存せざるをえなかった。しかし、「地域計画」の登場とともに地方自治体間の連携の問題が生じ、自治体における能力向上が喫緊の課題となった。こうしたなかで、一九三〇年代に入ると、TPIのサマースクールなどをつうじて地方自治体の計画官の能力が格段に上昇し、技術者・専門職としての都市計画家とその専門家団体としてのTPIは一九三九年頃までに社会的な認知を獲得することになった。たしかにイギリス都市計画の本格的展開は一九四〇年代以降といって良いが、両大戦間期は決して「停滞期」ではなく「実験期」ないし基礎固めの時期であったといえよう。

註

（1）T. Adams, *Recent Advances in Town Planning*, London, 1932, p. 73. アダムズにとって、地域計画は「最広義の都市計画」であった（*Ibid.*, p. 1）。

（2）W. Ashworth, *The Genesis of Modern Town Planning: a Study in Economic and Social History of Nineteenth and Twentieth Centuries*, London, 1954, pp. 204-205〔邦訳W・アシュワース、下總薫監訳『イギリス田園都市の社会史――近代都市計画の誕生――』御茶の水書房、一九八七年、二三二―二三三頁〕。渡辺俊一『比較都市計画序説――イギリス・アメリカの土地利用規制――』三省堂、一九八五年、四二―四六頁、も一九四七年法と比べて両大戦間期の都市（・農村）計画法が限界をもっていたことを指摘している。

（3）J. Sheail, *Rural Conservation in Inter-War Britain*, Oxford, 1981, pp. 64-65.

（4）D. Massey, Regional Planning 1909-1939: "The Experimental Era", in, P.L. Garside and M. Hebbert（eds.）, *British Regionalism 1900-2000*, London and New York, 1989, p. 57.

（5）U. Wannop and G.E. Cherry, The Development of Regional Planning in the United Kingdom, *Planning Perspectives*, Vol.9 Issue 1, 1994, p. 31; U. Wannop, *The Regional Imperative. Regional Planning and Governance in Britain, Europe and the United States*, London and Bristol, 1995, pp. 1-7.

（6）G.E. Cherry and A.Rogers, *Rural Change and Planning*, Chichester, 1996, pp. 66, 69.

（7）G.E. Cherry, *The Evolution of British Town Planning*, Leighton Buzzard, 1974 はイギリス都市計画の歴史をＴＰＩと関わらせて辿った代表的研究である。M.Hawtree, The Emergence of the Town Planning Profession, in A.Sutcliffe（ed.）, *British Town Planning: The Formative Years*, Leicester and New York, 1981は、ＴＰＩ設立にいたるイギリス都市計画家の成立過程を論じたものである。

（8）John Minnet, The Housing, Town Planning etc. Act, 1909, *The Planner*, Vol.60, No.5, 1974, pp. 676-678; G.E. Cherry, *The Evolution*, pp. 63-64; G.E. Cherry, *The Politics of Town Planning*, London and New York, 1982. p. 19; J. Sheail, *Rural Conservation*, pp. 66-67. —

九〇九年法の条文の解説はいくつかあるが、ここではW.A. Willis, *Housing and Town Planning in Great Britain*, London, 1910, pp. 126–141を挙げておく。

（9）G.E. Cherry, *The Evolution*, pp. 65–67; S.V. Ward, *Planning and Urban Change*, Liverpool, 1994, p. 34.

（10）G.E. Cherry, *The Politics*, p. 22. ネトルフォールドについては、馬場哲『ドイツ都市計画の社会経済史』東京大学出版会、二〇一六年、第九章も参照。

（11）W. Ashworth, The Genesis of Modern Town Planning, pp. 199–200〔邦訳二二八―二二九頁〕; G.E. Cherry, The Housing, Town Planning etc. Act, 1919, *The Planner*, Vol.60, No.5, 1974, pp. 681–685; G.E. Cherry, *The Evolution*, pp. 82–86; G.E. Cherry, *The Politics*, pp. 22–25; J. Sheail, *Rural Conservation*, pp. 68, 94; S.V. Ward, *Planning and Urban Change*, pp. 40–42.

（12）S.V. Ward, *Planning and Urban Change*, pp. 42–43. 一九二九年まで両者は並存し、一九三二年法は廃止、一九二四年法は一九三〇年住宅法で拡張された。

（13）J. Sheail, *Rural Conservation*, pp. 68–69, 94–95; U.Wannop and G.E. Cherry, *The Development of Regional Planning*, p. 35.

（14）S.V. Ward, The Town and Country Planning Act, 1932, *The Planner*, Vol.60, No.5, 1974, pp. 685–689; S.V. Ward, *Planning and Urban Change*, pp. 46–47; G.E. Cherry, *The Politics*, pp. 25–27, 30–32; G.E. Cherry, *The Evolution*, pp. 98–100; J. Sheail, *Rural Conservation*, pp. 70–75.

（15）J. Sheail, *Rural Conservation*, pp. 133–136; G.E. Cherry, *The Politics*, p. 30–31; S.V. Ward, *Planning and Urban Change*, pp. 48.

（16）P. Abercrombie, English Countryside, *The Political Quarterly*, Vol.1, Issue 2, 1930, p. 207.

（17）P. Abercrombie, The Preservation of Rural England, *Town Planning Review*, Vol.12, No.1, 1926; J. Sheail, *Rural Conservation*, pp. 6, 63–64; G.E. Cherry, *The Evolution*, pp. 81–82.

（18）G.E. Cherry, *The Evolution*, pp. 83, 85.

（19）J. Sheail, *Rural Conservation*, p. 68; D. Massey, Regional Planning, p. 63; S.V. Ward, *Planning and Urban Change*, p. 70.

（20）G.L. Pepler, *Regional Town Planning*, 1923, p. 1; D. Massey, Regional Planning, p. 63.

（21）D. Massey, Regional Planning, pp. 60–61.

（22）G.L. Pepler, *Regional Town Planning*, pp. 1–2, 5–7; G.E. Cherry, *The Evolution*, pp. 87–88; U. Wannop and G.E. Cherry, The Development of Regional Planning, p. 31.

(23) G.L. Pepler, *Regional Town Planning*, pp. 2, 7; G.E. Cherry, *The Evolution*, p. 90; U. Wannop and G.E. Cherry, The Development of Regional Planning, pp. 31-32; S.V. Ward, *Planning and Urban Change*, p. 70.

(24) G.E. Cherry, *The Evolution*, p. 90; U. Wannop and G.E. Cherry, The Development of Regional Planning, p. 32.

(25) G.L. Pepler, *Regional Town Planning*, p. 3; G.L. Pepler, Twenty-One Years of Town Planning in England and Wales, *Journal of Town Planning Institute*, XVII, No.3, 1931, p. 65. Cf. G.E. Cherry, *The Evolution*, p. 102.

(26) M. Simpson, *Thomas Adams and the Modern Planning Movement, Britain, Canada and the United States, 1900-1940*, London and New York, 1985, p. 174.

(27) D. Massey, Regional Planning, pp. 62-63.

(28) S.V. Ward, *Planning and Urban Change*, p. 70.

(29) G.E. Cherry (ed.), *Pioneers in British Planning*, London, 1981〔邦訳 ゴードンE・チェリー編、大久保昌一訳『英国都市計画の先駆者たち』学芸出版社、一九八三年〕; M. Simpson, *Thomas Adams and the Modern Planning Movement*; H. Meller, *Patrick Geddes. Social Evolutionist and City Planner*, London and New York, 1990; M. Miller, *Raymond Unwin. Garden Cities and Town Planning*, Leicester, London and New York, 1992.

(30) 本内直樹「イングランド北東部ミドルズブラの戦後復興と『民主的計画』――都市労働者の住宅団地と共同体の再建をめぐって一九三九―五一年――」、中野隆生編『二十世紀の都市と住宅――ヨーロッパと日本――』山川出版社、二〇一五年、五〇頁。

(31) M. Simpson, Thomas Adams, 1871-1940, in, G.E. Cherry (ed.), *Pioneers*, p. 22, 24〔邦訳 二七、三〇頁〕.

(32) M. Hawtree, The Emergence, pp. 82-83; M. Simpson, Thomas Adams, 1871-1940, pp. 19-22〔邦訳 二三―二七頁〕.

(33) M. Hawtree, The Emergence, pp. 83-84; M.Simpson, Thomas Adams, 1871-1940, pp. 22-23〔邦訳 二七―二八頁〕.

(34) M. Hawtree, The Emergence, pp. 92-93, 96-97; M.Simpson, Thomas Adams, 1871-1940, pp. 23-24〔邦訳 二八―三〇頁〕.

(35) M. Simpson, Thomas Adams, 1871-1940, pp. 24-31〔邦訳 三〇―三八頁〕.

(36) M. Simpson, Thomas Adams, 1871-1940, pp. 31-35〔邦訳 三八―四四頁〕. 谷明彦「トーマス・アダムスとニューヨーク地域計画」新谷洋二・越澤明監修／財団法人都市みらい推進機構編集『都市をつくった巨匠たち――シティプランナーの横顔――』ぎょうせい、二〇〇四年、はアメリカにおける活動に注目したものである。

(37) M. Simpson, *Thomas Adams and the Modern Planning Movement*, pp. 171-172.

(38) M. Simpson, *Thomas Adams and the Modern Planning Movement*, pp. 172–174.

(39) 以下の内容は、Adams, Thompson & Fry, *Mid Surrey Regional Planning Scheme. Report prepared for the Mid Surrey Joint Town Planning Committee*, 1928 による。

(40) M. Simpson, *Thomas Adams and the Modern Planning Movement*, pp. 174, 176.

(41) M. Simpson, Thomas Adams, 1871-1940, pp. 36, 38〔邦訳 四六、四八―四九頁〕.

(42) R. Unwin, The Work of the Town Planning Institute, *Town Planning Institute Papers and Discussions*, Vol.I, 1914-1915, p. 130. 但し、アダムズはTPIの活動から離れたわけではなく、その後もSome Recent Development in Town Planning, *Ibid*., pp. 141-149 など機関誌にほぼ毎年寄稿している。

(43) M. Hawtree, The Emergence, pp. 94-95; G.E. Cherry, *The Evolution*, pp. 74, 218-219.

(44) E.R. Abbott, Amendments of the Town Planning Sections of the Housing Town Planning & c. Act, 1909, *Town Planning Institute Papers and Discussions*, Vol.V, 1918-1919, p. 93.

(45) 一九一五年七月時点で正会員六二、準会員三五、法律家会員七、同準会員三、名誉会員三一、会友一八、一九二〇年八月時点で正会員九二、準会員一〇五、法律家会員一一、同準会員五、名誉会員二八、会友三七、学生三であった（*Town Planning Institute Papers and Discussions*, 1914-1915,［pp. 155-158］; 1919-1920, pp. 119-126）。会員は一九二〇年までは選挙で選ばれたが、試験制度の定着とともに試験による入会者が増大した（G.E. Cherry, *The Evolution*, p. 220）。

(46) S.D. Adshead, The Effect of the Act of 1919 on uncompleted Schemes commenced before the War, *Town Planning Institute Papers and Discussions*, Vol.VII, 1920-1921, p. 9; G.E. Cherry, *The Evolution*, p. 77.

(47) H.J. Fleure, The Regional Survey, Preparatory to Town Planning, *Town Planning Institute, Papers and Discussions*, Vol.IV, 1917-1918, p. 33; P. Abercrombie, The Basis of Reconstruction. The Need for a Regional Survey of National Resources, *Town Planning Review*, Vol.7, No.3/4, 1918; G.E. Cherry, *The Evolution*, pp. 94-95.

(48) G.E. Cherry, *The Evolution*, pp. 95, 97.

(49) G.E. Cherry, *The Evolution*, pp. 108-109.

(50) E. Simon, Town Planning: Moscow or Manchester, *Journal of Town Planning Institute*, Vol.XXIII, No.12, 1937, pp. 385-389.

(51) T.F. Thomson, Social Practical Planning Problems, *Journal of Town Planning Institute*, Vol.XXII, No.7, 1936, pp. 143-144; G.E.

Cherry, *The Evolution*, pp. 112–113.

(52) G.E. Cherry, *The Evolution*, pp. 114–116.

(53) G.E. Cherry, *The Evolution*, pp. 116–117.

第5章　一九六〇年代西ドイツにおける団地建設と区画整理事業
――シュツットガルト市の事例――

永山のどか

はじめに

現代都市の形成が福祉国家体制の展開とともに形成された点に着目するならば、西ヨーロッパにおいて福祉国家体制が揺らぎ始めた一九八〇年代以降、現代都市は大きく変容した。一九八〇年代以降、都市の優先的課題はインフラ整備を含む広義の社会政策の実施から、都市の経済的な競争力の強化へと変わっていったことが、二〇世紀末の都市を射程に入れた都市研究の分野で指摘されている。それに伴い、都市ガバナンスの形態も変化し、官民パートナーシップ（PPP）にみられるように、公共サービスの提供に際し民間組織の参加が求められるようになり、諸主体の関係性をどう構築するのか、以前にまして検討されるようになった。二〇世紀末のフランクフルトの都市政策を研究対象としているシッパーによると、同市では「ガバメントからガバナンスへ」の転換は一九九〇年代に起こったという(1)。

このような理解からすると、本章で分析対象とする一九六〇年代は、「ガバメントからガバナンスへ」の転換期とは言えない。しかし、一九五〇年代から六〇年代における西ドイツの都市住宅政策の展開に着目するならば、一九六〇年代は、公的セクターに対して民間サイドの発言力が強まった時期であり、それゆえ、この時期にも、従来の「ガバメント」ではない、諸主体の関係性を考慮した「ガバナンス」のあり方が現場レベルで模索されたのである。「新自由主義」や「福祉サービスの削減」といった、その後に展開される議論とは異なる文脈の中で、ガバナンスのあり方はどのように模索されたのだろうか。また、それは、福祉サービス提供を優先的課題とする現代都市のあり方にどのように影響を与えたのだろうか。この点を住宅政策に着目して考察してみたい。

第二次大戦後西ドイツにおいて、住宅政策は最も充実した福祉国家的施策の一つであった。[2] 一九五〇年代、深刻な住宅不足を背景に連邦政府は一方では家賃統制を敷き、他方では「社会的住宅建設」の枠組みで住宅建設に対し助成金を交付し賃貸住宅の供給を促した。この政策が変化するのは一九六〇年代であり、連邦政府は賃貸住宅の建設助成という形での社会的住宅建設が一定の成果を上げた、という認識のもと、家賃統制の解除により住宅経済を自由化し、社会的住宅建設の枠組みで持家建設への助成を行うことを重視するようになった。また、土地の売却価格についても一九六〇年に統制が解かれ自由化された（後述）。

一九六〇年代の持家建設重視と土地、家賃の価格統制解除という政策上の傾向は、住宅供給に関係する地権者、民間施主といった民間サイドの交渉力を強めた。これに対して、団地建設用地購入などの面でこれまで大きい影響力を持っていた公的セクターの権限は弱まることとなった。都市ガバナンスを、多様な主体による都市秩序の構築・維持・再編ととらえている本書の分析視角からすれば、一九六〇年代は、公的セクターによる従来型の都市秩序の構築を困難にする要素を多分に持っていた時期であるといえよう。本章では、社会的住宅建設の枠組みで建設される団地の用地獲得に着目し、一九六〇年代、都市秩序の構築・維持・再編に対し公的セクターの他にどのような主体がかかわり、また、それらの主体が、発言力を強める民間サイド——ここでは地権者——とどのように折り合いをつけていったのか、という点を明らかにしたい。

本章ではシュツットガルト市を分析対象とする。シュツットガルトでは、住宅用地が不足していたため住宅不足の解消が他都市に比べて遅れていた。その点で、シュツットガルトは、用地獲得のための新しい仕組みを構築する必要性が特に強い都市であったといえる。結論からいえば、一九六〇年代から七〇年代前半にかけて新しい仕組みが構築された。その構築過程を一九六〇年代に用地が取得され、一九六〇年代末に建設が開始された大規模団地を取り上げて分析する。

一　一九六〇年時のシュツットガルトの団地建設用地取得事情とノイゲロイト団地

本章では一九六〇年代におけるノイゲロイト Neugereut 団地の用地獲得の過程を検討するが、その前に、一九六〇年前後の住宅市場と市の用地獲得事情を明らかにしたい。シュツットガルトでは終戦直後から住宅ストックの不足に悩まされていた。市内の住宅建設数は一九五〇年代前半にピークを迎えた後、一九五〇年代半ばには減少した。一九六〇年前後には再び増加したがそれは一九五〇年代前半のピークには届かず、一九六三年には減少に転じた。社会的住宅建設の枠組みで建設される住宅――社会住宅――の建設数も、ピークは一九五〇年代前半にあり、一九五〇年代後半から一九六〇年代にかけて減少傾向にあった(3)。住宅建設のこのような低迷の原因は建設費の高騰と住宅用地の不足にあった。一九五〇年から一九七〇年までのバーデン・ヴュルテンベルク州の建設費とシュツットガルト市の生活費の動向をみると、両方とも総じて上昇しているが、上昇の度合いは建設費の方が大きい。たとえば、一九五〇年時の値を一〇〇とした場合、一九六〇年の値は建設費が一七四、生活費が一二〇だったが、一九七〇年の値は建設費が二九三、生活費が一五六となっていた(4)。

西ドイツ全体の傾向と同様に、シュツットガルトでも社会住宅を供給するのは主として非営利住宅供給組織だった(5)。しかし、その土地を取得するのはシュツットガルト市であり、市は地権者から購入した土地をそれらの住宅供給組織に売却するか、地上権を設定して提供した。したがって、団地建設の際には、市が建設用地を取得しなければならなかったが、以下に述べる、シュツットガルト特有の土地事情がその実現を妨げていた。

左：区画整理前　　右：区画整理後

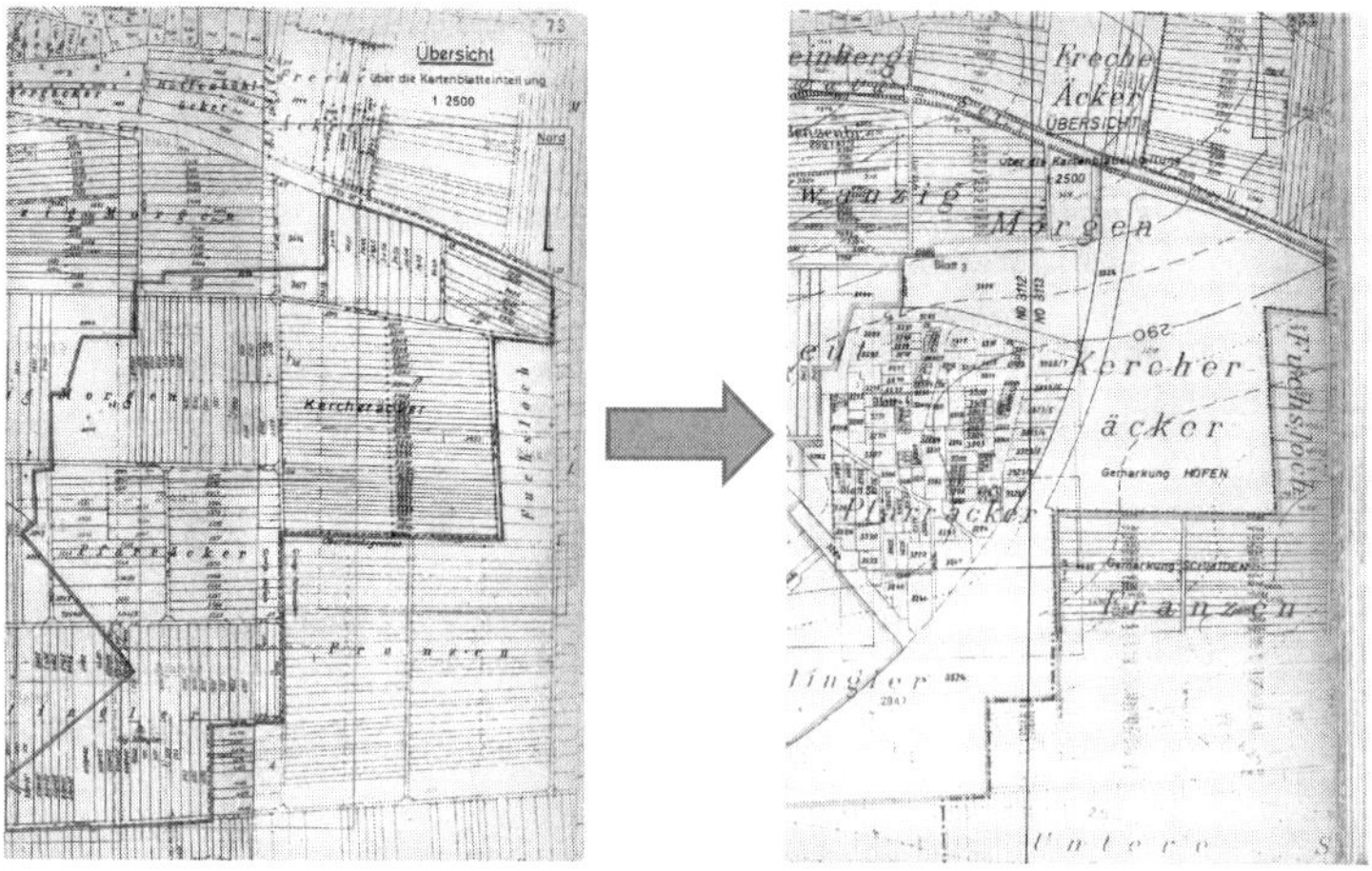

図5-1　ノイゲロイト団地東側の区画整理——地権者向け戸建て住宅地——
出典：Veränderungsnachweis（Stadtmessungsamt Stuttgart 所収）.

第一に、シュツットガルト市域内には森林が点在していたが、団地建設のための森林伐採が話題になるたびに、自然保護団体が激しく抵抗し、森林伐採による建設用地確保ができなかった点である(6)。第二に、西南ドイツ特有の均分相続制度の伝統があり、まとまった土地の取得に時間がかかった点である(7)。本章で取り上げるノイゲロイト団地建設予定地も細長い地条が規則的に並んでおり（図5-1の左）、計七一ヘクタールの土地に九九四筆の地条が存在していた。土地の供給が限られていたために地価が高くなり、当時の市当局の調査によると、民間の地価の高さは「西ドイツの中で最高」であった(8)。

市の住宅用地獲得を困難にしていたのは、しかしながら、右の事情だけではなかった。一九六〇年に連邦建設法が施行されたことにより、地権者が市への売却を渋るようになったのである。それまで、市が土地を購入する際に効力をもっていたのは、一九四八年施行のバーデン・ビュルテンベルク復興法 Württenbergisch-Badisches Aufbaugesetz であり、この法律のもとで、市は自らが設定した公定最高価格 Stoppreis 以下で土地を購入することができ、また、所有者が拒否した場合は宅地造成の際に強制的に収用することができた(9)。これが一九六〇年の連邦建設法により効力を持たなくなった。地権者は、売却価格のさらなる高騰を見込んで土地を売り惜しむようになり、また、市の提示する価格の低さに不満を示すようになった（第二節参照）。

上記の事情により住宅建設が低迷する一方で、市内の住宅需要は依然として高かった。一九五〇年代、シュツットガルト市では居住人口だけでなく、市への通勤者 Pendler も増加し続け、一九五九年、市の人口は六一万人、市への通勤者は一一万人を超えた[10]。

図５－２　ノイゲロイト団地
2017年，筆者撮影．

二　地権者の迷いと市への不満

シュツットガルト市郊外では、一九六〇年代にフライベルク Frei-berg 団地、ノイゲロイト団地という二つの大規模団地が社会的住宅建設の枠組みで建設されることになっていた。フライベルク団地は一九六三年に建設が開始され、七七ヘクタールの用地に二三八一戸（一九六九年時）の住宅が建てられた。一方、ノイゲロイト団地は一九六九年に建設が始まり、約七〇ヘクタールの用地に二〇五五戸（一九七六年時）が建設された[11]（図５－２）。建設用地取得という点では、フライベルク団地は、連邦建設法が施行される一九六〇年に建設開始を予定していたこともあり、用地の取得は比較的容易だった。これに対し、ノイゲロイト団地の場合、一九六〇年をまたいで用地取得がなされたため、市は用地取得を円滑に進めることができなかった。用地取得における困難な状況には、このほか、市の財政難や地権者の市に対する敵対的態度など様々な事情も関係していた。この節では、一九五〇年代末から、シュツットガルトで土地区画整理の新しい仕組みがつくられ団地用地取得が円滑に進むようになる一九六六／六七年までの時期に市がこの問題をどのように解決しようとしていたのか、また、なぜ解決に時間がかかったのかを明らかにしたい。

具体的な話に入る前に、一九五〇年代に地権者の利害がどのように市当局に伝えられていたのかを述べておきたい。ノイゲロイト団地建設予定地の場合、地権者は自らの要望を個別にミュールハウゼン都市地区 Stadtbezirk の地区長オットー・グライル Otto Greil に伝えていた。シュツットガルト市域全体は、市中心部の五つの都市地区と郊外の一八の都市地区とで構成されていた。ノイゲロイト団地は郊外のミュールハウゼン都市地区にあり、この都市地区の北部は市境界線に接していた。どの都市地区にも地区審議会が設置されており、地区長と、名誉職的に活動する地区審議会委員がその構成員だったが、ミュールハウゼン都市地区のような郊外の場合、地区審議会とは別に地区行政を行う組織として地区行政局 Bezirksamt が設置されており、住民の土地売買や建設関連を含む具体的な要求・苦情に対処していた。地区長は地区行政局のトップでもあり、有給の官吏――通常は、上級の行政職務でキャリアを積んだ専門的な官吏――がその地位に就いていた。地区行政局は都市地区内での重要案件について副市長局に報告しなければなかった。つまり、市副市長局と地区長とは密に連絡を取り合う関係にあり、ノイゲロイトでの地権者の要求や土地売却状況も、地区長グライルを通じて副市長局に伝えられていた(12)。

さて、ノイゲロイトは一九五〇年代前半から団地建設予定地として名前が挙がり、一九五〇年代半ばに団地建設のための用地取得が始まったが、建設が開始されたのは一九六九年である。一九五五年から一九六九年の一四年間の取得期間は以下の三期に分けることができる(13)。第一期は一九五五年から一九五七年であり、市が単独で取得を目指していた時期である。第二期は一九五八年から一九六七年である。一九五八年、市は単独で取得することをあきらめ、非営利の住宅供給組織ジードルングスヴェルク Siedlungswerk der Diözese Rottenberg in Stuttgart GmbH ないしその関連会社ファミリエンハイム Familienheim GmbH が土地購入の担い手になる時期である。第三期は一九六七年から一九六九年であり、本章の分析の対象でもある「自発的区画整理事業」により地権者との土地売買契約の締結が円滑に進むようになった時期である。

一九六七年三月までに、つまり第一期と第二期を通して、市は予定面積七二ヘクタールの四四・五パーセント（三二ヘクタール）、ジードルングスヴェルクやファミリエンハイムなどの非営利組織は一三パーセント（九ヘクタール）を取得したが[14]、市や住宅組織に土地を売却した地権者はどのような理由から売却したのだろうか。まず、地権者の一部は、土地売却をホーフェン地区拡張計画とセットで考えていた。

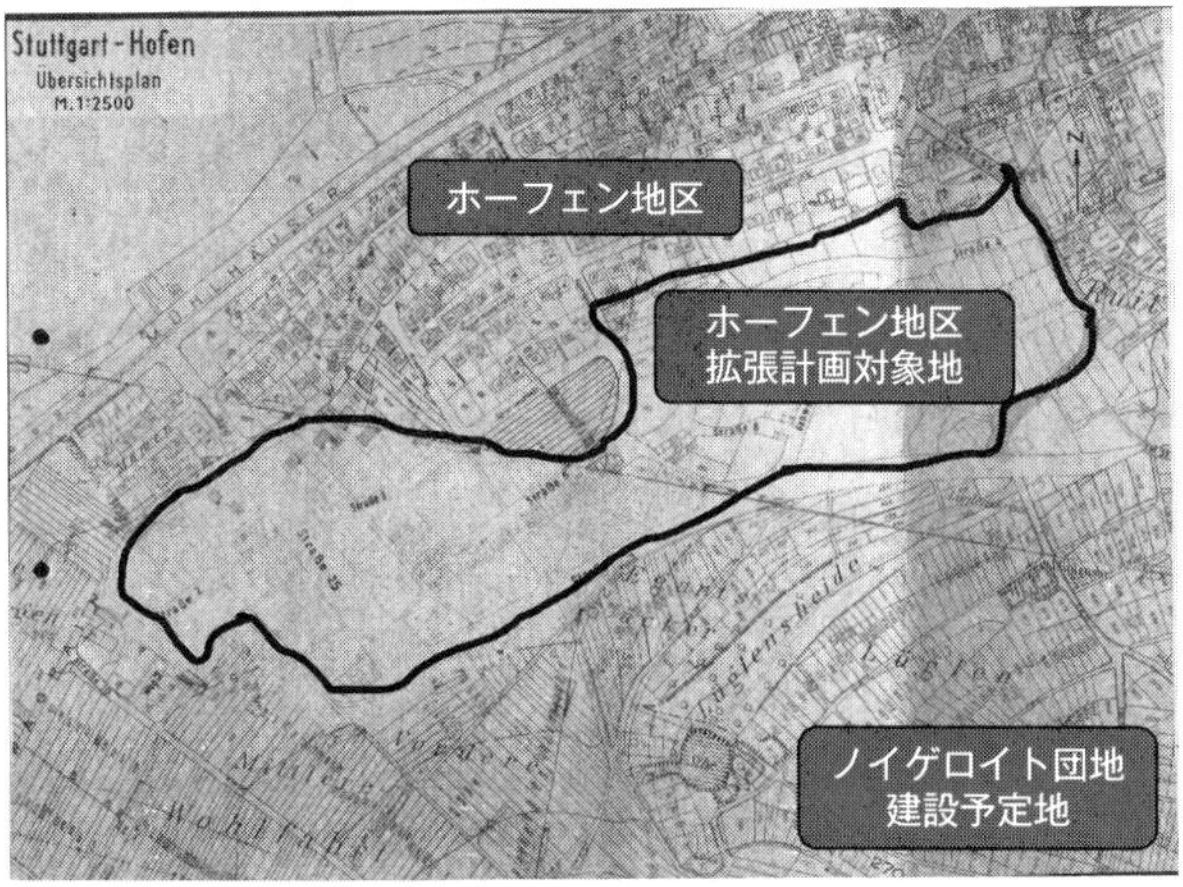

図５－３　ノイゲロイト団地建設予定地とホーフェン地区
出典：Stadtarchiv Stuttgart 125/1 (Hauptamt Straßenbennenungen) -50/18 を基に筆者加筆.

図５‐３は団地予定地周辺を示している。予定地の北西には、ホーフェンという古くからの住宅地があるが、一九五〇年代、この地区を拡張する計画があり、拡張部分はホーフェンとノイゲロイトの間に位置していた。多くの地権者はホーフェン地区に居住しており（第四節の表５‐２‐D、図５‐４）、彼らの中にはノイゲロイトの土地を手放すかわりに、その売却益で拡張区画に家屋を建設しようとする者もいたのである。拡張された区画では家屋が一〇〇軒以上建設されることになっており、一九五九年には拡張計画が市議会で承認された[15]。

また、団地敷地内で宅地（代替地）が分配されるか否か、という点も、地権者にとっては売却の際の重要な判断基準だった。地権者の中には団地敷地内での宅地の分配を希望する者が少なくなかったが、市が単独で土地を取得しようとした第一期、市は分配の是非についての態度を明確に示さず、他の組織による団地敷地

図５－４　ホーフェン地区ハーンヴァイル通り
2017年，筆者撮影．

内での持家建設の動きを好ましく思っていなかった。しかし、この時期、マイン・ハイムMein Heimという持家取得のためのカトリック系の住宅協同組合が、団地敷地内での持家建設を目的として同組合に土地をいったん売却するよう地権者に働きかけており、地権者の中にはすでにこの協同組合に土地を売却したものもいた。彼らは団地の敷地内で持家を建設することを望んでいた。

　マイン・ハイムの土地取得に対する市当局の否定的な態度は、第一期後半になると軟化する。一九五六年六月、ミュールハウゼン地区長グライルは市計画局に対し、敷地面積のうち少なくとも三分の一を地権者に提供するよう文書で伝え、市当局も次第に彼らに家屋建設のための土地を分配することを前提に用地獲得を進めるようになった。第一期から第二期にかけての時期、つまり一九五〇年代後半に、マイン・ハイムがどのような活動をしていたのかを示す史料は存在しない。しかし、この頃より、マイン・ハイムと同じくカトリックの司教区を設立母体とし、マイン・ハイムに資金援助をしていたジードルングスヴェルクが土地獲得を積極的に進めるようになった。マイン・ハイムが取得した土地は、ジードルングスヴェルクの土地とみなされ、第二期には、ジードルングスヴェルクが用地獲得の主体となっていく。後述するように、ジードルングスヴェルクは賃貸形成の集合住宅も建設することを前提に用地獲得を進めるが、同時に地権者の利害を代弁する立場をとっていた。しかし、地権者に持家建設のための用地を分配するという約束にも制度的な裏付けはなく、区画整理・土地売買の際にもそれは保障されなかった。

　土地売却の理由は売却益の活用や持家建設の約束だけではなかった。団地建設用地をミュールハウゼン地区長グライルも「価値の無い土地」と判断しており、市や非営利組織に土地を容易に売却する地権者も少なくなかった。しかし、売却をためらう地権者も依然として多かった。彼らが売却しなかったのは、市が売却価格を低く設定していたためである。連邦建設法が出される一九六〇年まで、市が設定した最高価格を下回る価格で市はこの用地を取得してきた。一平方メートルあたりの売却価格は、一九五五年には五・五マルク、一九五八年には九マルクとなっていたが、いずれの価格についても地区長グライルは低すぎると指摘していた。市の設定する価格は、一九五八年から土地購入に加わったジードルングスヴェルクよりも低かった。ジードルングスヴェルクによると、地権者は最高価格を「時代遅れ」だとみなしていた。売却価格は一九六〇年までには一五マルクになり、最高価格制度が廃止された一九六〇年代にはさらに高騰し、一九六〇年代末にはそれは五五マルクに達した(16)。

以上から、一九五〇年代、地権者が土地を売却する際の判断基準として、ホーフェン地区拡張計画での家屋建設の有無、売却価格の高低、そして団地予定地敷地内での宅地の分配の有無があったことが分かる。これらの判断基準のうち、彼らは特に何を重視していたのだろうか。ホーフェン地区拡張計画との関連を明らかにすることはできないが、団地予定地の地条七六筆の地権者が一九五五年時、「適正な売却価格」、「宅地（代替地）の分配」、「土地の交換」、そして「区画整理」のうち何を求めていたかを史料から確認することができる。表5-1は一九五五年一月ないし三月における地条七六筆の地権者の意向を示している。アンケートに回答した地権者の中には複数の地条を所有している者もいたため、ここで示されている人数は延べにした数である。このアンケートが対象とした七六筆は、地条総数（九九四筆）の七・七パーセントにすぎないが、地権者が最も期待していたのは、宅地（代替地）の確保であった。続いて、適正な売却価格に対する希望、さらに区画整理に対する希望が続いている。また、彼らとは別に、一九五五年一月に区画整理希望、三月に宅地希望と回答内容を変えている地権者が五人いた。区画整理を希望した地権者は、その土地を団地建設のために売却するのではなく、所有し続けようとしていた（第三節の図5-5-①参照）。宅地化された土地を希望していた、という点では、宅地（代替地）に対する希望と、区画整理に対する希望とは共通しており、両者

表5－1　ノイゲロイト団地予定地内の76区画の所有者の意向（1955年1月・3月）と当該区画の1960年時の売却状況

（単位：人）

1955年1月ないし3月における76区画の所有者の意向		左記の区画の1960年時の売却状況	
宅地（代替地）を希望	23	売却 未売却	20 3
適正価格であれば売却	15	売却 未売却	13 2
区画整理を希望	9	売却 未売却	6 3
無条件で売却	8	売却済 未売却	6 2
土地の交換を希望	6	売却済 未売却	0 6
1月区画整理希望 3月宅地（代替地）希望	5	売却済 未売却	1 4
回答保留	10	売却済 未売却	7 3
合計	76		

出典：Stadtarchiv Stuttgart 856-1-79 を基に筆者作成.

をあわせると延べ三七人となり、適正価格に対する希望を上まわる。ここから、地権者が土地売却の問題を、価格の問題としてよりも、宅地の確保の是非の問題として考える傾向があったことが分かる。

表5-1からは他にも、当時の地権者の次のような特徴・傾向を確認することができる。第一に地権者は迷っていた、という点である。表の右側は一九六〇年における当該区画の売却状況を示しているが、一九五五年に「無条件で売却」の意志を示していながら一九六〇年になっても売却していない地権者が存在する一方で、団地敷地内に代替地が確保される形での区画整理の仕組みが整っていないにもかかわらず、区画整理希望の地権者の六七パーセントが一九六〇年にはすでに売却している。第二に、アンケート対象者のうち、一九六〇年の時点で売却していない地権者の多くは、一九五五年に区画整理もしくは宅地（代替地）を希望していた、という点である。未売却の地権者のうち、区画整理の形であれ代替地という形であれ宅地を希望していたのは一〇人、適正価格希望者は二名、宅地と明記されない形での「土地の交換」を希望していた者が、六名である。このようにみると、地権者が土地の売却を渋っていた理由としてもっとも大きかったのは、売却価格の低さではなく、彼らが宅地を確保するための制度的な仕組みが整っていなかったことだったといえる。

さて、一九六〇年代に入ると新しい問題が生じる。上述したホーフェン地区拡張計画の実施の遅滞やノイゲロイト団地用地取得の遅滞によって、地権者は、拡張地域ないし団地敷地内で自らの家屋建設が本当に実施されるかどうか、不安を抱くようになった。一九六五年になってもホーフェン地区での拡張工事は遅々として進まず、ノイゲロイトでの土地売却益で家屋を建設しようとした地権者は、建設費高騰のため、費用を賄うことができなくなったのである。一方、ノイゲロイト団地建設予定地では、ジードルングスヴェルクが一九六〇年に「五年以内に建設を開始」することを予定していたが、土地取得は思うように進まず、一九六五年になっても建設計画は市議会を通っていなかった。[17] 地権者にとっては、団地建設計画がついえることに対する不安が大きくなった。

これらの要因が絡み合い、一九六二年から用地取得に力を入れていたファミリエンハイムも一九六五年には従来の条件で土地を取得することが困難であることを認めた。[18] 一九六七年の時点で、二五一人の地権者が市や非営利組織への土地売却に応じておらず、未売却の土地は、団地予定地全体の四二・五パーセント、地条で数えると四六五筆であった。[19]

土地取得が遅れ、建設が始まらないことに対し、土地をすでに売却していた地権者は苛立ちを隠さなかった。一九六五年五月一九日のミュールハウゼン地区集会では、キリスト教民主同盟党員であり商業系の教員でもあるアルフレッド・ヘンネ Alfred Henne が、地区の市民、市議会議員、副市長クラウフマン Kraufmann、そして、副市長就任直後のクリスチャン・ファレンホルツ Dr. Ing. Christian Farenholtz の前で「建設費が一九五八年時から三〇〇パーセントも値上がりしている中での〔……〕ノイゲロイトでの建設の遅延は、「市の所有敵対的な態度」のあらわれである」と発言している。市に対する不信感が募る中で、地区長グライルは市の住宅不足の深刻さを説明し、地権者に「[住宅問題解決のために]シュツットガルト市全体の公益も考えてほしい」（[　]内は筆者）と述べ売却の必要性を訴えた。[20] しかし、すでに市当局は用地獲得の困難を実感していた。シュツットガルトの市復興局長ヴァルター・ホース Walter Hoss ですら一九六二年に「ノイゲロイトについて、私はもはや全く関わっていない。関わっても何も変わらない」と述べている。[21]

三　新しい枠組みの構築：自発的区画整理事業

以上から明らかなように、一九五〇年代から六〇年代半ばまで団地用地取得において、都市当局による「ガバメント」は十分に機能していなかった。このような状況を変えていく動きが一九六〇年代後半にみられた。それが自発的区画整理事業である。

1　制度的区画整理から自発的区画整理へ

第二節で述べたように売却を渋っていた地権者の多くは、公共利用のための用地のみ無償で提供し、残りの土地を所有し続ける形での区画整理か、代替の宅地が分配されることを望んでいた。つまり、いずれの形式をとるにせよ、農地が開発されることについて基本的に異論はなく、宅地化するためには区画整理を行う必要があった。この場合の区画整理とは、連邦建設法で規定されていた制度的区画整理であった（図5-5-①）。その仕組みを説明しよう。[22]区画整理の対象地となった場合、地権者はその土地の一部を道路や緑地などの公共用地創出のために無償で手放さなければいけない（連邦建設法五五条に基づく減歩）。これを換地処分といい、処分後の土地面積が従前より減ることを減歩という。処分前の土地面積（従前地）に対する、処分後の手放した土地面積の割合を減歩率といい、これをドイツの区画整理の専門家はfと示している。また、最初の換地処分の後、地権者の土地の絶対額が従前地の絶対額を上回る場合、つまり開発利益――従前地に対する開発利益の割合はFと示される――が生じる場合には、さらなる減歩を通じて、所有地の一部が公的吸収の対象となる（連邦建設法五八条による減歩）。このような二回にわたる減歩の割合を合わせて総減歩率といい、その最高限度は通常、三〇パーセントと設定される。従前地全体から換地処分された土地を差し引いた土地が、地権者に残された土地であり、ノイゲロイト団地予定地で、「区画整理を希望」と表明していた地権者はこの方法での所有地確保を望んでいた。

このような区画整理を行う前に地権者が市や開発主体――ここではジードルングスヴェルクやファミリエンハイム――に土地をすべて売却し、その土地で、社会住宅からなる団地が建設される場合、図5-5-①の「地権者が所有し続ける土地」の部分が社会住宅のための用地となる。第二節でも述べたように、その場合でも地権者に対し、団地敷地内外の代替地が分配される可能性はあり、実際に、フライベルク団地ではそれが実現した。しかし、それはあくまでも土地所有者組合と市との交渉の結果であり、区画整理の制度において常に認められているわけではなかった[23]。

区画整理の制度として、地権者への土地の再分配と社会的住宅建設のための用地取得の両方を実現させたのが、ノ

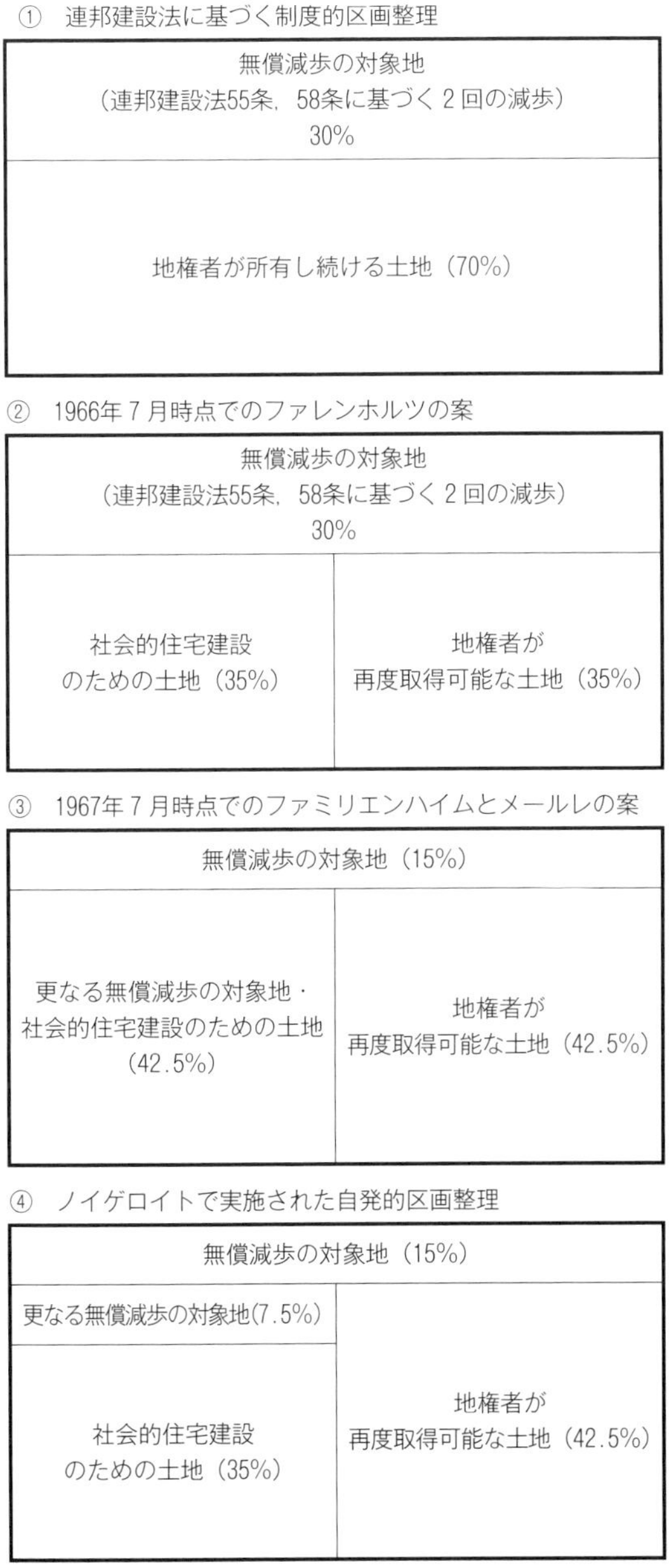

図５-５　ノイゲロイトでの自発的区画整理事業の策定過程

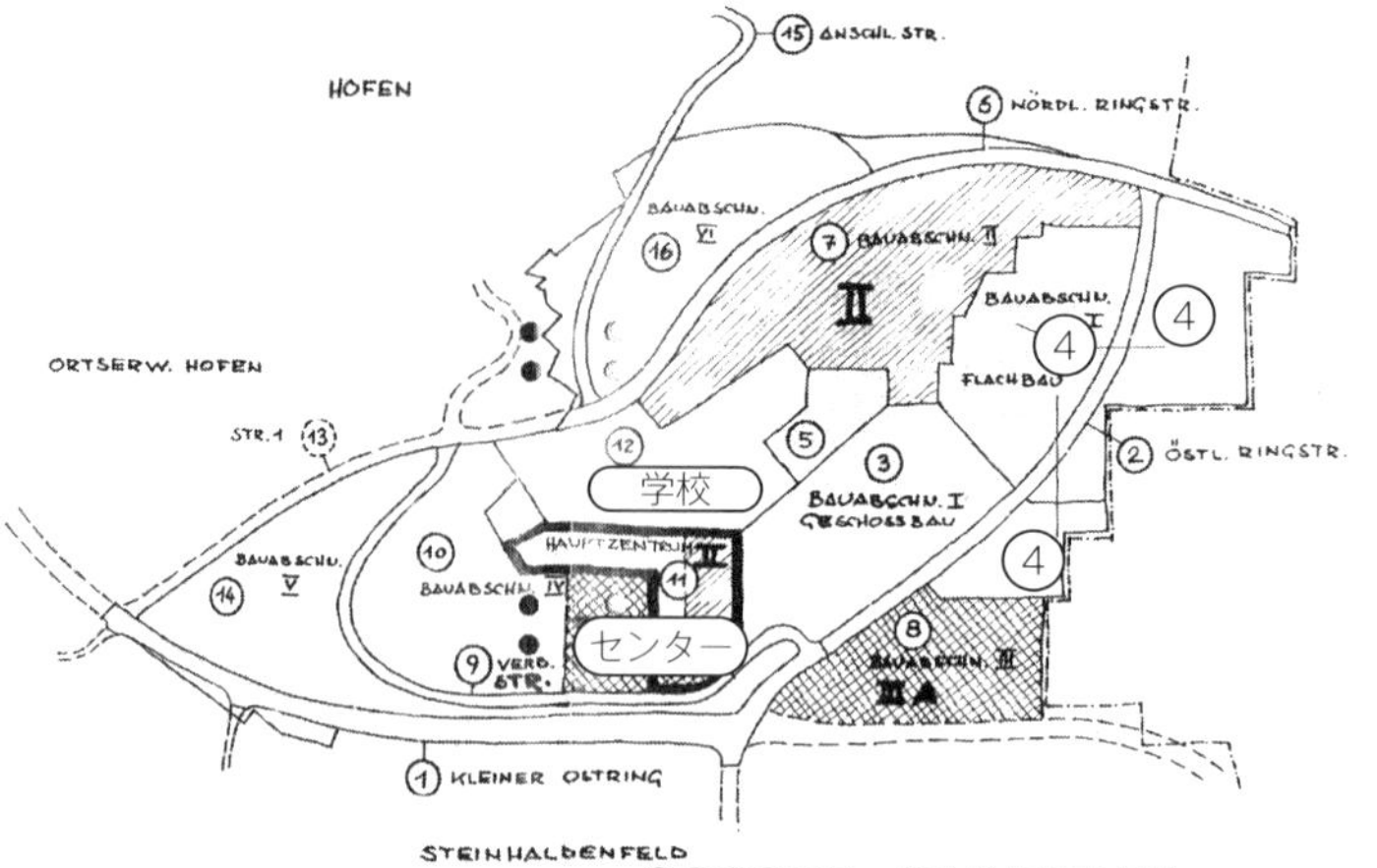

③⑦⑧⑩⑭⑯：集合住宅建設用地
④：地権者の戸建て住宅建設用地

図5-6　ノイゲロイト団地建設計画

出典：Stadtarchiv Stuttgart　20/1-1332 を基に筆者加筆.

イゲロイトで試みられた「自発的区画整理事業 freiwillige Bodenordnung（もしくは民間区画整理 private Bodenordnung ともいう）」だった。新しい仕組みには四つの特徴があった（図5-5-④）。第一に、連邦建設法五五条に基づいた減歩率fが地権者にとって、通常の半分、つまり一五パーセントに設定された。第二に開発利益が生じる場合のさらなる減歩の割合――つまり、開発利益Fから、五五条に基づく減歩率fを差し引いた割合――も、通常の半分、つまり（F-f）／二に設定された。第三に、地権者は換地後の土地の半分に相当する代替地を請求することができるようになった（配分請求権）。最終的に残った土地が、特別減歩地として社会的住宅建設のために有償で売却されることになった。後述するように、換地後の土地の半分にあたる面積の宅地（代替地）を所有できるという点、また、減歩率が低いという点で、この実験的な区画整理は、制度的区画整理に比べ、地権者にとってメリットが大きい制度であった。また、市当局やこの地で社会住宅を供給する施主にとっても、社会的住宅建設のための用地を確保できるという点で都合の良い制度だった。

　ノイゲロイトでの代替地の創出を示したものが図5-1の右側と図5-6である。図5-1からは団地敷地内に戸建て用の土地が整備されていることが分かる。また図5-6では、団地敷地内の東側に地権者の戸建て住宅建設用地が用意されていることが示されている（図の④の地区）。

結論から先に言うと、自発的区画整理により、これまで売却を渋ってきた多くの地権者が社会的住宅建設のために土地を提供するようになり、三年後には建設開始にこぎつけることができた。自発的区画整理は大規模団地のための用地創出という点で都市秩序の再編に成功した事例、言い換えれば、都市ガバナンスの成功事例と考えることができるが、この新しい試みはどのようなプロセスで実現したのだろうか。

自発的区画整理事業の実現までのプロセスで重要になるのは、副市長ファレンホルツ、非営利土地開発会社ファミリエンハイム、そして弁護士ハンス・メールレ Dr. Hans Mehrle であるが、このうち、土地問題解決の手がかりを見つけたのはファレンホルツだった。

ファレンホルツは一九六五年五月、市の復興を指揮したホースの後任として、四二歳でシュツットガルト市の建設行政担当の副市長に就任した。経歴をみると、一九四五―五〇年にブラウンシュヴァイク大学で建築を専攻した後、一九五〇年―五二年にはリューベックで都市計画家として、一九五二―五四年にはゴスラーで工業関係の建築家として、一九五四年―六五年にはハンブルク市都市計画局の副局長として活動している[24]。ファレンホルツは行動力のある人物だった。二〇一三年のインタビューによると、ノイゲロイト団地用地取得の問題を解決するために、まず、家屋・土地所有者組合の弁護士として活動していたメールレに電話を入れ、解決方法を共に考えようと声をかけた[25]。

メールレはシュツットガルト家屋・土地所有者組合の理事であり、市内ではすでに実績のある弁護士だった。彼はネッカー川の港湾工事の際に、市や水道・港湾当局に対して地権者の利害を代弁し、また、フライベルク団地建設の際には、フライベルク・メンヒフェルト土地所有者組合側の弁護士として、団地内に宅地（代替地）を確保したいという地権者の要望を市に伝え、それを実現させている。さらに、売却価格の値上げの交渉にも成功し、メールレ自身の言葉によると「フライベルクとメンヒフェルトでの団地建設の際には、土地売却価格を八マルクから二〇マルクに上げ、地権者は一〇〇区画の土地を売却した」[26]。ファレンホルツは地権者側の弁護士を相談相手に選ぶことによって、地権者が自発的に社会的住宅建設に土地を提供する仕組みを考えようとしたのである[27]。

ファレンホルツの上述のインタビューによると、彼はメールレに次のような仕組みを提案した。換地後に残された土地面積——従前地の七〇パーセント——の半分は地権者が自由に確保ないし売却することができ、残りの半分は、社会的住宅建設を可能とするような価格で地権者が売却する、という仕組みである。四週間以上の話し合いの結果、メールレもこの仕組みに納得したという。減歩率の軽減についてはこの時点ではまだ話し合われていないが、地権者が団地敷地内に宅地を所有できる仕組みが、新副市長着任後七か月ほどでつくられたのである。一九六六年一月には上級市長が連邦住宅建設大臣に新しい区画整理事業のコンセプトを説明し、事業への助成金提供を要請している。

ファレンホルツの地権者に歩み寄る姿勢は一九六五年末にはすでに地権者に伝わっていたようである。同年五月の地区集会で市に対する怒りを露わにしたヘンネ（第二節参照）が一二月にカトリック女性協会、音楽協会、コーラス教会、プロテスタント教区、カトリック教区を代表して次のような手紙をファレンホルツに送っている。「市議会で再びノイゲロイトの問題を議題にしてくれたことに私たちは感謝している。〔……〕市の利害と地権者の利害が対立することもあるだろうが、妥協点を見つけていくべきである。〔……〕どのような方法で土地を調達することができるか一緒に考えるために、私たちは社会住宅建設の規模についてのあなたの考えを知りたい。〔……〕団地敷地内で家屋建設を希望している地権者に、可能な限り広い空間が与えられるべきである。〔……〕シュツットガルト市の住宅不足の状況を考えると迅速で計画的な住宅建設が必要である[28]。」

さて、区画整理の事業者となったのは、これまでノイゲロイトで団地建設用地購入を進めてきたファミリエンハイムである。ファミリエンハイムは、ＳＴＥＧ（Stadtentwicklung GmbH：有限会社「都市開発」）という社名で今日、シュツットガルト中央駅の大規模再開発計画の立案に関わっている会社だが、ＳＴＥＧの四〇周年の冊子によると、その設立は一九六一年に秘密裏になされた[29]。一九五〇年代後半より、シュツットガルト市当局は住宅不足を解決するために市域外に衛星都市を建設しようと密かに計画していた。その一つの候補地がダハテル Dachtel という場所であり、ファミリエンハイムはこの予定地での用地調達のために、ジードルングスヴェルクと公営建設貯蓄金庫 öffentliche Bausparkasse をはじめとする組織によって設立された[30]。今日でもジードルングスヴェルクはSTEG――元ファミリエンハイム――の出資金の五〇パーセントを出資しているが、当時もファミリエンハイムとジードルングスヴェルクとのつながりは強く、ジードルングスヴェルクの代表取締役ヴィリー・デンプフ Willi Dempf が、ファミリエンハイムの代表取締役を兼任していた。ノイゲロイト団地予定地での用地調達の際には、団地敷地内で集合住宅の建設を希望していた九つの非営利住宅組織がファミリエンハイムに用地調達を委託した[31]。

ジードルングスヴェルクとファミリエンハイムの両社で代表取締役を務めていたことからも分かるように、デンプフは、ファミリエンハイムがノイゲロイトで区画整理を行う際にも重要な役割を果たした。デンプフは一九二〇年にシュトゥットガルトで生まれ、商人としての見習いを終えた後、兵役に就くまでボッシュなどの工業系企業で働いていた。終戦後は、市住宅局に勤務し住宅不足の解決に取り組んでいたが、一九四九年にロッテンベルク司教区の社会事業の一環としてジードルングスヴェルクが設立される際に代表取締役になるよう依頼されて引き受けた。彼はジードルングスヴェルクでの活動の他、司教区の住宅建設基金の管理も担当し、二〇〇〇戸の住宅の建設を助成しただけでなく、一九六五年には住宅建設のために貯蓄機関を設立し住宅不足の解決に積極的に取り組んだ。また、高齢者向け住宅や家族向けの余暇施設の建設を指揮した。一九七四年には、ノイゲロイトでの自発的区画整理への関与を含む、これらの多岐にわたる社会的活動が評価され、西ドイツ政府より功労賞 Verdienstorden が与えられている。彼はキリスト教民主同盟のシュトゥットガルト支部の設立メンバーでもあり、党員として活動していた一方で、住宅関連の団体の役職――ヴュルテンベルク州住宅企業連盟の委員、カトリック入植委員会のメンバー、住宅都市計画関連の企業の監査役――にも就いていた。ここからデンプフが司教区の域を超えて幅広い人脈を持っていたことが分かる[32]。

ファレンホルツ、メールレ、デンプフの話し合いはすでに一九六六年一月になされており、この段階で三者はファミリエンハイムに区画整理を委託することに合意した。その後、彼らは市の関係当局（都市計画局、建設助成局、土地局、復興局）とも新しい区画整理の仕組みについて協議した。区画整理のあり方は市議会の経済委員会でも議論され、一九六六年九月までには減歩率を除いた、より具体的な枠組みが決められた。このような議論を経て、市が自発的区画整理事業の実現を後押しすること、メールレを事業の世話役とすること、そして、ファミリエンハイムに事業を委託することが決められた。

一九六六年九月一四日、ファミリエンハイムは地権者に対して自発的区画整理事業についての説明会を開催した(33)。説明された内容は以下の通りである。第一に、従前地は決められた最高価格によって一〇の住宅組織（施主）の一つに販売されること。第二に、換地後の面積の五〇パーセントまでの代替地が再度獲得可能であること。この場合、再度獲得した土地では、建築計画の許容範囲内であれば持家 Eigenheim を建てることができた（図5-1の右、図5-6の④）。また、再度獲得した土地が小さい場合には、住宅組織による分譲住宅供給に参加することも可能だった。いずれにせよ土地は自由に売却できるとされた。第三に、地権者、市当局、住宅組織などの利害を調整するために受託者 Treuhänder をおくこと。説明会では、地権者にとってのメリットとして短期間で宅地化される点が強調された。このような方針に対して地権者はおおむね好意的だった。地権者二三〇人のうち土地の再度獲得を希望する者は一六〇人であり、態度保留は一九人、反対は一三人であった。

2　減歩率一五パーセントの決定

自発的区画整理のもう一つの特徴である減歩率が議論の対象となるのは、一九六七年になってからである。減歩率については当初、市と区画整理事業実施主体であるファミリエンハイム・メールレとで見解が異なっていた。一九六六年七月の時点で市は、総減歩率（建設法五五条と五八条に基づく二回の減歩）を制度的土地区画整理と同様の割合、つまり三〇パーセントとし、従前地の七〇パーセントの半分、つまり三五パーセントが地権者に分配されること想定していた[34]。これを示したのが図5-5-②である。これに対し、地権者と接する機会が多かったメールレとファミリエンハイムは、地権者が三〇パーセントという総減歩率の高さに不満を持っていること知っていた[35]。そのためメールレとファミリエンハイムのデンプフは地権者にとっての減歩率を三〇パーセントの半分、つまり一五パーセントにするべきだと市の建設助成局に提案した（図5-5-③）。

ファレンホルツをはじめとする市当局と、区画整理事業実施主体のファミリエンハイムとメールレとの見解の相違は、市当局側がメールレとデンプフの提案を受け入れることで解消した。建設助成局は一九六七年四月に地権者にとっての減歩率の理想を一五パーセントとしながら、最悪でも一五パーセントから二〇パーセントの間に設定しなければいけない、と述べていたが、同年五月には一五パーセントが可能であると判断している[36]。

自発的整理事業を実行に移すためには、この提案が市議会にて可決されなければならなかった。一九六七年七月にはメールレが、地権者との話し合いを進めるためにも減歩率について市議会で迅速に決定するよう市当局に要求している[37]。メールレの催促の結果、七月開催の市議会経済委員会、さらにはその五日後開催の市議会で一五パーセントの減歩率が可決されるのである。また、七月の経済委員会では自発的区画整理が実施できない場合には、制度的区画整理での減歩率三〇パーセントを採用することが決定され、市議会でも可決された[38]。一五パーセントという減歩率の決定については一九六七年八月の地権者の会合にて評価する声が上がった[39]。ここで注意すべきは減歩率の軽減は地権者にとってのみ適用された点である。地権者以外、つまり非営利組織などの社会住宅供給主体に対しては、一五パーセント以上の総減歩率（最高限度三〇パーセント）のままであった。

自発的区画整理事業ついてのメールレやデンプフの提案は市当局や市議会において、大きな異論を伴わずに承認されたが、市だけでなく連邦政府も早い段階からこの事業を後押ししていた。ファレンホルツが自発的区画整理の大枠をつくりあげた直後の一九六六年一月、市長は連邦住宅・都市計画大臣に自発的区画整理事業の取組みの紹介する文書を送り、このプロジェクトを連邦政府の「モデル建設計画 Demonstrative Bauvorhaben」事業に採択するよう要請している。一九六六年一〇月には、連邦住宅・都市計画大臣エーヴァルト・ブッハー Dr. Ewald Bucher がファレンホルツとの会談の席で、ノイゲロイトの自発的区画整理の取組みを「住宅問題解決と住宅所有の重要性の両立を可能にする」と称賛し、連邦政府の事業の有力な候補であると評価している(40)。これについては一九六六年一〇月五日のシュツットガルト新聞でも報道された(41)。「モデル建設計画」に採択されれば、連邦政府から助成金がおりることになる。このような情報が、団地建設が実行に移されるのかどうか不安に思っていた地権者に対して、建設実施は濃厚であるという安心感を与えたように思われる。実際に、一九六八年六月に「モデル建設計画」に認定され、ノイゲロイト団地は連邦政府の助成金をうけて建設されることになった。

3　市による自発的区画整理のモデル化：「ノイゲロイト版自発的区画整理」から「シュツットガルト・モデル」へ

ノイゲロイトでの自発的区画整理事業では、公的セクターや非営利組織が、民間サイドにいる地権者に妥協する姿勢をみせた。これは、一九六〇年代の住宅市場、土地市場の自由化の流れの中で民間サイドの利害を考慮することなしに社会住宅団地を建設することができなくなったことを示している。しかし、その後の市議会の議論をみると、市が民間サイドに妥協する一方ではなかったことが分かる。このことを、一九七〇年代に市議会がノイゲロイトの自発的区画整理事業を発展させ一般化する過程から明らかにしたい。

自発的区画整理がノイゲロイトで成功した後、この手法による土地区画整理が一九六〇年代末から一九七〇年代初頭にかけて市内で増加した。このため、市当局・市議会において、自発的区画整理事業を「シュツットガルト・モデル」としてモデル化しようという動きが生じた。一九六九年から一九七〇年にかけて、市議会各種委員会では、従前地に対する社会的住宅建設のための用地の面積の割合、つまり「社会貢献率 Sozialbeitrag」が話し合われた。市議会の技術委員会、経済委員会はともに、「社会貢献率」を二〇パーセントとすることが望ましいという結論を出し、実際にこの割合が採用されることになった。「社会貢献率」が三五パーセントであったノイゲロイト団地の区画整理と比べると、従前地に対する地権者の所有面積が一五ポイント高くなっており（図5-5-④参照）、地権者に対し市側はさらに妥協したといえる。

「社会貢献率」の低減は、民間サイドにとっては自らの行動範囲の拡大を意味したが、市は民間サイドの交渉力の強まりに対して、なるがままにしていたわけはなかった。市当局・市議会は、「社会貢献地」、つまり、社会的住宅建設のための土地の利用方法に強い制限を加えることによって、その地で建てられる社会住宅が第三者に売却され、かつ、社会住宅として使われなくなってしまう可能性を排除しようとした。[42] 一般に社会的住宅建設の場合、供給主体――非営利組織や家主など――が助成金を返済するまで、家賃の額、居住者の所得水準に一定の拘束があった。つまり入居者の所得の最高水準と家賃の最高水準が規定されていたのである。また、供給主体が家賃設定、入居者選定、売却を自由に行えるようになることを「拘束切れ」と呼んでいたが、助成金が繰り上げ返済された場合、「拘束切れ」になるのは返済後一定の年数が経過した時であった。公的助成金返済終了から「拘束切れ」までの期間は住宅拘束法で五年と規定されていた。[43] 一九七〇年代前半にはこの期間が五年から一〇年に延長されることが検討されていたようであり、[44] ファレンホルツは一九七二年、「拘束切れ」までの一〇年という期間では、「資産の少ない階層のために「社会貢献地」を自発的に提供する用意のある地権者の正当な期待に、必ずしも応えることはできない」と指摘し、「資産の少ない階層」がより長い期間、社会住宅に居住することを保障しようとした。彼は「シュツットガルト・モデル」の規則として、次の点を市議会技術委員会と経済委員会に提案した。

1　自発的区画整理事業での「社会貢献地」は、公的に助成された賃貸住宅の建設に使われる。その住宅は、市の了解のもとで長い期間 auf Dauer、公的助成住宅として拘束される。例外的に、その土地の全てもしくは一部は公共目的のために利用されうる。

2　「社会貢献地」は市に分配され、市はその土地を――地上権の設定を通して――住宅供給組織に貸与しなけ

ればならない。〔傍線部は筆者〕

この提案に対し、一九七三年二月の市議会技術委員会では、主として二つの点について修正の提案がなされた。一つ目は、「長い期間」とされた「社会貢献地」での公的助成住宅の拘束期間である。この期間は、キリスト教民主同盟の市議会議員のオットー・ミュラー Otto Müller の提案により、「社会住宅の時間的拘束についての法律に基づき、最長三〇年間」と具体的に規定された。また、拘束期間だけでなく、「社会貢献地」の提供先についても議論がなされた。ファレンホルツの案では「住宅供給組織」とされていた提供先が、社会民主党の市議会議員マイヤー Maier の提案では、「非営利組織」に限定された。これには、「社会貢献地」での公的助成住宅の「拘束」を確実なものにする狙いがあった。しかし、非営利住宅組織に限定することに関しては、ミュラーが反対した。彼は非営利組織以外を排除しないために「原則として」という文言を追加するよう要求し、この提案は技術委員会でも受け入れられた。これらの提案を含んだ修正案は一九七三年三月二日市議会経済委員会でも承認された。

このように市議会技術委員会で多少の修正があったとはいえ、それはファレンホルツの提案の趣旨に反しているものではなかった。市独自の規定の策定は住宅供給における公的な影響力がなお強かったことを示しているといえる。

四　地権者にとっての自発的区画整理事業の意味

ノイゲロイトでの自発的区画整理にもう一度話を戻そう。自発的区画整理という新しい仕組みがつくられた背景には、市や非営利組織が地権者との土地売却交渉に手こずっていたからであった。この「手強い」相手はもともとどのような属性を持っていたのだろうか。また区画整理事業と団地建設の結果、彼ら地権者の活動はどのように変化ないし維持されたのだろうか。

まずは、地権者の属性を、ミュールハウゼンの都市地区局が一九六〇年時にまとめた「ノイゲロイト団地建設予定地において、一九六〇年時に土地を売却していない地条の地権者のリスト」（以下、「一九六〇年時、未売却の地権者のリスト」）を用いて明らかにしたい。当該地権者の数は一七八人である。これは延べにした人数ではなく実人数である。この人数は、一九六七年時に未売却であった人数二五一人より少ない（第二節参照）。つまり、ここで分析対象としている一七八人はノイゲロイト団地建設予定地の未売却の地権者の全体ではない点を最初に断っておきたい。

さて、売却されていない地条は二四二あったが、一人で複数の地条を所有していた場合や、反対に、複数の人たちで一つの地条を所有していた場合もあったため、当該地権者の実人数と地条数は一致しない。なお、地条の平均面積は七・一六アールだった。地権者の性別をみると、男性が一八人ほど多いが、夫婦で地条を所有している場合（一五件）、夫を所有者とみなし集計しているため、実際には男女間の数の差はほとんどない。女性の中では「妻」が多く、次いで寡婦が多かった（表5‐2‐A、表5‐2‐B）。「妻」と記載されている女性の多くの旧姓は、この地に多数の地条を所有している親族の姓と同じであり、彼女たちの土地は実家から相続した土地だったと考えられる。男性の多くは職に就いていた。表5‐2‐Cは男性地権者の職業を示している。農業関係者は少なく、多くが当該の地条での農業利用を考えていなかったことが分かる。多いのは金属製造・加工業従事者と建設手工業者であり、建設手工業者の場合は、自らの労働力や人的ネットワークを使って代替地で家屋を建設することができたと考えられる。地権者の居住形態に目をむけると、地権者の多くは近隣地区のホーフェンに住んでおり（表5‐2‐D）、ホーフェン地区居住の地権者の多くは所有者として居住しているか、同じ姓の人物が所有している家屋に住んでいた（表5‐2‐E）。一九六〇年の市の住所録をみると、彼らが居住する家屋には、たいてい、別の姓の賃借人も住んでいる。[45]つまり彼らは家賃収入を得ていたと考えられるが、男性の場合、ほとんどが職に就いていたことを考慮すると、家賃収入は副収入であったと判断できる。また、ホーフェン在住の地権者にはK、R、T、Wという特定の姓が目立つ。さらに、未売却の地条二四二筆のうち、共同名義（夫婦を除く）で所有されていた地条は一六筆あるが、それぞれの地条のほとんどは同じ親族

表5－2　ノイゲロイト団地予定地において1960年時に土地を売却していない地権者の属性（1960年）

A　性別

	（人）
男性（妻と共に所有している15人を含む）	92
女性	86
合計	178

B　女性地権者の属性

	（人）
妻	45
寡婦	16
娘（独身），家事手伝い	12
会計係・事務員	3
労働者	1
離婚	1
不明	8
合計	86

C　男性地権者の属性

	（人）
金属製造・加工業従事	18
建設手工業者	17
家具職人	6
皮革・靴職人・仕立屋	5
自営販売業者（Kaufmann）	5
技術職・技師	5
農業経営者（ブドウ園も含む）	4
植字工・石工・石膏工・木材彫刻工	4
パン職人	3
建築家・建築士	3
労働者・補助労働者	2
退職した手工業者	2
その他	13
不明	5
合計	92

D　地権者の居住地

	（人）
市内・ホーフェン地区	104
市内・バード カンシュタット地区	38
市内・他地区	19
市外	13
その他	4
合計	178

E　ホーフェン地区主要4通り（Hahnweilstr, Hartwaldstr, Pfadäckerstr, Scillawaldstr）に居住する地権者の家屋所有状況

地権者が居住する家屋の所有者	人数
本人	28
同姓ないし旧姓の人物	35
別の姓の人物	8
合計	71

註：夫婦で共有している土地は，夫の所有地とみなし集計した．
出典：Stadtarchiv Stuttgart 856-1-79; Adressbuch Stuttgart 1960 を基に筆者作成．

によって所有されていた。これらのことから、土地売却における親族間のネットワークが強かったことが推測される。たとえば九・四アールの地条を同姓の八人が共同で所有している。

以上から、地権者の一般像として浮かび上がるのは、近隣地区に居住し主要な収入源は家賃収入であり親族ネットワークを持つ女性――特に妻や寡婦――、そして、親族とともに近隣地区に居住し副収入として家賃を受け取る中間層の男性である。

次に、自発的区画整理事業と団地建設が地権者に与えた影響について三点指摘したい。

第一に、弁護士メールレとファミリエンハイムが自発的区画整理の際にとった、地権者との面談式の交渉が、地権者の組織化を防いだ点である。一九六三年に建設が開始されたフライベルク団地の場合、地権者の利害は土地所有者組合に集約されており、組合が代替地の確保を要求していた。これに対して、ノイゲロイトの場合は一九五〇年代にいったん地権者の利益共同体が形成されかけたがそれはうまく機能せず[46]、区画整理の事業主体――メールレとファミリエンハイム――と地権者との一対一での話し合いの方法がとられた。組織化にかんしては、一九六七年、ファミリエンハイムがファレンホルツへの文書の中で、「地権者の利益共同体の存在は確認されていないし、また、自発的区画整理に反対する行動をとる地権者の存在も確認されていない」と述べている[47]。この文書からは、危惧されていた組織化が実際には起きていない、というファミリエンハイム側の安堵が伝わってくる。ノイゲロイトでの土地区画整理事業は、仕組みそのものだけでなく、プロセスにおいても以前とは違うやり方と提示したといえよう。

第二に、地権者が組合の枠をこえて個人主義的に行動するようになったのではなく、親族ネットワークが維持された可能性が高い、という点である[48]。この点を、「一九六〇年時、未売却の地権者のリスト」と、一九七五年の住所録とを用いて分析してみよう。団地建設は一九六九年に始まり、一九七五年にはすでに、団地敷地内の一部の代替地（図5-6の④の部分、図5-7）とホーフェン地区拡張部分（図5-8）で建設された新家屋が市の住所録に記載されていた。これらの新築家屋の居住者に着目すると、居住者の姓と、上述の一九六〇年時に未売却の地権者の姓とが一致する場合が多い。例えば、地権者の中でも目立つ姓としてすでに指摘したRは、一九七五年、ホーフェン地区にも複数居住しているが、ノイゲロイトにも複数居住している。また、新しい家屋に、地権者本人ではなく、同じ姓の人物が記載されている場合も多かった。一方、地権者が一九六〇年時に居住していたホーフェン地区の家屋一〇四件に着目すると、一九七五年の住所録に地権者本人が記載されている場合が二四件、本人も同姓・旧姓の人物も記載されていない場合が三四件だったのに対して、地権者本人は記載されていないが、同じ姓もしくは旧姓を名乗る人物が記載されている場合が四四件もあった。ホーフェン地区の家屋が親族によって使われ続けているのである。以上から、一九六〇年から一九七五年にかけて、ホーフェン地区・ノイゲロイト団地の内部で地権者の親族ネットワークが維持され、親族を頼りにした住居移動・選択がなされたことが分かる。同じ姓の人物が一つの地区に複数人住んでいることが均分相続の名残だと考えるのであれば、近代的な大規模団地が建設され、自発的区画整理を通してその敷地内での持家建

図５－７　ノイゲロイト団地ムルデネッカー通り
2017年，筆者撮影.

図５－８　ホーフェン拡張地区
2017年，筆者撮影.

設が可能になったことにより、均分相続の影響は、その新しい団地内にもみられることになったといえる。

第三に、団地敷地内の代替地に建設された家屋（図5-7）の利用方法をみると、地権者によって多種多様であるという点である。代替地にできたムルデネッカー通りとザイテネッカー通り沿いの家屋を一九七三年時に所有していたA、F、Sに着目してみよう。三人とも、「一九六〇年時、未売却の地権者のリスト」に記載されている。一九七五年の住所録をみるとA自身はこの新築の家屋に居住していないが、同姓が一九七五年時、一九八〇年時、一九八五年時に住んでいる。この家屋は、A家でのみで使用されている。同様にSも新築家屋を所有し、その妻は一九八五年時もなお、この家屋に住んでいるが、この家屋には、借家人も居住している。夫と死別もしくは離別したあと、妻が家賃収入で生計を立てていたのかもしれない。Fの場合、ホーフェン地区の家屋に住み続けながら、新築家屋を姓が異なる世帯に賃貸している。彼は一九六〇年には銅細工師を退職しており、新築家屋の家賃収入を老後の資金としていたのかもしれない。

以上の三点は、ミュールハウゼン都市地区局作成の「一九六〇年時、未売却の地権者のリスト」に記載された地権者を対象にした分析であるが、代替地の新築家屋の多くは彼ら以外によっても所有されていた。おそらくリストに載っていない、一九六〇年時未売却の地権者や土地売却済の地権者なども代替地の新築家屋を所有していただろう。史資料から読みとれない事情が多く関係していたといえるが、代替地に建てられた新築家屋の群は、結果としてどのような住宅地となったのだろうか。この点をムルデネッカー通りに着目してみたい(49)。一九八〇年の住所録によると、ムルデネッカー通りには二一軒の家屋が建っていた。住所録には五五人の名前が記載されている。一軒あたり平均して二世帯が住んでいることになり、家屋所有者は家主としての経済活動を行っていたことが分かる。但し彼らが男性である場合、家主業を専業にしていた者は少ない。一九八〇年時、彼らは家主業を営みながら、運転手、サラリーマンなどの本業に従事していた。このように、家賃収入は彼らにとって副収入にすぎなかったが、当時、家賃規制が解除され家賃が高騰したこと、また、家賃補助制度が導入されて家賃滞納のリスクが低かったことを考えると、家賃収入が魅力的かつ安定的な収入源だったことは否定できないだろう。

ノイゲロイト地区は農地から大規模住宅団地へと大きな変貌を遂げたが、それは、ガバナンスの担い手が地権者に、家賃収入という経済的利益と家族・親族のための住空間とを保障しつつ、彼らの組織力を弱める過程でもあったのである。

おわりに

一九六〇年代、西ドイツ・シュツットガルトでは土地・家賃の価格統制解除により地権者の交渉力が強まった一方で、市当局によるガバメントの限界が顕在化するようになった。本章では、団地建設のための用地獲得において、市当局を支える形で非営利組織や弁護士がガバナンスの主体として登場し、自発的区画整理事業という区画整理の新しい仕組みがつくりだされる過程を、社会住宅団地であるノイゲロイト団地の建設用地調達を事例に明らかにした。

ガバナンスを多様な主体による都市秩序の構築・再編・維持とするならば、シュツットガルトの自発的区画整理事業での多様な主体とは、市当局、非営利組織、そして弁護士であった。副市長のファレンホルツが弁護士のメールレとともに自発的区画整理事業という新しい仕組みを考案したことからわかるように、考案段階では、公的セクターと非営利組織・弁護士の役割分担は明確ではなかった。一方、事業の実施段階での各主体の役割は次のようにまとめることができる。ガバメントの限界が顕在化していたとはいえ、市は区画整理事業において住宅問題の解決、という社会政策的目的から逸脱しないように制度の全体的枠組を設計した。また、非営利組織ファミリエンハイムと弁護士メールレは、市当局のガバメント能力の欠如がみられる箇所についてそれを補う役割を果たした。彼らは団地建設用地取得という実務にあたっただけでなく、地権者が事業に協力しやすいような減歩率を市当局に提案することによって、区画整理事業の制度設計にも関与し、用地取得を円滑に進めた。

本章では、これらの主体が用地取得を円滑に進めることができた要因として、第一に、制度設計に際して、ガバナンスの主体が民間利害――ここでは地権者――との妥協点を見つけることに成功した点、第二に、実際の用地取得に際して、地権者の特徴を十分に理解し、親族ネットワークを維持しつつ用地を調達した点を明らかにした。ガバナンスの諸主体は、民間サイドにも経済的なインセンティブを与え、彼らを事業に協力させることができたのである。

では、自発的区画整理事業にみられるガバナンスのあり方の模索は、現代都市のあり方にどのようにかかわっていたのだろうか。ガバナンスのあり方が模索された背景には、一九六〇年代、公的セクターに対する民間セクターの交渉力が高まり、「ガバメント」による従来の土地取得が立ちいかなくなったことがあったが、社会的住宅建設を通して都市住民の住宅問題を解決する、という市の社会政策的課題そのものは揺らぐことはなかった。本章で明らかにしたように、シュツットガルト市は、民間サイドの利害を考慮した自発的区画整理事業によって、社会的住宅建設という社会政策的な性格をもつ事業を実施することができた。現代都市が福祉国家の展開とともに形成され、社会政策の実施を優先的課題としていたことを考えると、自発的区画整理事業は現代都市の福祉国家・福祉社会的基盤を安定化する働きを持っていたといえる。

さらに論を展開するならば、自発的区画整理事業実施の鍵となった「親族ネットワークの維持」も現代都市の基盤を安定化させる要因となっていたように思われる。この点を、福祉の社会的分業のあり方として「自由主義レジーム」、「社会民主主義レジーム」「保守主義レジーム」の三類型を提示しているエスピン・アンデルセンの議論に沿って考えてみたい(50)。エスピン・アンデルセンは、ドイツを「保守主義レジーム」の典型例としてとらえ、保守主義レジームにおける連帯の支配的様式の一つとして親族を挙げている。本章で明らかにしたように、ノイゲロイト団地建設予定地の地権者の親族ネットワークは強く、ガバナンスの主体も親族ネットワークを維持しつつ用地を調達した。親族ネットワークが新築団地においても維持されたことは、ドイツにおける福祉の社会的分業を安定的なものにし、また、福祉志向の現代都市を安定化させる働きを持っていたといえよう。

註

（1） Neil Brenner, 'Urban governance and the production of new state spaces in western Europe1960–2000', in: *Review of international Political Economy*, Vol. 13（2004）, pp. 447–488; Sebastian Schipper, *Genealogie und Gegenwart der "unternehmerischen Stadt". Neoliberales Regieren in Frankfurt am Main 1960-2010*, Münster 2013, hier S. 201.

（2） 住宅政策についての文献としてさしあたり Günther Schulz（Hg.）, *Wohnungspolitik im Sozialstaat und europäische Lösung 1918-1960*, Düsseldorf 1993; Georg Wagner, *Sozialstaat gegen Wohnungsnot. Wohnraumbewirtschaffung und Sozialer Wohnungsbau im Bund und in Nordrhein-Westfalen 1950-1970*, Paderborn 1995.

（3） Amtblatt der Stadt Stuttgart, Nr. 41, vom 15. Oktober 1964.

（4） Statistisches Amt der Stadt Stuttgart（Hg.）, *75 Jahre. Statistisches Amt. Strukturdaten 1950-1970*, Stuttgart 1971, S. 28 u. S. 30.

（5） 大場茂明「ドイツの住宅政策」小玉徹・大場茂明・檜谷美恵子・平山洋介『欧米の住宅政策―イギリス・ドイツ・フランス・アメリカ』ミネルヴァ書房、一九九〇年、一二〇頁。

（6） *Schwäbische Heimat*, Jg. 14（1963）u. Jg. 16（1965）.

（7） 西南ドイツの均分相続については三ツ石郁夫『ドイツ地域経済の史的形成』勁草書房、一九九七年。

（8） Stadtarchiv（以下、StA）Stuttgart: 20/1–703.

（9） StA Stuttgart: 856–1–79.

（10） StA Stuttgart: 20/1–703; Statistisches Amt der Stadt Stuttgart（Hg.）, *75 Jahre*, S. 20f.

（11） Karin Hopner u.a.（Hg.）, *Größer höher dichter*, Stuttgart 2012, S. 193 u. S. 209.

（12） Verwaltungsbericht der Stadt Stuttgart, 1963–1965, S. 30–34.

（13） 第一期、第二期についての第二節の内容は StA Stuttgart 856–1–78 を分析したものである。

（14） Bundesministerium für Raumordnung, Bauwesen und Städtebau（Hg.）, *Demonstrativbauvorhaben Stuttgart-Hofen/ Neugereut*, Bonn 1978, S. 19; Bundesministerium für Raumordnung, Bauwesen und Städtebau（Hg.）, *Wohnumwelt und Wohnverhalten*, Bonn 1978, S. 155.

（15） StA Stuttgart 20/1–1329.

（16） StA Stuttgart: 14/1–1013; 856–1–79.

（17）StA Stuttgart 20/1-1329.

（18）StA Stuttgart 20/1-1329.

（19）*Wohnumwelt und Wohneinheiten*, S. 155f.

（20）StA Stuttgart: 14/1-1013.

（21）StA Stuttgart: 856-1-79.

（22）Bundesbaugesetz（Bundesgesetzblatt, 1960, Teil 1, Nr. 30, vom 29. Juni 1960, S. 341ff.）. 高橋寿一「ゲマインデと都市計画法制――ドイツにおける土地区画整理を中心として」『東京外国語大学論集』第五七号、一九九八年、一三四頁。この他、シュットガルトの自発的区画整理事業については、Wilhelm Tesmer,'Das "Stuttgarter Modell" zur Durchführung freiwilliger Bodenordnung', in: *Zeitschrift für Vermessungswesen*, Jg. 96, Heft 5（1971）, S. 161-170; Hans-Jörg Birk, *Städtebauliche Verträge. Inhalte und Leistungsstörungen*, München 2002（4. Auflage）; Hartmut Dieterich, *Baulandumlegung*, München 2006（5. Auflage）.

（23）StA Sttugart: 6124-207.

（24）*Verwaltungsbericht der Stadt Stuttgart*, 1963-1965, S. 25; 1965-1967, S. 37.

（25）Hopner u.a.（Hg.）, *Größer*, S. 88.

（26）StA Stuttgart: 856-1-79; 6124-207.

（27）StA 20/1-1332.

（28）StA Stuttgart: 20/1-1332.

（29）STEG（Hg.）, *40 Jahre. Partner der Städte und Gemeinden*, o.O., o.J.（ca. 1981）, S. 14f.

（30）StA Stuttgart: 20/1-1333. 一九六四年の市の文書によると、上記二組織だけでなく、カトリック組織であるアッカーマンゲマインデ（Ackermanngemeinde）とフランクフルトのドイツ建設用地・信用会社もファミリエンハイムに関与していた。

（31）九組織とは、ジードルングスヴェルク、建設協同組合バード・カンシュタット、建設協同組合フリーデナウ、建設・福祉協会、公益的住宅会社バーデン・ヴュルッテンベルク、福音教会救援組織救援組織の公益的団地会社、ヴォーンバウ・ヴュルッテンベルク、ハウスバウ・ビュステンノート、ヴュルッテンベルク州ハイムシュテッテである（StA Stuttgart: 20/1-1329）。

（32）StA Stuttgart: 14/1-3147.

（33）*Demonstrativbauvorhaben Stuttgart-Hofen/Neugereut.*

(34) StA Stuttgart: 20/1-1332.

(35) StA Stuttgart: 20/1-1330.

(36) StA 20/1-1332.

(37) StA 21/1-1332.

(38) StA 856-1-79.

(39) StA Stuttgart: 856-1-79.

(40) StA Stuttgart: 21/1-1330.

(41) StA Stuttgart: 856-1-79.

(42) StA Stuttgart: 6121-142.

(43) Gesetz zur verstärkten Eigentumsbildung im Wohnungsbau und zur Sicherung zur Zweckbindung von Sozialwohnungen (Wohnugsbauänderungsgesetz 1965) (Bundesgesetzblatt Teil 1, 1965, Nr. 43, vom 28. August 1965, S. 958).

(44) 一九七三年の改正時には延長されていない（Gesetz zur Änderung des Wohnungsbindungsgesetz 1965 (Wohnungsbauänderung-gesetz 1973 (Bundesgesetzblatt, 1973, Teil 1, Nr. 109, vom 28. Dezember 1973, S. 1973f.)）。

(45) Adressbuch Stuttgart 1960.

(46) StA Stuttgart: 856-1-79.

(47) StA Stuttgart: 20/1-1330.

(48) Adressbuch Stuttgart 1975.

(49) Adressbuch Stuttgart 1980.

(50) Gøsta Esping-Andersen, *Social foundations of postindustrial economies*, Oxford University Press, 1999, p. 85（G・エスピン-アンデルセン（渡辺雅男・渡辺景子訳）『ポスト工業経済の社会的基礎：市場・福祉国家・家族の政治経済学』桜井書店、二〇〇〇年）。

第6章　一九一〇年代の京都における経済的秩序と三菱

――三菱合資会社銀行部京都支店開設を事例に――

名武なつ紀

はじめに

一九一五年一〇月、三菱合資会社銀行部の京都支店が開業した。後の三菱銀行京都支店である。三菱合資会社において、この支店開設の目的は、次の二点であった[1]。

第一に、預金増加を図るためであり、この背景には本店における貸し出しが増加していたことがあった。第二に、三菱合資会社から銀行部を独立させる準備である。というのも、三菱合資会社銀行部は、それまでに本店のほか、大阪・神戸・中之島・深川の各店を有していたが、これらは他の三菱関係事業の行われている土地におけるものであった。これに対して、この京都支店開設は、初めて銀行部単独で新たな都市に参入するという点で、三菱にとって実験的な事業であった。この成否によって、銀行部独立の可能性を測ろうというのである。

結果的には、この京都支店は預金の吸収という点で大きな成果をおさめ、銀行部は一九一九年に独立の運びとなる。こうした点は、これまで財閥史研究や金融史研究において確認されてきている[2]。

さて、本章では、この経緯を、歴史都市における経済的秩序の再編過程という観点から検討してみたい。

両大戦間期は、戦前の日本における都市化の急進期であり、東京や大阪、名古屋などの個別都市を対象に、重化学工業化の進展や、人口急増による都市問題の発生について、しばしば論じられてきた。その一方で、京都は、近世以来の大都市ではあっても、人口が停滞的であり、また重化学工業が他の大都市に比較して発達しなかったことから、都市の経済史的分析においてさほど注目されてこなかった。京都は、西陣織などの伝統的な産業が、技術上も取引慣行等の諸関係の面でも比較的維持された、変化に乏しい都市として位置づけられてきたのである。(3)

――このような「歴史都市」に、三菱は、いかにして接触をはかり、その際に、都市に立地するどのような主体がかかわりを持ったのだろうか。そして、都市の伝統的な秩序は、それにより、どのような影響を受けたのであろうか。本章では、三菱合資会社の内部資料等を手がかりに、この点を考える。

ここで、本書のテーマであるガバナンス論との関係について、説明しておきたい。

ガバナンスという用語には、二つの方向性の異なる使われ方がある。第一に、統治とも訳される用法で、代表者などによって垂直的な組織がコントロールされる形態である。第二に、協治とも訳されるもので、水平的な関係にある多様な主体によって特定の状態や合意が形成されることを指す。

こうした二つのガバナンス概念のいずれもが、今日、適用されるフィールドの広がりをみせている。本書は、こうした潮流の一環をなし、第二の意味におけるガバナンス概念を都市史のフィールドに導入する試みとなっている。(4)具体的には、本書では、「都市ガバナンス」という用語を、多様な主体による都市秩序の構築・維持・再編という意味に使っている。ここで多様な主体とは、政府や地方自治体、民間企業、都市に立地する諸団体などを指す。また、そうした諸主体相互の関係については、政府等の公的主体による統制――第一の意味でのガバナンス――が機能しない場面を例外や失敗ととらえず、多様な主体の協力・対抗関係によって結果的にもたらされる特定の状態を都市秩序として把握している。

本章は、こうした把握の仕方を前提に、都市に立地する様々な主体の中でも民間事業者に注目し、都市における企業活動と関わって形成される経済的な秩序の再編過程に焦点をあてる。都市に立地する諸銀行の活動は、融資等を通じて都市の経済規模や産業構造を規定する要因であるが、同時にその都市の在来的な諸要素のあり方に規定される側面ももつ。本章では、この関係を考察することで、都市秩序の形成・変容に関する議論に貢献したい。

一　両大戦間期における京都の特徴と金融

1　都市・京都の地位と特徴

分析に先立ち、本節では、戦前期の京都における都市化の特徴と、京都金融市場の全国的位置を確認しておきたい。日本を代表する大都市群は、近世については三都（京都・江戸・大坂）、近代以降は六大都市（東京・大阪・京都・横浜・名古屋・神戸）と呼ばれる。京都はそのいずれにも含まれているが、幕末の開港後に都市化や工業化が著しく進展した他都市と比較して、立ち遅れがしばしば指摘された。人口の面では、一九四〇年時点で、東京市が約六七七万人、大阪市が約三二五万人に対して京都市は約一〇八万人にとどまっていた。産業の面でも、一九二〇年の京都市工産物総額の約三三・八パーセントは西陣織物であり、重化学工業の発達が緩慢であった。

大石嘉一郎・金澤史男編『近代日本都市史研究』は、一九三四年の工業生産額およびその内訳に基づき、工業都市の分類を行っている(5)。これによれば、工業生産額五億円以上かつ重化学工業の割合が五〇パーセント以上の都市として東京・大阪、工業生産額二・五—五億円で重化学工業割合が五〇パーセント以上の都市として神戸・横浜がある。一方で、京都は名古屋と並んで、工業生産額二・五—五億円ではあるが、内訳で五〇パーセント以上を占める特定の工業がない都市グループに分類されている。

このような都市の状況は、京都内部でも議論の対象になっていた。都市の進路として、大きな方向性としては、歴史や美観など京都の伝統的な側面を保持していくか、工業化を積極的に推進するかのいずれかが考えられた。たとえば、一九一八年一一月より一九二〇年一二月まで市長を務めた安藤謙介は、前者の立場であり、一九二一年七月より

表6－1　六府県の普通銀行預金残高（1912-1924年，３年ごと）

（単位：千円）

	1912	%	1915	%	1918	%	1921	%	1924	%
東　京	362,659	26.7	492,332	29.0	1,326,254	28.6	1,678,631	26.1	1,722,324	21.3
大　阪	190,723	14.1	313,109	18.4	1,025,025	22.1	1,372,469	21.3	1,358,847	16.8
兵　庫	83,290	6.1	106,624	6.3	374,873	8.1	468,611	7.3	555,389	6.9
愛　知	61,393	4.5	69,837	4.1	221,315	4.8	301,791	4.7	439,176	5.4
京　都	60,254	4.4	81,530	4.8	191,659	4.1	303,981	4.7	371,122	4.6
神奈川	45,277	3.3	64,509	3.8	135,272	2.9	175,938	2.7	178,330	2.2
六府県計	803,595	59.2	1,127,942	66.4	3,274,399	70.6	4,301,422	66.8	4,625,189	57.3
総　計	1,357,272	100.0	1,699,566	100.0	4,639,315	100.0	6,436,247	100.0	8,073,365	100.0

註：1　データは各年末時点．
　　2　1915・18・21年データからは，貯蓄銀行兼営の普通銀行が除かれている．
　　3　預金残高として「普通銀行貸借対照表」の「諸預り金」を転記した．
　　4　総計には，植民地・海外所在の銀行支店分も含まれる．
出典：大蔵省『銀行及担保付社債信託事業報告』『銀行局年報』各年版より作成．

一九二四年九月まで市長にあった馬淵鋭太郎は後者の立場であった。(6)

2　京都金融市場の全国的位置

さて、本章は、戦前期における都市・京都の変化を考える手がかりとして、一九一五（大正四）年の三菱合資会社銀行部による京都支店の開設を取り扱う。ここで、大正期（一九一二―一九二六年）における京都金融市場の全国的位置を確認しておこう。(7)

大正期は、第一次大戦による好況から、一九二〇年恐慌を経て、金融恐慌前夜へと至る時期であり、金融史研究の蓄積がある。都市部では、大戦ブームにより都市金融市場が急速に拡大し、有力諸銀行は支店を増設して各都市で預金獲得競争を展開した。そうした預金は、個々の銀行において資金需要の大きい店舗での貸し出しとなったため、全国的金融市場が緊密化すると同時に、一般的には地方から大都市へという方向性を持つ全国的な資金循環が定着していった。しかし、当然ながら、大都市それぞれに具体的な様相は異なっている。

表6-1は六大都市を擁する東京・大阪・京都・神奈川・愛知・兵庫の六府県（以下、六府県）の大正期における普通銀行預金残高を三年毎に示したものである。一九一二年の預金残高の順に府県を並べた。まず、実数をみると、大戦ブーム期にあたる一九一〇年代後

表6－2　六府県の普通銀行貸出残高（1912-1924年，3年ごと）

（単位：千円）

	1912	%	1915	%	1918	%	1921	%	1924	%
東　京	372,550	24.3	491,964	28.1	1,268,339	29.9	1,921,167	30.2	2,288,836	27.1
大　阪	311,973	20.3	336,088	19.2	894,080	21.1	1,286,383	20.2	1,281,785	15.2
兵　庫	108,888	7.1	124,456	7.1	367,780	8.7	509,937	8.0	594,495	7.1
愛　知	75,564	4.9	73,968	4.2	201,364	4.8	265,997	4.2	392,357	4.7
京　都	47,553	3.1	46,238	2.6	127,300	3.0	170,058	2.7	202,597	2.4
神奈川	75,458	4.9	85,850	4.9	181,241	4.3	203,563	3.2	250,112	3.0
六府県計	991,985	64.7	1,158,565	66.2	3,040,103	71.8	4,357,106	68.4	5,010,181	59.4
総　計	1,533,503	100.0	1,749,639	100.0	4,235,634	100.0	6,367,468	100.0	8,430,783	100.0

註：1　データは各年末時点.
　　2　1915・18・21年データからは，貯蓄銀行兼営の普通銀行が除かれている.
　　3　貸出残高は「普通銀行貸借対照表」の「諸貸金」「割引手形」「買入及利付為替手形」「荷為替手形」の合計である.
　　4　総計には，植民地・海外所在の銀行支店分も含まれる.
出典：大蔵省『銀行及担保付社債信託事業報告』『銀行局年報』各年版より作成.

表6－3　六府県の普通銀行預貸率（1912-1924年，3年ごと）

（単位：%）

	1912	1915	1918	1921	1924
東　京	102.7	99.9	95.6	114.4	132.9
大　阪	163.6	107.3	87.2	93.7	94.3
兵　庫	130.7	116.7	98.1	108.8	107.0
愛　知	123.1	105.9	91.0	88.1	89.3
京　都	78.9	56.7	66.4	55.9	54.6
神奈川	166.7	133.1	134.0	115.7	140.3

出典：表6－1・表6－2より算出.

半に各府県とも預金残高が急増している。また、構成比は、東京・大阪とその他で開きがあり、京都については、総計（全国）に占める割合が大正期を通じて四パーセント台で推移している。

続く表6－2は、同じ期間の貸出残高について示したものである。預金残高と同様に、一九一〇年代後半に急増していることが確認できる。また、東京・大阪が突出している点でも共通している。しかし、京都については、総計に占める割合が三パーセント前後であり、大正期を通じて六府県中で最小となっている。

そこで、この状況を、預金額に対する貸し出し額の割合を示す預貸率を示した表6－3から確認すると、六府県の中で京都のみは五〇―七〇パーセント台と、一貫して低水準となっていることがわかる。

大正期の京都には、東西の有力銀行が支店を開業し、預金獲得競争が激化していったことが知られている。京都は、大都市でありながら各行においては預金吸収地として位置づけられた「預金地」であり、京都で吸収された資金は、京都で貸し出される他は、東京・大阪をはじめとした他都市での貸し出しに充てられた。さらに、京都での貸し出しに積極的であった、京都に本店を置く「本店銀行」が減少していったことや、一九二〇年恐慌により諸行における貸し出しが手控えられていった影響もあり、京都の産業振興につながる貸し出しに関しては、概して低調であった。大正期において、全国的な資金循環を通じ、京都が他都市の拡大や重工業化を支える都市としての役割を担う構図が形成されていったのである。

京都の主要な産業である西陣織物業の金融については、京都商業会議所「小商工業者ノ資金融通ニ関スル調査」（一九一一年）という資料がある。[8] そこでは、西陣の機業者のうち、小工業者には金融機関は関与せず、生糸商や織物仲買がその役割を担っていたことが示されている。また、日本銀行「西陣機業概観」（一九一四年）では、各行は資力に対して拡張が過剰であるとみられる西陣を「危険地帯」とみなして融資に消極的であったことが述べられている。[9]

二　三菱合資会社銀行部の京都支店開設

1　三菱の京都進出と初代支店長

一九一五年一〇月の京都支店開業当時、三菱合資会社銀行部は、本店（東京市）のほかに、大阪・神戸・中之島（大阪市）の三支店と深川出張所を有していた。これらは、三菱合資会社銀行部が一八九五年に第百十九国立銀行の業務を継承して発足した際、受けついだものである。[10] したがって、京都支店の開設は、三菱合資会社銀行部にとって、実質的には初の支店新設であった。

先述の通り、その目的は、第一に、本店の貸し出し増加を受けて、預金増加を図るためであり、京都支店は当初より預金吸収のための「預金店」として位置づけられていた。目的の第二は、合資会社から銀行部を独立させる準備であり、三菱合資会社の支店が存在しない新しい都市において銀行部独自で業務開拓を行うことができるのか、試すことであった。

こうした意味で〝手腕〟を問われる初代支店長となったのが、加藤武男である。加藤は、開業に先立つ一九一五年九月一八日に京都支店が開設された時から、一九一七年九月末までの約二年間、京都支店長の任にあった。ここで加藤の経歴をみておこう[11]。

加藤武男は一八七七（明治一〇）年栃木県に生まれ、慶應義塾大学理財科を卒業後、一九〇一年に三菱合資会社銀行部に入った。後に加藤は回顧して、この時期の日本における銀行業の状況について、日本の金融制度が一応整備され、金融の産業支配がはじまりつつある時期であり、そのために加藤が「銀行の申し子」と呼ばれることになったのだろうと述べている[12]。

図6－1　三菱合資会社銀行部　初代京都支店長　加藤武男（1913年）
出典：三菱史料館所蔵.

銀行部では、東京で勤務した後、三一歳で神戸に転勤となった。上司より、「山育ちだから海を見てくるように」と送り出された加藤は、以後一一年に及ぶ関西勤務時代について、「この期間は、第一次大戦や米騒動を経験しながらも、日本経済は着々と発展の道をたどり、銀行の力が充実し、産業支配をなしとげていく過程に当たっていた。したがって、銀行家としての強い自覚にうらづけられて、関西へ向かう私の胸は希望に燃えていた」と述懐している[13]。神戸支店で副長となった後、一九一四年に欧米出張を命じられ、滞在中に第一次大戦の勃発も経験した。帰国後すぐに大阪支店副長となり、京都支店の開設準備にあたり、一年足らずで初代京都支店長に就いた。

京都支店長時代の詳細については次節に譲るが、二年間の京都支店長を経て、加藤は大阪支店に支店長として戻り、一九一九年の三菱銀行の発足に際して常務取締役、一九四三年に頭取に就任する。戦後は公職追放となるが、解除後に経済団体連合会顧問等に就き、一九六三年に八六歳で亡くなった。

2　京都支店の実績と評価

三菱合資会社銀行部京都支店は一九一五年一〇月一日に開業した。場所は四条烏丸で、以前に三井銀行が店舗を新築した際に仮営業所として使っていた建物を借りたものであった[14]。それでは、加藤率いる京都支店の、京都金融市場における初期の実績を確認しておこう。

表6-4は、加藤武男が支店長を務めた一九一五―一七年を含む、京都銀行集会所組合銀行の預金残高の推移である。三菱が支店を設置した一九一五年に、京都銀行集会所の組合銀行は計一五行であった。その内訳は、表に示されている通り、本店を京都に置く「本店銀行」が京都商工・京都の二行、京都に支店のみを置く「支店銀行」が第一・三井・鴻池・近江・名古屋・加島・住友・三十四・第百・北濱・川﨑・村井・山口の一三行である。

この表に示されている通り、一九一五年一〇月に開業した三菱は、同年末時点の預金残高は約二〇五万七〇〇〇円で三菱を含めた一六行中一五位であったが、翌一九一六年末には約五九〇万二〇〇〇円で一五行中五位、一九一七年末には約七八四万円で同七位となっている[15]。

また、表6-5より貸し出しについてみると、開業年の一九一五年末残高は約九六万四〇〇〇円で一六行中一四位、

表6-4　京都銀行集会所組合銀行の預金残高（1912-1920年）

（単位：千円）

	1912	1913	1914	1915	1916	1917	1918	1919	1920
京都商工銀行	7,380	7,630	6,613	7,277	-	-	-	-	-
京都銀行	2,399	2,332	2,066	3,591	4,918	5,597	9,229	17,859	15,756
起業銀行	*	-	-	-	-	-	-	-	-
京都貿易銀行	35	33	-	-	-	-	-	-	-
本店銀行計	9,814	9,995	8,679	10,868	4,918	5,597	9,229	17,859	15,756
第一銀行支店	4,467	4,842	5,795	5,783	14,611	17,297	23,748	31,000	34,729
三井銀行支店	12,554	11,627	12,555	14,457	15,301	17,043	21,481	28,789	42,174
安田銀行支店	-	-	-	-	-	-	-	-	-
鴻池銀行支店	2,187	2,179	2,166	2,248	2,660	2,604	2,785	3,665	5,002
近江銀行支店	2,206	2,437	2,386	4,278	5,685	7,927	12,653	13,857	11,461
名古屋銀行支店	2,148	2,862	3,110	3,998	5,513	7,375	10,495	15,003	10,956
加島銀行支店	1,780	2,103	2,575	3,245	3,600	4,674	6,972	7,133	7,056
住友銀行支店	3,334	3,529	4,306	4,857	6,667	8,283	10,789	18,086	16,201
三十四銀行支店	2,171	2,315	3,403	3,114	3,590	4,292	6,130	6,892	7,282
第百銀行支店	2,751	3,305	4,627	5,347	6,683	9,106	10,942	11,659	10,029
北濱銀行支店	2,464	2,613	371	187	308	317	-	-	-
川崎銀行支店	2,092	2,652	3,108	3,897	5,358	6,919	11,697	18,271	17,258
村井銀行支店	1,274	1,779	2,606	3,615	5,174	8,574	11,812	14,711	11,728
山口銀行支店	-	-	1,203	2,340	3,248	4,717	5,009	7,186	7,490
京都通商支店	-	-	20	-	-	-	-	-	-
三菱銀行支店	-	-	-	2,057	5,902	7,840	11,949	12,767	13,956
藤田銀行支店	-	-	-	-	-	-	6,436	8,298	6,781
七十四銀行支店	-	-	-	-	-	-	-	4,128	-
浪速銀行支店	-	-	-	-	-	-	-	4,550	-
十五銀行支店	-	-	-	-	-	-	-	-	4,696
支店銀行計	39,426	42,244	48,229	59,423	84,300	106,967	152,897	205,994	206,798
合　計	49,240	52,239	56,908	70,291	89,217	112,564	162,126	223,853	222,554

註：1　データは各年末時点.

2　預金残高は，資料第八表（一）「京都銀行集会所組合銀行報告」の預金合計を転記した．なお，預金合計は，同表において「定期預金」「当座預金」「特別当座預金」「諸預金」より構成されている.

3　「京都商工銀行」「京都銀行」「京都貿易銀行」は1912年のみそれぞれ「京都商工本店」「京都本店」「京都貿易本店」.「三菱銀行支店」は1918年までは「三菱合資会社支店」.

4　*は資料に欄はあるがデータの記載がないことを，－は（支店設置前などにより）当該年次の資料に欄自体がないことを表す.

5　1912年の「支店銀行計」は計算上は39,427（千円）となるが，資料のまま記載した.

出典：大阪銀行集会所『大阪銀行通信録』各年版より作成.

表6－5　京都銀行集会所組合銀行の貸出残高（1912-1920年）

（単位：千円）

	1912	1913	1914	1915	1916	1917	1918	1919	1920
京都商工銀行	7,624	7,409	6,661	6,546	-	-	-	-	-
京都銀行	2,099	2,230	1,783	3,031	3,661	5,250	7,676	14,529	12,567
起業銀行	*	-	-	-	-	-	-	-	-
京都貿易銀行	108	117	-	-	-	-	-	-	-
本店銀行計	9,831	9,756	8,444	9,578	3,661	5,250	7,676	14,529	12,567
第一銀行支店	3,254	3,082	2,901	2,982	13,383	12,269	17,084	27,208	12,648
三井銀行支店	3,951	3,758	3,565	3,323	5,359	5,554	6,605	12,316	3,790
安田銀行支店	-	-	-	-	-	-	-	-	-
鴻池銀行支店	3,555	2,657	1,851	1,496	1,405	1,559	2,149	5,317	3,200
近江銀行支店	1,678	1,629	1,836	3,251	4,849	8,217	14,557	17,640	7,388
名古屋銀行支店	1,242	1,408	1,437	2,316	3,562	4,861	8,328	11,288	6,900
加島銀行支店	790	852	684	812	1,061	1,764	1,870	3,248	3,269
住友銀行支店	1,916	1,755	1,970	2,396	4,927	4,816	7,992	14,478	5,661
三十四銀行支店	1,641	1,618	1,509	1,870	2,569	3,087	4,200	6,400	3,612
第百銀行支店	1,716	1,861	1,870	2,035	3,707	5,566	7,004	6,903	4,300
北濱銀行支店	1,306	1,442	153	29	243	284	-	-	-
川﨑銀行支店	1,892	1,642	1,613	1,454	2,157	3,191	7,159	14,343	6,944
村井銀行支店	1,083	1,168	1,263	1,434	3,008	4,552	4,305	7,464	4,243
山口銀行支店	-	-	601	1,821	2,294	1,666	5,101	7,654	4,341
京都通商支店	-	-	97	-	-	-	-	-	-
三菱銀行支店	-	-	-	964	3,256	4,613	8,431	10,293	8,264
藤田銀行支店	-	-	-	-	-	-	3,198	6,813	3,607
七十四銀行支店	-	-	-	-	-	-	-	1,779	-
浪速銀行支店	-	-	-	-	-	-	-	5,603	-
十五銀行支店	-	-	-	-	-	-	-	-	4,748
支店銀行計	24,025	22,871	21,349	26,183	51,781	61,998	97,983	158,746	82,915
合　計	33,856	32,627	29,793	35,761	55,443	67,248	105,659	173,275	95,482

註：1　データは各年末時点.

2　貸出残高は，資料第八表（一）「京都銀行集会所組合銀行報告」の貸出合計を転記した．なお，貸出合計は，同表において1912-1915年は「貸付金」「当座貸越」「割引手形」より，1916-1920年は「證書貸付」「手形貸付」「当座貸越」「割引手形」より構成されている.

3　「京都商工銀行」「京都銀行」「京都貿易銀行」は1912年のみそれぞれ「京都商工本店」「京都本店」「京都貿易本店」.「三菱銀行支店」は1918年までは「三菱合資会社支店」.

4　＊は資料に欄はあるがデータの記載がないことを，－は（支店設置前などにより）当該年次の資料に欄自体がないことを表す.

出典：大阪銀行集会所『大阪銀行通信録』各年版より作成.

一九一六年末は約三二五万六〇〇〇円で一五行中八位、一九一七年末には約四六一万三〇〇〇円で同八位となっている。

このように、業績を順調に伸ばし、京都金融市場において一定の地位を築いた三菱は京都支店の成功を受けて、その後の他都市における支店開設や一九一九年の三菱合資会社からの銀行部独立を進めていく。

このうち、支店の増設については、三菱史料館の所蔵資料に、三菱合資会社銀行部一九一六（大正五）年一一月の「場所長会議打合事項要録」という議事録がある。やや本論から離れるが、三菱の都市戦略を理解する上で重要な資料であるため、少々触れておきたい。

「秘」が付されたこの資料には、支店開設の候補地についての議論が記されており、「業務拡張及其順序方法」について多数の意見があったとしている。

すなわち、①東京については日本橋・神田が挙がっており、本店営業室の意向は日本橋であること、②但し、東京の支店増設と国内他都市への支店新設とのいずれを優先すべきかは別問題であること、③大阪については、大阪支店より船場（大阪市）に支店を設けたい希望があるものの急ぐものではないこと、④国内他都市への進出については、名古屋・福岡・広島などが候補で、福岡が将来的に発展する都市であることは確かであるが、すでに預金額が多い名古屋の方が福岡よりも有益であり、準備が整えば名古屋・福岡・広島の順に支店を開設することが望ましいこと等である。また、同資料には海外の支店候補地についても議論が記されており、ロンドン・ニューヨーク・上海・漢口が挙げられている。

実際には、一九一五年の京都支店の開設から一九一九年の銀行部独立までに、一九一六年に深川出張所を支店に昇格させたのち、一九一七年には丸之内・上海、一九一八年に名古屋、一九一九年に日本橋が支店として設置された。三菱銀行の社史によれば、丸之内支店は、企業が集中しているエリアであることから、上海は為替業務の拡大に対応して、また名古屋は第一次大戦による経済的地位の向上に着眼して設置された(16)。また、神田については一九二九年に森村銀行の買収により三菱銀行の支店となったほか、船場支店は銀行部独立後の一九二〇年に、福岡は一九四二年に開設された。

三 初期の経営

1 三菱合資会社「記事月報」の記述

三菱合資会社の資料に、「月報」と呼ばれる内部資料がある。[17] これは、三菱合資会社が社内各部――たとえば銀行部――で進められている各事業の進捗状況を把握するため、各部の事業成績を毎月報告させる際に作成された資料である。作成時期は、一九一一年六月より一九二六年九月であるが、その様式には途中で変更もあった。大きな変更点は、作成開始時は事業成績に文章による説明が付されていたが、一九一七年一一月分より、数字のみとなったことである。文章が付されているスタイルの月報は、数字のみの月報と区別して、「記事月報」と呼ばれている。

本節では、三菱合資会社銀行部京都支店における初期の経営実態に迫るため、この「記事月報」の記述を手がかりとする。対象となるのは、京都支店が開業した一九一五年一〇月より記事月報としての最終号である一九一七年一〇月までの二年一カ月分である。加藤武男が大阪支店に戻ったのが一九一七年一〇月であるから、この記事月報からは、加藤の支店長時代の状況を読み取ることができる。[18]

まず、京都支店が開設された一九一五年一〇月の記事月報（以下、月報）を見てみよう。記事部分にあたる「営業の概況」という欄は、「本店並に大阪神戸両支店に於ける得意先の関係上京都に支店を設置するの必要を認め……」という書き出しで、準備状況と一〇月一日に開業したことが述べられている。[19] 初日の状況については、「開業日当日は大阪、神戸両支店より数名の応援ありしが定刻前すでに預金者店頭に蝟集し当日の盛況を窺知し得られたれば止むを得ず八時前より受付を開始し更に大阪神戸両支店に増援を求むるに至れり、爾後押寄せ来る預金者曳も切らず……」

とあり、預金者が殺到した様子が克明に記されている。

この初日は、時刻を繰り上げて開店した後も店内に収まり切らない多数の預金者が街路にあふれたばかりか、午後にその勢いは一層激しくなり、事務は言語に絶する忙しさとなった。準備した預金通帳が尽きて預金振込証で代替する事態となり、午後三時に閉門したが、それまでに敷地内にいた預金者の業務を最終的に終えたのは午後一一時過ぎ、店員の帰宅は翌朝二時であったという。この初日の預金総額は五〇万五〇〇〇円で、口数一四〇三口であり、この数字について月報には「開業第一の成功として祝せざるを得ず」と述べられている。

預金額はその後も順調に伸び、月末の残高は一一五万円に達した。一方で、貸し出しについては月末残高一八万八〇〇〇円にとどまり、月報にも「貸し出しは開店早々の事なるに殊に金融閑散の折柄とて特筆すべき事項もなく」と記載されている。

図6－2　三菱合資会社銀行部　京都支店開業記念写真

註：支店長 加藤武男は前列左より4人目.

出典：三菱銀行史編纂委員会『三菱銀行史』1954年, p.139.

全体として、この京都支店は開業月に非常な成功を収めたという自己評価であり、記事の最後は「斯く開業一箇月間に於て他に類例なき好成績を収め得たるは阪神得意先の特別援助と一般好人気との賜として大に多とする所にして此の勢に乗じ今後益発展を期するものなり」と結ばれている。

この記述にある「阪神得意先の特別援助」とは具体的に何を指すのか、不詳である。初代京都支店長の加藤が神戸支店・大阪支店に勤務していたことから、おそらく、京都という新たな都市への参入に際し、京都と地理的に近く、また経済上も密接な関連を有する神戸・大阪で築いた人脈や情報網を利用したのであろう。京都支店長となる前の加藤の大阪支店勤務は一年に満たない短いものであったが、加藤はこの経験について、大阪の土地柄や得意先、大阪支店の同僚に通じた時期として意義あるものだった旨を述べている。[20]

その後の推移を見よう。

開業から二、三カ月の間は、預金額は順調に増加した。貸し出しについては、開業月の一〇月に続き、一一月も不振であり、「極力奔走」しているものの金融緩和状態であるため効果が少なく、月末残高二三万六〇〇〇円にとどまり「頗る遺憾」と記されている。しかし、一二月の貸し出しは月末残高九六万四〇〇〇円にのぼった。この要因として月報には、市況が変化し金融逼迫の状態となったこと、投機熱の高まりや年末決済のために資金需要があったこと、「従来関係を結びし得意先」より継続資金の申し込みがあったことが挙げられている。

年明けの一九一六年一月より五月頃まで、預金の月末残高は増加しているものの、増加率は低下している。貸し出しは、一月は季節需要、二月についても株式関係など資金需要があったために伸びたものの、その後の増加率は低下している。こうした預金・貸し出しの増加率の低下は、開業当初は少額であった預金の払い戻しや貸し出しの返済が増加してきたことによる面もある。

ところで、三菱と都市・京都との関係という点では、一九一六年六月の月報は、注目に値する。預金・貸し出しともに大口の取引先について具体的な記述があり、「共保財団」より五五万円の預金があったこと、「郡是製絲会社」に対し三〇万円を貸し出したことが示されている。[21] この時期は、開業より半年ほど経過しているが、三菱が京都で新たな関係を築き始めている様子がうかがえる。

大口の取引先についての記述は、この後、いくつか確認することができる。預金については、同年一二月に「日本電池会社の払込の為め別段預金の激増」、翌一九一七年五月には「郡是製絲会社の振込金巨額に上りたる」、同年八月には「島津製作所の払込取扱により特別当座預金に著しき増加を来し」とある。また、貸し出しについては、一九一六年八月に「秋蚕製糸資金として郡是製絲会社に二〇万円」、一年後の一九一七年八月にも「郡是製絲会社に夏秋繭仕入資金として二〇万円の新規取引」があったと述べられている。

ここまで月報の記述を通じて、三菱合資会社銀行部京都支店の開業当初における預金・貸し出しの動向を確認してきた。資料からうかがえる変動の要因は、第一に全国的な景況、第二に京都の産業・消費の季節的変動、第三に大口取引先の動向である。以下、本章の課題とかかわりの深い、この第三の点について、他の資料から補足しつつ検討したい。

2　大口取引先の開拓

『日本財界人物伝全集』第九巻「加藤武男伝」には、京都支店長として加藤は預金の獲得に加えて、貸し出しにも力を注いだこと、その理由として、支店開設の挨拶回りの際に、京都の知事・市長・商業会議所会頭などから、京都の産業発展のために貸し出しについて強く要請されたことが挙げられている[22]。但し、当時の京都は個人商店が多く、また電燈会社・ガス会社や奥村電機・島津製作所などの比較的大手の企業についてはすでに先発の三井銀行や第一銀行、本店銀行である京都商工銀行が取引関係を築いていた。同書によれば、これら諸企業に関して三菱は、「金利を安くして一、二厘低利で貸したところ、勘定高い京都のことだから、たちまち百万円も貸出してしまった。ところがそれが市場をみだすというわけで方々の銀行から苦情が出、また日銀の星埜支店長に呼び出されて叱言を食った」という[23]。

このような状況下で、加藤はどのように大口の取引先を開拓していったのであろうか。これまで見てきた「記事月報」には、郡是製絲・共保財団・日本電池・島津製作所に関して記述がある。このうち、郡是製絲との関係がもっとも頻繁に記されており、一九一六年六月以降、預金・貸し出しの双方にわたり取引が行われている。また、『三菱銀行史』には「京都支店の開設　加藤武男氏談」として、京都支店の開設についての談話が掲載されており、そこには

「京都では貸し出しも大いにやって、その時島津製作所、郡是製糸（ママ）等との取引が始まり、又日本電池の設立にも一肌ぬいだ次第」と述べられている。[24]

まず、郡是製絲との関係について見てみよう。

郡是製絲株式会社は、一八九六（明治二九）年に波多野鶴吉により生糸の製造販売を目的として京都府何鹿郡（現・京都府綾部市）に設立された製糸企業である。同社の社史には、創業時以来の銀行取引についての記述がある。[25]そのうち、三菱については、一九一六年度に取引が開始されたこと、それは初代支店長・加藤武男によるものであったことが述べられている。

また、この社史では、『日本財界人物伝全集』第九巻「加藤武男伝」に依拠しつつ、同社と加藤武男との関係について具体的に記されている部分がある。この「加藤武男伝」によれば、郡是製絲は事業拡大につれて従来の取引先からの借り入れが困難となってきたため、三菱が一九一六年に二〇〇万円の資金を貸した。ところが、その回収ができずに三菱が困っているところへ、郡是製絲の株式買い占め事件が起き、その引き取り資金としてさらに三菱が五〇万円あまりを融資した。この一件以来、郡是製絲は三菱と密接な関係を築いていったという。また、この資料には加藤が同社の波多野鶴吉について、「社長の波多野といふ人はクリスチャンで真面目な堅い人」と評している部分がある。[26]

一九七八年刊行の同社の社史には、「三菱銀行との親密な関係は、この時に始まり現在に至っている」とある。そして、三菱との取引について、この時期、同社は事業が拡大し繭を購入するための資金が増大しており、従来の取引行の他に有力な取引銀行を必要としていたこと、そのため「この三菱銀行との取引関係は極めて重要な意義を持っていた。波多野は勿論、彼の死去の後も遠藤、片山の当会社首脳は、上京の都度加藤武男を訪問し、その意見を聞き指導を仰いでいた」と記されている。[27]

続いて、島津製作所・日本電池について確認しよう。先に挙げた『日本財界人物伝全集』第九巻「加藤武男伝」には、島津製作所および日本電池との関係についても記述がある。それによると、三菱合資会社銀行部と島津製作所との間には「普通の」取引があったが、一九一七年に島津製作所の一部門である蓄電池の製造を分離独立させ、別会社にする案が出て、三菱にも参加してほしいとの要望があり、加藤が迅速に対応して会社設立に至ったとのことである。

この点については、島津製作所の社史にも詳細な記述がある(28)。すなわち、島津製作所の蓄電池は、海軍の艦艇用のほか、各学校・研究所の実験用電源、通信・鉄道事業の予備電源などとして全国的な需要に応じていたが、第一次大戦の影響でドイツからの蓄電池輸入が途絶したこともあり、生産設備の拡張と事業の発展のために島津製作所から事業を独立させることが企画された。そこで、京都財界の有力者である内貴清兵衛に相談のうえ加藤武男と、海軍から推薦のあった大倉組に支援を求めた。

加藤は、ただちに三菱神戸造船所の主任技師・立原任に島津製作所蓄電池工場を視察させ、その技術が進んでいることを確かめると、急遽上京し三菱合資会社の社長に「国家的見地に立って早急に蓄電池製造会社の実現に手を貸すべき」ことを熱心に説き、了解を得た。加藤が積極的にまとめ役を引き受けて、島津・三菱・大倉・地元財界の四者が協力して新会社設立を進めることに決まったという。新会社である日本電池株式会社は一九一七年一月に設立されたが、加藤と立原は取締役に就任している。

この蓄電池事業の分離独立と並行して、島津製作所は一層の事業拡大のため、個人経営から株式会社への改組を計画していた。先述の島津製作所の社史には、「株式会社改組への運びが順調に進んだのは、さきに、日本電池設立以来、島津製作所の事業に対して、国家的見地から深い理解と協力を示されていた〔……〕加藤武男氏の支援に負うところが大であった。」と記されている(29)。

加藤は二年間という短い期間で京都を去るが、その後も島津製作所と関わり続けた。同社史には、京都支店長時代の加藤武男の写真が掲載されており、「同氏は、当社ならびに日本電池設立以来、陰に陽に、つねに変わらない深い理解と好意をよせられ、当社の経営首脳にたえず経営上の助言を与え、また、支配下の金融機関を通じ当社の企業活動をもり立てるとともに、三菱傘下の企業と当社の業務の連けいを結ぶのに大きな力となったのである。氏のこのように好意ある態度は、〔……〕生涯を閉じられるまで、変わることはなかった。ここに深甚の敬意を表するものである」と特記されている[30]。

おわりに

本章では、一九一五年の三菱合資会社銀行部京都支店の開業について、初期の経営に注目して検討してきた。この京都支店は、京都における預金の吸収という目的を達成し、合資会社から銀行部を独立させることにつながったという意味で、大きな成功を収めた。その一方で、主要な取引先をみると、京都の伝統的かつ中核的な部分を成していた西陣織物業の中小事業者ではなく、比較的新興の大規模な事業者との取引に重点を置いていたことがうかがわれる。三菱がこうした行動をとった理由としては、第一に、京都金融市場への参入が遅く、主要な事業者との取引はすでに他行で占められていた点が挙げられる。しかし、第二に、京都における事業者の特徴である規模の零細性や、西陣織物業者における浮沈の激しさなど、加藤の眼にかなう、明瞭で安定した経営内容を開示することができる業者が少なかったために、三菱の側がリスクを回避した結果でもあったと推察される。

第一次大戦による好景気を経て、一九二〇年に日本経済は恐慌に陥ったが、生糸価格が暴落したことから、西陣織物業を擁する京都経済も大きな打撃を受けた。西陣帯地の仲買等による織物商業会社や、西陣の機業家等の西陣織物株式会社は危機に陥り、それぞれと取引関係のあった第一銀行・三井銀行が救済にあたったが、これを機に二行とも京都での貸し出しを大幅に縮小するに至る。京都に支店を置く各行において、京都は一層「預金地」としての性格を強めていくのである。

「京都には三菱銀行ファンが多い。初代支店長で頭取になった加藤武男が新しい産業、企業の育成に熱心だったからだ」。――これは、一九八九年一二月一五日の日経金融新聞に掲載された記事の一部分である[31]。この記事は、三菱の京都支店の動向について、肯定的に評価するものであるが、この同じ記述から、三菱が歴史都市・京都の深部にはさほど接触しなかったことを読み取ることもできる。同様の表現は、一九八〇年に刊行された三菱銀行の社史である『続三菱銀行史』に付された京都支店の紹介文にもある。すなわち、「京都市は〔……〕商工業も盛んで、伝統的産業のみならず近代的産業でも特異の企業が相次いで誕生しており、当店はそれらのうち上位企業の取引をほとんど網羅して京都地区トップの座を堅持している(32)」。

三菱の開業時における成功は、当該期の都市・京都においては外郭的な部分におけるもので、数量的な実績ほどには旧来の都市秩序に変化をもたらすものではなかったのではないだろうか。三菱が、都市の伝統的な部分と衝突することなく、また先行する諸銀行によりすでに形成されていた経済的な秩序を乱すことなく定着し、近代的な分野への投資を通じて結果的には戦後の長期にわたるシェアへの布石を打ったという意味で、この「成功」は、より高度な意味での成功であったと評価することもできよう。中長期的にみれば、この三菱の活動がその後の京都の一要素となり、新たな都市秩序が形成されていくのである。

最後に、本書のテーマである二〇世紀における都市のガバナンスという観点から二点述べたい。第一に、本書では、都市ガバナンスを、「多様な主体による都市秩序の構築・維持・再編」ととらえているが、本章では歴史都市において構築されてきた都市の経済的秩序が、都市に新たに参入した金融事業者の活動やそれをめぐる諸主体の動向によって、どのように維持・再編されていくのかを観察した。分析対象は短期間ではあるものの、競合他社・新規取引先といった都市に立地する事業者、府や市、日銀支店、近隣諸都市の顧客など、多様な主体の協力・対抗関係により特定の状態が生み出されていったことがうかがわれる(33)。

第二に、本章の事例を通じて改めて浮かび上がるのは、そもそも、その舞台となる個々の都市により秩序再編の生じ易さにはかなり差異があるという点である。その条件について議論することは興味深いが、もとより、そうした土壌の硬軟は、同一都市であっても、都市が有する多様な機能・場面ごとに異なるであろう(34)。今後は、より視野を広げて観察することとしたい。

註

（1）三菱銀行史編纂委員会『三菱銀行史』一九五四年。

（2）岡崎哲二「一九二〇年代における三菱銀行の収益構造」『三菱史料館論集』第四号、二〇〇三年、武田晴人「一九一〇年代における三菱合資会社銀行部――『三菱合資会社銀行部総勘定元帳』の検討（2）――」『三菱史料館論集』第八号、二〇〇七年。

（3）大石嘉一郎・金澤史男編『近代日本都市史研究――地方都市からの再構成――』日本経済評論社、二〇〇三年には京都を含めた都市の分類がある。この点については後述する。

（4）猪口孝『ガバナンス』（現代政治学叢書2）東京大学出版会、二〇一二年、三―五頁によれば、ガバナンスの概念化はグローバル化・情報化の進行により生み出された二一世紀の社会状況を背景としている。そのため、この概念を歴史分析に遡及的に適用することの当否については議論の余地があるだろう。

（5）前掲『近代日本都市史研究――地方都市からの再構成――』。

（6）京都市『京都市政史』第一巻、二〇〇九年。

（7）詳細は、拙稿「「預金地」京都金融市場の形成過程――大正期の分析――」『経済系』第二四六集（二〇一一年一月）。

（8）日本銀行調査局『日本金融史資料　明治大正編』二四巻、一九六〇年。山口和雄編『日本産業金融史研究』織物金融篇、東京大学出版会、一九七四年には、明治前期から大正初期の西陣の織物金融について、旧来からの慣行の維持が示されている。

（9）日本銀行調査局『日本金融史資料　明治大正編』二三巻、一九六〇年。

（10）但し、このうち中之島については、一九〇〇年一〇月に中之島出張所が廃止された跡に大阪支店が移転したが、一九一一年二月に大阪支店が再移転するに伴い、同地に中之島支店として設置されたという経緯がある。

（11）以下、加藤武男の経歴については、主として前掲『三菱銀行史』、岩井良太郎『日本財界人物伝全集』第九巻（各務鎌吉傳・加藤武男傳）東洋書館、一九五五年、「経済人の自画像　わが一筋の道　加藤武男」（記述者：佐藤正忠）『中央公論』第七六年第八号（一九六一年八月）に基づく。

（12）同前「経済人の自画像　わが一筋の道　加藤武男」、三五六―三六二頁。

(13)同前、三五八頁。
(14)前掲『三菱銀行史』一四二頁。
(15)一九一六年に京都商工銀行が第一銀行と合併したため、一九一六年末は計一五行となっている。この合併と京都経済との関連については、拙稿「京都商工銀行の合併と京都経済」『経済系』第二六四集（二〇一五年七月）を参照されたい。
(16)前掲『三菱銀行史』、一三九頁。
(17)三菱合資会社「月報」については、坪根明子・針山和佳菜・曽我部健「史料紹介　三菱の『年報』と『月報』」『三菱史料館論集』第八号（二〇〇七年三月）に詳細な資料解説がある。
(18)但し、一九一七年六・七月の二カ月分については、三菱史料館に所蔵がない。
(19)原則として、旧字体は新字体に、片仮名は平仮名に改めた。
(20)前掲『日本財界人物伝全集』、一八八―一九〇頁。
(21)共保財団は、西本願寺の有力信徒を発起人として設立された真宗信徒生保会社を起源とする共保生命保険の株式を有する財産管理財団である。
(22)前掲『日本財界人物伝全集』一九二―一九三頁。
(23)同前、一九三頁。
(24)前掲『三菱銀行史』一四二頁。
(25)グンゼ株式会社社史編纂室『グンゼ株式会社　八十年史』一九七八年。
(26)前掲『日本財界人物伝全集』一九四頁。
(27)前掲『グンゼ株式会社　八十年史』一四四頁。
(28)株式会社島津製作所『島津製作所史』一九六七年、二八―三七頁。
(29)同前、三七頁。
(30)同前、三七頁。
(31)「金融人国記　京都府（2）「温故知新」で激動を行く」日経金融新聞、一九八九年一二月一五日。
(32)(三菱銀行)調査部銀行史編纂室編『続三菱銀行史』一九八〇年、七五五頁。なお、加納正二「京都のメインバンク関係一九八〇―二〇〇〇年」、湯野勉『京都の地域金融――理論・歴史・実証』日本評論社、二〇〇三年、一一七頁には一九八〇年・一九九〇年・二〇〇〇年時点における京都のメインバンク上位一〇行が「小企業」「中小企業」「中堅企業」「非上場企業全体」「上場企業」の五区分について一覧となっている。これによれば、一九八〇年時点で、いずれの区分においても地方銀行である京都銀行が一位、三菱銀行は「小企業」で四位となっているほかは、すべての区分において二位で、都銀トップとなっている。

(33) なお、都市自治体と銀行との関係については、市債の引き受けなど、多角的に分析する必要がある。たとえば、京都市市政史編さん委員会編『京都市政史』第四巻、二〇〇三年、三二一―三二五頁には、京都市の「三大事業」に関する外債募集契約の成立について市長・西郷菊次郎が一九〇九年八月二八日開催の市会にて報告する部分の議事録が掲載されており、外債を募集するために三菱を含む五行に相談したが、協力を断られたため、三井銀行と個別の交渉に入った経緯が述べられている。

(34) たとえば、都市工学の視角から京都の近代化を分析した中川理『京都と近代――せめぎ合う都市空間の歴史――』鹿島出版会、二〇一五年は、「歴史都市」京都の特異性に加え、都市住民の意識の変容過程にも注目している。

コメント3　イギリス史の視点から

本内直樹

はじめに

本書の目的は、イギリス・ドイツ・日本の現代都市を歴史研究の対象とし、公的機関と民間組織が、ある共有された目的に沿っていかなる連携をみせ、都市を統治していくのか、その「ガバナンス」のありようを探っていくことにある。それゆえ現状分析を課題とする政治学・行政学などとは異なり、二〇世紀に登場する様々な統治主体の相互連関とネットワーク、都市統治のあり方の長期的変化を、政府機関、民間部門、企業、個人に関する広範な一次資料から実証的に明らかにし、これを歴史的文脈のなかに位置づけて評価を試みるものとなっている。

近年のイギリス都市史研究の動向に目を転じると、「ガバナンス」という切り口での分析は、我が国の都市史研究と比べると、すでに定着しているように思われる。たとえば、歴史家マーティン・ドーントン編『ケンブリッジのイギリス都市史　第三巻　一八四〇—一九五〇年 *The Cambridge Urban History of Britain. Volume III 1840-1950*』（二〇〇〇年）には「ガバナンス」の章立てが設けられ、以下のタイトルを持つ五編の論文、「中央政府と都市」、「都市ガバナンスの機能変化：議員・役人・圧力団体」、「都市の公共サービスの政治経済」、「社会サービスの提供」、「イギリス都市の構造・文化・社会」が収録されており、都市ガバナンスをめぐる多彩な研究内容が示されている[1]。また近年、都市史研究者シェイン・ユアンによる歴史学概説書シリーズの一つ『都市史とは何か？ *What is Urban History?*』（二〇一六年）の第三章「都市を統治する Governing Cities」では「政府 Government」から「ガバナンス Governance」へ、そして「統治性 Governmentality」へと分析視点の広がりを見せる研究動向が紹介されている。[2] このイギリスにおける都市史研究の豊かさは、一九世紀以来、現在に至るまで、理想的な都市建設を目指して様々な社会的実験（企業村、田園都市、田園郊外、戦災都市復興計画、ニュータウン等）を試みてきた経験の蓄積に由来しているのかもしれない。[3]

ところで筆者は、本書の共同研究が遂行されていたのとほぼ同時期に、二〇世紀の都市と住宅に関する共同研究（中野隆生代表「現代ヨーロッパの都市と住宅に関する歴史的研究」）に数年間、参加させていただいたことがある。[4] 二〇世紀のイギリス・ドイツ・フランスと日本の都市空間・居住空間に学際的な方向から接近し、比較考察を加えることを課題としていた。そこでは現代都市に共通してみられる現象においても国ごとの偏差や多様性を確認することとなった。二〇世紀都市史研究には解明すべき数多くの点が残されているのである。

本書第Ⅱ部第4―6章の三論文は、「ガバナンス」概念を共通認識の出発点として、二〇世紀の都市にいかなるアクターが登場・関与し、各々がどのような意図をもって相互に協調・対立の関係をみせ、そこにいかなる都市ガバナンスの特質が見出せるのか、近代都市には現れなかったような多様な主体に光を当て、相互の力関係を捉えることに主眼が置かれている。以下、イギリス史の視点からコメントを述べ、最後に「ガバナンス」論からみた都市史研究を展望してみたい。

一　制度とガバナンス

世紀転換期を迎えたイギリスは、一九世紀以降の工業化・都市化による失業と貧困、住宅不足、衛生問題、無秩序な郊外化といったレッセ・フェールでは解決しえない新たな問題が浮上し、これを政府の介入によって解決すべき時に来ていた。一九〇六年に政権をとった自由党は「リベラル・リフォーム」で一連の社会政策を確立していったのである。

第４章（馬場哲）が取り上げる両大戦間期イギリス都市計画法制度もそうした社会改革の流れのなかで成立をみたが、「都市」から「地域」へと計画対象（概念）を変遷させつつも、国土空間を国家の「計画」の下に置いていったことが示される。その過程で注目されるべきは田園都市協会をはじめとする民間団体や社会改良家などが主導権を握った点と、官民双方から多様なアクターが法制度の確立に関与したガバナンスのあり方である。ところが法制度は一九〇九年法、一九一九年法、一九三二年法と継承的発展をみたが実行力に乏しく、従来の研究では否定的な評価が下されてきた。しかし馬場氏は、この両大戦間期特有の官民協働型のガバナンスに着目し、戦後に繋がる「基礎固め」としてこの時代の法制度を積極的に位置付けようとする。

ここでいう戦後の法制度とは、一九四七年都市・農村計画法である。イギリスは第二次大戦後、四七年法で、地方当局に開発計画の策定を義務づけ、土地の開発権をすべて国家に移譲させた。また自治体みずからが開発事業を執行できるようにするなど、戦後の都市計画は、公共利益優先型へと変化したのである。戦時下の空襲被害で国土が疲弊したイギリスでは、戦後復興が最重要課題とみなされ、一九四〇年代の「都市計画ブーム」を背景に、各都市で商工団体、労働組合、慈善組織協会など多様なアクターが登場した。なかでも「イギリス的」社会主義に共感する計画主義者や労働党の政治家たちの力が大きく働いたことはよく知られている(5)。結果、戦後の四七年法で、中央政府は強力な計画権限を持つことになったが、このことは一九四五年以降イギリスが福祉国家の建設に向けた官僚組織の拡大化と中央集権型システムの構築に向けた動きのなかに求められる。

しかし戦後の都市計画制度も実りある成果をもたらさなかったのも事実である。省庁間の対立、制度調整機構の機能不全、保守的な政治家や既得権益層の存在、市民の持続しない関心など、実現過程において様々な制約がのしかかり、多くの場合、都市計画の実現に向けた強力なコンセンサスを形成するには至らなかったこともよく知られている(6)。

こうした戦後の官主導型ガバナンスの限界は、やがてイギリスの衰退認識を深めることとなり、八〇年代のサッチャー保守党政権による福祉国家の解体、つまり「大きな政府」からの転換を促すこととなった。このようにガバナンスの歴史的変遷を制度の統治効果と関連づけて考察してみるならば、二〇世紀都市史はイギリス歴史学界の重要な論点である「衰退論争」の議論に開かれたものになるだろう。(7)

二　専門職知識人のヘゲモニー

第4章と第5章（永山のどか）に共通して強調されるのが専門職知識人の果たした役割である。イギリスの場合、スコットランド人のトマス・アダムズの存在は注目に値する。農業従事者だった彼は、土地改革や田園都市構想への関心を出発点とし、既存の土地利用計画の実用化に向けて国際的な活動をみせ、四三歳で都市計画協会の初代会長に就任、様々な関連団体とネットワークを構築し、都市計画の専門性を追求していった。アダムズがイギリスを離れ、カナダ、アメリカで経験を積み、後年イギリスで官民両サイドにわたり地域計画を先導していったことは、政府が二〇世紀初頭に国土空間を適正にコントロールする為に専門家との協働なくしては「市場の失敗」を克服できなかったことを示している。またアダムズをはじめとする専門家集団の国際的ネットワークに着目する点も重要であり、それは都市史を一国史的なものに閉じ込めることなく、国境を越えた共時性と連動性を重視する「トランスナショナル・ヒストリー」としての新境地を開くことに通じるからである。(8)

ところで二〇世紀に至るまでイギリスで都市開発事業を担っていたのは建築家・土木技師・測量士だった。一九世紀を通して様々な専門職団体の結成がみられ、社会でその影響力を振るうようになってきたが、注目すべきは一九一四年の都市計画協会の誕生とこの団体が輩出する「都市計画家」という新たな専門職である。彼らはどのような新しい都市観・都市思想を身につけて登場したのだろうか。手がかりとしては都市計画協会が都市計画家の養成に必要とみなした教育内容（資格取得科目）に着目する必要があるだろう。近年の研究によれば、建築・土木の技法や実践のほかに、戦後には社会科学系の科目（経済学、社会学、計画官僚の養成を念頭に置いた行政学系の科目）にも開かれていったことが分かっている。(9) このことは、両大戦間期以降、都市計画家を地方自治体の役人として送り込むことと、都市計画のもつ性格が社会調査ブームの流れに乗じて「社会的領域」を帯び始めたことが背景にあるのだろう。この点で都市計画を「貧困観」をはじめとする世紀転換期以降の社会認識の変化と関連づけて考えてみる価値はありそうである。パトリック・ゲデスの生物進化論的発想から都市を有機的構成物として捉える見方や、エベネザー・ハワードの都市と農村の調和を試みた田園都市構想にみられるような一九世紀のユートピア的な思想の流れが、二〇世紀資本主義の志向する合理性・効率性と合流し、「専門職化 professionalisation」のプロセスを通じて都市計画家の都市観や都市形成プロセスがどのように（ラディカルに）変化していったのか、都市認識の連続と断絶をめぐる論点にも通じるだろう。そしてそのことが、二〇世紀イギリス社会における都市計画家のヘゲモニーの獲得とどう結びついてきたのか検討してみる余地はありそうである。

第二次大戦中に、都市計画を牽引したのは革新的な都市計画家であった。「反ファシズム」を目的として戦ったイギリス国民のあいだにデモクラシーの価値が深く浸透すると、都市計画の意思決定過程を「人々に開かれた」ものにするべく、計画家のなかには社会改革に熱心な政治家や市民と連携を図ろうとする者も登場した。(10) ここに都市計画のなかの公共圏を考えるヒントもあるだろう。またドイツ都市の事例においても、弁護士や非営利組織の役割が強調されているとおり、二〇世紀の都市ガバナンスの鍵となったのは、専門職階層に代表されるミドル・クラスのイニシアティブなのであった。

三　官民のコンセンサス？

第5章のドイツ都市の事例からは、多様なアクターの主体性が確認されつつ民間の「非営利組織」の果たした役割が強調される。市・非営利組織・専門家による住宅用地取得交渉の詳細な分析を通して、アクターどうしの関係が、協調的あるいは対立的なのか団地建設に向けたコンセンサスの位相を確認しようとするものである。イギリスと比較してドイツに特徴的なのは、非営利組織の存在の大きさである。永山氏のこれまでの研究からも分かるとおり、二〇世紀前半に非営利組織が社会的住宅建設に果たした役割はドイツ福祉国家の内実にとって重要な構成要素であった。[11]この点は、地方自治体が長らく公営住宅建設の担い手であったイギリスとの違いをなすものであり、その歴史的起源を遡ることはイギリス・ドイツの社会政策の相違を探ることに繋がるだろう。[12]その非営利団体が、一九六〇年代という経済成長の時代においても一貫して都市の形成に影響力を保持しえていることの意味を考えることは重要である。

官民双方の力関係についてみてみよう。シュツットガルト市では土地の減歩率をめぐり調整役の弁護士と非営利組織が、市との交渉過程のなかで市当局側から「妥協」を導き、結果、土地所有者に有利に働いたことの意味は、市当局の力量不足である。しかし後には、自発的区画整理事業をシュツットガルト・モデルとして制度化し、社会住宅の存在意義を保持しえた市当局としての力も発揮された。このことは結局、市当局の統治能力をどの程度評価することができるだろうか。官民双方が関与したこの団地建設は、結局、誰にとっての勝利を意味したのだろうか、市当局あるいは土地所有者・住民なのか、戦後のドイツ福祉国家の成果としてこの事例がどのように位置づけられるのだろうか。

土地分配に際して方法と決着のつけ方に着目すると、市当局の役人側は、民間人と比べて交渉能力や専門知識のうえでは劣勢に立たされていたことが分かる。それは一九六〇年代に広がった人々の権利意識の高まりが、市のガバナンス能力の欠如への不満となって現れた結果、交渉が土地所有者側に有利に働いたのだとすれば、ガバナンスにおける「統治される側」の存在も視野に入れて考えていく必要があるだろう。

四　都市の経済秩序

第6章（名武なつ紀）は、民間事業者が都市の経済的秩序の再編にどのように関与したのか、一九一〇年代の京都を事例に「ガバナンス」論から接近し、その評価と意味を探るものである。三菱合資会社銀行部の京都支店と地元企業との結び付きが、預金・貸出の動向分析から丁寧に考察される。新規参入の三菱が、京都経済の「深部」（西陣織物業）には積極的な介入をみせず、むしろ島津製作所のような近代的産業部門での取引によって好成績を収めたことは、京都の産業構造に何らかの変化を促すものである。この間、京都支店の存在は、地元商業関係者とのネットワークの構築を通じて地元経済界とのあいだに「信用」を醸成していったに違いない。都市経済の深部にあえて介入しなかったことで、むしろ金融恐慌の影響を受けず、地元からの評判を高くした点が興味深いからである。なにより「企業の育成」に熱心だった支店長・加藤武男の人格と「経営戦略」が受け入れられていったことは大きな意味を持つ。

支店銀行の果たした役割は、イギリスの場合でも評価される傾向にある。二〇世紀初頭にかけて地方銀行の合併化が進み、ロンドンに拠点を置く「五大銀行[13]」が大規模な銀行組織に変貌を遂げようとしていた。銀行内部の意思決定機関が中央執行部に置かれたことで銀行間の地域連携は希薄化したが、銀行業界の寡占体制は、国内市場と銀行制度に安定をもたらした。これにより支店銀行が企業への資金融通や会社の更生に関与するなど柔軟な支援を継続しえたことで、イギリスは一九三〇年代の大不況の危機を乗り超えられたことが評価されている[14]。地方都市の銀行にもイングランド銀行や日本銀行といった国家の中央銀行からの統制が働くことも看過することはできない。中央と地方、本店と支店の両者を統一的に捉えていくことで、政府・銀行・企業の相互連関性をより一層解明しうるだろう。

おわりに

以上、イギリス史の視点からコメントさせていただいた。ここであらためて都市史を「ガバナンス」というフレームワークから接近することの積極的意味について、ユアンの概説書から二点まとめてみよう。

第一に、「ガバナンス」概念は、政府機関も「市民社会」を構成する一つのアクターとして相対化することを意味している。中央・地方の公的機関と中間組織のネットワーク、協働による取り組みが、どのようなかたちで都市の政策形成に影響を及ぼすのか明らかにしうる点に意義を認めている。都市統治の担い手の属性と多元性を確認し、また政府機関が持つ統治権限の流れを上意下達の垂直方向のみに捉えるのではなく、「ヨコ」への働きに視点を広げていくことで、都市を主体的な市民からなる構成体として理解するのである。

第二に、都市ガバナンスを長期的視点から分析することの意義である。官民双方の関連性がどのように変化してきたのか明らかにしうる点、そのうえで各都市の個別事例で明らかにされるガバナンスの多様な形態が、国際比較のうえで分析対象になりうるのである。(15)

いずれにせよ、「ガバナンス」という分析視角は、従来の歴史研究のパースペクティブからは注目されにくかった人々や諸集団に光を当てることになるだろう。たとえば近年、イギリス現代史家デイヴィッド・エジャートンが研究テーマの相対化を主張するように、これまで描かれてきた二〇世紀のイギリス史とは、福祉国家の歴史を中心に、労働者階級、労働組合、労働党、国営企業、男性、社会政策学者、社会主義者といった公的領域で顕在化しやすい側に着目されることが多かったが、その一方で影の薄くなった二〇世紀イギリス資本主義における民間企業、ミドル・クラス（専門職層）、女性、専門技術者、保守層などの存在を今度はより一層照らし出すことに通じるのかもしれない。(16)

そうした意味で「ガバナンス」論は、様々な主体を歴史に登場させることと、人的ネットワークの働きを発見することで新たな歴史像を提示しうる可能性を秘めているのではないだろうか。ここではこれ以上立ち入った考察はできないが、二〇世紀都市史研究には、近代都市とは異なる主体がいかなる目的を共有し、どのような統治の実践をみせたのか、まだまだ検討すべき領域が残されていることは確かである[17]。それら数多くの主体が相互に複層的に絡み合っていくなかで、異なる選択肢がどのように選び取られ、その結果、都市の統治システムがいかに構築されていくのか個別実証的に検証していくことが求められよう。その際、統治主体の存在を相対化するだけに終わらせることなく、誰がどのようなかたちで実権を行使しているのか、統治権限・権力との関連性を押さえておくことが重要である。

註

（1）Martin Daunton（ed.）, *The Cambridge Urban History of Britain. VolumeIII 1840-1950*, Cambridge: Cambridge University Press, 2000, pp.261-425.

（2）Shane Ewen, *What is Urban History?*, Cambridge: Polity Press, 2016, pp.55-74. ユアンは、ミシェル・フーコーの「統治性」の議論に触発された都市史研究を紹介している。統治の実践と技法の内的関連性から規律権力の働きを読み解き、都市空間に内在する複合的な統制力を確認するものである。たとえば一九五〇年代後半にシェフィールドのスラム・クリアランスによって完成したパーク・ヒル団地を事例に、住宅省とモダニズム建築家の設計指針、住空間に入居者を馴致させるための啓蒙と規律、住民の「自由」を考察した論稿として、Matthew Hollow, 'Governmentality on the Park Hill estate: the rationality of public housing', *Urban History*, Vol.37, No.1（2010）, pp.117-135.

（3）本内直樹「イギリス都市史研究の動向――二十世紀の都市・住宅・市民社会」『都市史研究』二号、都市史学会編、山川出版社、二〇一五年、八〇―八七頁。

（4）中野隆生（編）『二十世紀の都市と住宅　ヨーロッパと日本』山川出版社、二〇一五年。

（5）Nick Tiratsoo, Tony Mason, Junichi Hasegawa, Takao Matsumura, *Urban Reconstruction in Britain and Japan, 1945-1955: Dreams, Plans and Realities*, Luton: Luton University Press, 2000; James Greenhalgh, *Reconstructing Modernity: Space, Power and Governance in Mid-Twentieth Century British Cities*, Manchester: Manchester University Press, 2017.

（6）ニュータウンの場合、政府・自治体・開発公社・専門家といった複数の統治機関による運営に限界がみられた。Iiki Suge, 'The Nature of Decision-making in the Post-War New Towns Policy: The Case of Basildon,c.1945-70, *Twentieth Century British History*, Vol.16, No. 2（2005）, pp.146-169.

（7）Jim Tomlinson, *The Politics of Decline: Understanding Post-war Britain*, Harlow: Longman, 2000, pp.83-96.

（8）ローズマリー・スウィート「イギリス都市史研究の新潮流」『都市史研究』二号、都市史学会編、山川出版社、二〇一五年、一〇六―一二〇頁。

（9）Tatsuya Tsubaki, 'Generalist or Specialist? A Note on the Early History of the British Town Planning Profession, with Particular Reference to the Debates on the Qualification and Education of Planning in the 1940s', in Makoto Ohno（ed.）, *Institutionalization of Science and the Public Sphere in Modern Britain*, Report of Research Project, Grant-in-Aid for Scientific Research, 2018,（B）（No. 26284088）, pp.127-141. 長谷川淳一「一九四七年都市農村計画法制定期のイギリスにおける都市計画家の資格をめぐる論争」『都市計画論文集』日本都市計画学会、一九九九年、五一七―五二二頁も併せて参照されたい。

（10）本内直樹「イングランド北東部ミドルズブラの戦後復興と『民主的計画』――都市労働者の住宅団地と共同体の再建をめぐって一九三九―五一年」、中野（編）『二十世紀の都市と住宅』、四九―八〇頁。

（11）永山のどか『ドイツ住宅問題の社会経済史的研究――福祉国家と非営利住宅建設』日本経済評論社、二〇一二年。

（12）椿建也『イギリス住宅政策史研究一九三九―四五年：公営住宅の到来と郊外化の進展』勁草書房、二〇一三年。

（13）バークレイズ銀行、ロイズ銀行、ナショナル・プロヴィンシャル銀行、ウェストミンスター銀行、ミッドランド銀行を指す。

（14）Lucy Newton, 'British Retail Banking in the Twentieth Century: Decline and Renaissance in Industrial Lending', in R. Coopey and P. Lyth（ed.）, *Business in Britain in the Twentieth Century*, Oxford: Oxford University Press, 2009, pp.189-193.

（15）Ewen, *What is Urban History?*, pp.55-74.

（16）David Edgerton, *The Rise and Fall of the British Nation: A Twentieth Century History*, London: Allen Lane, 2018, pp. xxviii-xxix.

（17）近年、イギリス郊外史研究の進展が目覚ましい。二〇世紀以降の郊外居住の広がりと社会的・空間的モビリティは都市圏ガバナンスの再考と都市政策の変容を促す。郊外から今度は逆に都市を捉え返す視点によって従来の都市と農村といった二分法の再検討が求められるだろう。Mark Clapson, 'Cities, Suburbs, Countryside', in Paul Addison and Harriet Jones（ed.）, *A Companion to Contemporary Britain 1939-2000*, Oxford: Blackwell, 2005, pp.57-75.

コメント4　現代都市への転換と新たな主体
――日本近代都市史の立場から――

松本洋幸

はじめに

日本においては一九二〇―三〇年代は第一次都市化の時代とも呼ばれ[1]、市部の人口は一九二〇年の一〇一〇万人(約二〇パーセント)から一九四〇年の二七五八万人(約三八パーセント)に増加し、市制施行都市は八三から一六八へと倍増した。一九二〇年代には東京・大阪・名古屋・京都・横浜・神戸が六大都市と総称されるようになり、一九三〇年代に入ると重化学工業化を背景とした中小工業都市が叢生した。交通網の発達に伴い都市の外延的拡張が進む一方、市街地で都市計画事業が行われ、都市内部の構造も大きく変容を遂げていった。

本書第Ⅱ部は、こうした近代都市から現代都市への構造変化を「都市ガバナンス」の視点でとらえるものである。「都市ガバナンス」とは、中央政府、地方政府、民間企業、ボランタリー・セクターなど、重層的かつ多様な諸主体間の相互作用によって構築される都市秩序であり、それが内的なもしくは外的な状況の変化によって変容し、新たな都市秩序が形成される過程を明らかにすることが、各章に共通した問題意識となっている。

日本近代都市史研究において、「都市ガバナンス」という用語が積極的に活用されているわけではないが、それに類する研究蓄積は多い。まず、それらを概括した上で、あえて「都市ガバナンス」概念を導入することの意義を考えてみたい。

「都市ガバナンス」を「都市支配」と置き換えるならば、小路田泰直氏や原田敬一氏の研究がまず挙げられよう[2]。二〇世紀転換期に確立した地域有力者層による予選体制が、一九一〇年代に入り都市問題を解決できずに統治能力を低下させるなか、専門的な都市行政官や技術官僚たちを中心とする都市専門官僚制が成立し、市会を掌握しながら第一次大戦後の社会政策に積極的に取り組んでいった。大阪市を主たるフィールドとして一九九〇年代に提起された、名望家的都市行政から官僚制的都市行政への移行という枠組みは、今日でも一定の有効性を持っている。

これに対し、二〇〇〇年代に入ってから、東京・横浜では櫻井良樹氏・源川真希氏・大西比呂志氏らによって「市政」研究が深められた[3]。都市の政治構造を「都市支配」という垂直的関係ではなく、むしろ多様な政治主体が繰り広げる政治過程として捉える点が特徴である。具体的には、市政執行部と市会との関係、各種議員の選挙母体となる公民団体や町内会の実態、東京の社会問題に積極的に取り組んだ市政研究会グループ、政府との強いパイプを持つ政党勢力や都市官僚の動向など、多様なアクターと、その相互関係が分析対象となっている。

また「都市ガバナンス」を「都市行財政の運営」と理解すれば、大石嘉一郎・金澤史男編著『近代日本都市史研究』は、その代表例であろう。同書は、それまでの大都市中心の都市史研究を批判しつつ、地方都市における担い手層と都市行財政の管理運営の変化を軸として、近世都市から近代都市、近代都市から現代都市への転換を扱ったものである[4]。このほか豊富な自治体史編纂の成果などを生かしながら、他の中小都市や地方都市でも多様な市政運営の在り方が明らかにされている。

さらに第一次大戦後に新たなテクノロジーとして登場する都市計画を主たる対象として、膨張する都市空間の編成・維持を取り上げた研究も、「都市ガバナンス」の一分野と言えるだろう。二〇世紀全般にわたる首都・東京の都市計画史については、越沢明氏・石田頼房氏らが一九八〇年代から研究に着手していた[5]。また二〇〇〇年代に入ってからは、交通機関の拡大と都市空間編成の問題を扱った鈴木勇一郎氏の研究[6]や、広域的空間と個別都市の市政を扱った首都圏形成史研究会の論文集など[7]は、先述の市政史研究と都市計画史とを架橋するものと言えよう。

このように近代日本都市史研究において、「都市ガバナンス」に類似した研究は一定の蓄積を積んでいる。そうした中で、あえて「都市ガバナンス」を取り上げる積極的意義を挙げるとすれば、現代都市への移行に伴い行政国家化が進むなかで、従来あまり注目されることの少なかった民間のボランタリーな制度・組織や企業・個人などを新たな都市秩序の担い手として積極的に位置づける点、ならびに都市秩序をリジッドな体制ではなく、そうした重層的で多様な主体間の相互作用で不断に再生産される過程として把握する点、の二つに求められるであろう。

実は、本書と非常に親和性を持った問題意識で、『近代都市の装置と統治　一九一〇〜三〇年代』という論文集を編集したことがある[8]。同書では、都市の維持・再生産に不可欠な装置（市街電車、し尿処理、軍隊、市場・マーケット、神社、墓地、寺院、水道、公園など）を切り口として、その建設・運営・利用などに関わる様々なアクターの相互関係を取り上げた。登場したアクターの中には、市長・市当局（各部門）、専門官僚・技術者、市議会、政党などは勿論のこと、より広域的な問題をはらむ政府（各部門）、府県郡、他都市・周辺町村、さらには都市内部の社会集団である、名望家、地域集団、同業団体、労働組合、利用者、住民団体などに加え、あまりこれまでアクターとして注目されなかった企業、金融機関、各種協会（技術者集団など）なども取り扱った。

第4—6章は、近代都市から現代都市へと都市構造が大きく変化する中で登場する新たな主体に注目し、そこで形成される新たな諸関係に考察を加えたものである。以下、日本近代都市史研究の立場からコメントを述べ、最後に「都市ガバナンス」論の可能性について触れることにしたい。

一　地方計画の展開と都市計画家の登場——第4章（馬場論文）へのコメント——

第4章（馬場論文）は、戦間期におけるイギリスの都市計画の展開と、都市計画家の先駆的存在であるトマス・アダムズの足跡をたどったものである。イギリスにおける都市計画の嚆矢とされる住宅・都市計画等法（一九〇九年制定）は、第一次大戦後の住宅問題の深刻化を背景として、一九一九年に改訂され、人口二万人以上の自治体に策定義務が課されることとなった（但し実際には順調に進まなかった）。一九二〇年代に入ると、複数の自治体が関わる合同委員会による地域計画の登場や、農村保存の観点が加わり、一九三二年の都市・農村計画法の成立に至る。こうした流れを主導したのが、一九一四年に設立された都市計画協会とそこに集った専門家たちであった。当初はトマス・アダムズのような官民双方で活躍する都市計画家や民間コンサルタント会社が都市計画・地域計画を牽引していったが、一九三〇年代に入って彼らの地位向上が図られ、やがて地方自治体が自ら計画官を雇用するようになり、一九四〇年代以降の都市計画の本格的展開へとつながっていく。いわば両大戦間期のイギリスの都市計画は、その基礎固めの時代であったと結論付けている。

日本においては、東京市で市区改正事業が明治二〇年代に始まっていたが、二〇世紀初頭に入ると、他の大都市でも都市社会主義の影響などを受けて都市改良に着手する一方、内務省の若手官僚が中心となってエベネザー・ハワードの田園都市構想が紹介された。一九一八年には東京市区改正条例の適用範囲が六大都市に広がり、さらに一九一九年に都市計画法と市街地建築物法が制定された。都市計画法は、対象範囲を市域に限定せず、周辺の郡部も「都市計画区域」に包含することができた。さらに一九三三年に都市計画法が改正され、町村にも都市計画の適用が可能となり、個別都市を越えた広域的な「地方計画」が立案されるようになった。日本の場合、イギリスほどの強制力はなかったが、一九四〇年時点で同法適用市町村は四五一に及んだ（『日本都市年鑑　第一〇』）。都市計画の動向が、イギリスと日本でほぼ共時的な現象を示している点は極めて興味深い。

都市計画家の登場という論点も頷ける。日本における都市計画を主導したのは、一九一八年に新設された内務省の都市計画課や、各府県に置かれた都市計画地方委員会の技官たちであった。彼らは一九一七年に創設された都市研究会に参加し、雑誌『都市公論』や講習会などを通して、専門知識・技術の共有・普及を行い、次第に専門家集団として、内地のみならず、外地の植民地や満洲でも都市計画を推進して行った。イギリスとは対照的に、日本の場合、都市計画の知識・人材は官の側に集中していたが、その人的ネットワークや活動は、恐らく民間のコンサルタントが台頭する一九六〇年代頃まで大きな役割を果たしていたと考えられる。

ここで注意したいのが、第4章（馬場論文）でも注目されている地域計画 Regional Planning の存在である。地域計画とは、複数の自治体が関わる合同委員会で策定される広域計画のことを指す。この制度は一九一九年法で定められ、一九二〇年代には南部の炭坑地域やロンドンのような大都市圏でも主流となり、一九三一年時点で国土の約三分の一をカバーするまでに至った。これらの趨勢をうけて、到達点として位置付けられたのが一九三二年の都市・農村計画法であるという。このように、イギリスにおける地域計画は、都市計画の経験的拡張であり、その集合体としての性格が強いとされる。

日本でこの Regional Planning を「地方計画」と訳したのが、飯沼一省という人物である。飯沼は、戦前期・日本の都市計画の理論的支柱となり、戦後は都市計画協会の会長をつとめた。彼は、一九二三年に欧米各都市を歴訪し、イギリスやアメリカの Reginal Planning に影響を受けて帰国した後、従来の大都市の膨張を前提とした都市計画の在り方を批判し、むしろ衛星都市を育成して大都市の過密化を避けるための地方計画を推進していく。その理想を具現化したものが、一九三三年の都市計画法改正であった。時を同じくして、東京近県における中小都市が都市計画法の適用を受ける一方、半径五〇キロメートル圏内を対象とする東京緑地計画協議会が設置されるなど、広域計画がスタートし、戦後の首都圏計画の原点の一つとなった(9)。

地方計画は、従来の大都市中心の都市計画を乗り越えるべく登場したもので、都市計画を積み上げたものではない。このため両者は符合する部分も多いが、矛盾する場合もみられる。最も象徴的なケースは、時期が第二次大戦後に下るが、首都圏整備法におけるグリーンベルトの事例であろう。大戦後の大ロンドン計画をも参照したこの首都圏整備計画は、東京への人口と産業の集中を避けるために、周辺地域に職住近接の衛星都市を育成しつつ、両者の間に一定の開発抑制地域を設定するというものであったが、発表後すぐに開発抑制地区の反発を生み、衛星都市間での激しい開発競争を招いた。広域計画と個別の都市計画は、相互に重なる部分を見せながらも、その推進主体や理念などが対立する場合もしばしばである。結果的に戦前の日本で策定された地方計画は、一九三九年の東京緑地計画など一部にとどまった。

アダムズの経歴や、中部サリー地域計画スキームの内容などから考えて、当時のイギリスの地域計画が大都市の過密抑制と郊外開発のコントロールを目指すものであったことは推測されるが、その理念や理想とされる都市群像とはいかなるものであったのか。飯沼が考えていたような、それ以前の都市計画との間に断絶はないのか。また地域計画を遂行する上で、個別の都市計画との間で摩擦がなかったのであろうか。さらに広域行政体である州や、一九三〇年代後半から本格化する国土計画との関連はどうであろうか。日本においても、都市計画—地方計画—国土計画の相互関係をとらえる研究も見られるが[10]、十分な事例研究が深められているとは言い難い。そうしたレベルの異なる各種計画の相克・止揚の過程を、重層的なアクターを絡めながら紐解いていくことが、都市ガバナンスの次なる課題になるであろう。都市計画専門家の地位向上という論点も、そうした文脈のなかで考える必要があろう。

二　一九六〇年代における土地・住宅政策をめぐる官民の相互関係
——第5章（永山論文）へのコメント——

第5章（永山論文）は、一九六〇年代のドイツにおける住宅建設を目的とした区画整理の遂行過程を官民双方のアクターから分析したものである。一九六〇年代のドイツでは、住宅経済の自由化が進んだことで、それまで住宅政策を主導してきた公的セクターの役割が低下する一方、土地所有者や非営利組織、民間施主など民間サイドの交渉能力が高まった。シュツットガルト市のノイゲロイト団地では、一九五〇年代半ば以降に始まった用地取得は一〇年が経過しても予定の半分に達しないなど、大幅に事業が遅滞した。その原因は、市が提示した買収価格の低さもさることながら、団地予定地内で自らの建設用地を確保したい地権者側の要望を、市側が十分にとらえ切れず、有効な土地利用の仕組みを提示できていないことにあった。この隘路を脱却したのが、自発的区画整理事業という新しい枠組みであった。この方法は、地権者に一定の減歩を強いつつ、社会的住宅建設用地を確保し、地権者にも同率の土地所有を認めるというものであった。この手法は、所有者側に歩み寄りを見せる柔軟な姿勢をとった同市副市長のファレンホルツと、地権者側に近い立場にありそのニーズをくみ取ることができた、非営利土地開発会社、弁護士メールレの三者間の連係プレーで実現したもので、連邦政府もこれを評価し、以後「シュツットガルト・モデル」として定着していった。

同論文で強調されるのが、住宅土地取得をめぐる官民のバランスである。一九六〇年代に入りガバナンス能力を低下させた市側は、自発的区画整理事業に着手する時点で、減歩率を大幅に縮減するなど、民間サイド（土地所有者側）の意向に歩み寄ることを余儀なくされた。但し、この方式をモデル事業として一般化する過程においては、市当局・市議会の議論のなかで、社会的住宅建設の目的を逸脱しないよう、一定の利用制限が付されることとなった。すなわち一九五〇年代以降にほぼ定着した福祉国家体制においても、公的セクターのガバメント能力は盤石なものではなく、常に民間セクターとの間での競合・妥協にさらされており、両者の関係は固定的なものではなく、常に可変的かつ流動的なものであったことを示している。

一九六〇年代の高度経済成長期の日本においても、住宅問題は地方自治体にとって最大の政策課題であった。筆者が自治体史編纂に携わっている神奈川県藤沢市の場合、一九六〇―六五年の人口増加率が四〇パーセントを超え、日本住宅公団のほか、県、市、さらには多くの民間不動産会社が集合住宅を建設した。民間会社による無秩序な乱開発が進む一方で、住宅・交通・教育など様々なインフラの整備が追い付かず、確かに公的セクターのガバナンス能力は充分ではなかった。しかし、一九六〇年代半ば以降、市側も民間事業者に一定の開発規制を設けたり、学校・公園用地の負担を求めたり、あるいは民間事業者の開発熱を誘導しながらニュータウンを整備するなどして、市側の都市計画に順応させるような体制を整えていった[11]。特に東京都や神奈川県で一九六〇—七〇年代に多数誕生する革新自治体では、そうした試みを先駆的に行った。このように考えると、一九五〇—六〇—七〇年代における土地政策・住宅政策のガバナンスをめぐる官民の関係は、よりダイナミックな展開を見せるかもしれない。

三　都市化と金融資本——第6章（名武論文）へのコメント——

第6章（名武論文）は、これまであまり都市のアクターとして注目されてこなかった金融機関を取り上げたもので、一九一五年一〇月に開業した三菱合資会社銀行部の京都支店の動向を扱っている。支店長加藤武男は、以前の勤務先であった神戸支店や大阪支店時代に培った人脈や情報網などを利用しながら、開業当初から順調に預金収集で成果をおさめた。その一方で、貸出については芳しい成果が得られなかった。三菱は京都市場では参入が遅く、また中核を占める西陣織などの伝統産業は規模が零細で安定感に乏しいことから、積極的な融資を控えていたためである。しかし一九一六年六月以降、郡是製絲・島津製作所など大口の取引先が生まれ、預金・貸出とも事業を拡大していった。特に第一次大戦下において規模拡大を狙う蚕糸業界、蓄電池の国産化・国内需要の拡大を図る新興工業界の期待に応える形で、三菱が積極的な融資を行っている点は、当該期の急速な工業化を再考する上でも重要な論点を含んでいると言えるだろう。

一九二〇—三〇年代の京都市は、それまでの遊覧・観光都市から商工業都市へと、大きく都市構造を変えていく。第一次大戦中から京都では機械・電機・化学工業系の会社の進出が相次いだが、その先頭を切る形となったのが、第6章で詳述されている島津製作所と日本電池であった。京都市は一九二〇年に工業研究所を開設し、市内工業の生産力増強と製品改善を目指した[12]。京都市長・府知事・商業会議所会頭からの強い貸出要請があったことは、当時の主要な公的セクターが、三菱合資会社銀行部京都支店を経済的アクターとして認知し、三菱側もそれに応えたと考えてよいであろう。

　こうした民間金融機関が一九二〇年代における都市計画事業や、郊外開発に果たした役割を今一度再考してみる価値は十分にあると考えられる。ここで紹介したいのが、一九三二年に東京市と合併する郊外八二町村の債務状況等を分析した神山恒雄氏の論文である。(13) 氏によれば、都市化の進展とともに上下水道・小学校建築など社会資本の整備が喫緊の課題となり、郊外町村では起債を行うが、その財源調達先としては預金部や簡易保険局など政府系金融機関が大きな割合を占めるものの、公的資金にも限界があり、その不足分を三菱・安田などの財閥系銀行や大手生命保険会社からの融資で埋めていた（多い場合は五〇パーセント超）という。これまで一九二〇―三〇年代の都市財政については政府系金融機関への依存性が強まることが指摘されてきたが、(14) 民間金融機関がその限界を埋める役割を果たしたことは、当該期の都市の外延化を支えた大きな条件として注目すべきことであろう。

　京都市では一九一〇年代には三大事業、一九二〇年代には都市計画事業が進行していたが、前者の財源は専ら外債により、後者の中心である街路拡張事業の財源は受益者負担制度によったため、直接的には三菱が果たした役割は確認できなかった、とのコメントを名武氏から頂いた。但し、先述した通り京都市の工業化という文脈ではその端緒を開いたとも言えるだろうし、京都市の他のインフラ整備事業や、周辺の市町村への融資なども射程に含めれば、その役割は本論で展開されているものよりも大きいものになるかもしれない。名武論文では、そうした可能性も含めて、あらためて都市化と金融資本との関係、さらには都市ガバナンスにおける金融機関の役割の大きさを再認識させられた。

おわりに

　以上のようにイギリス・ドイツ・日本を扱った第4―6章の三論文で提起された、現代都市の中で登場してくる新たなアクターや、そこで展開された都市秩序の再編をめぐる議論は、主として首都圏の都市史を研究してきた筆者にとっても、共時的な問題ばかりで、大変刺激的なものであった。そうした意味で、国や地域を越えて転移可能な「都市ガバナンス」論は、比較史的視座を提供する上で極めて有効であることを確認した次第である。

日本近代都市史研究の一つの課題として、個別都市の分析を越えて、都市相互の関係性が都市空間にいかなる変化をもたらすか、にも注目が集まりつつある。第4―6章で取り上げられたような、外部の多様な空間と接触を持ちながら、複数の都市で活躍するアクターの動向や、そこで展開される多様な「都市ガバナンス」の相互関係などをさらに実証的に検討することで、より豊かな都市史の研究成果が得られることを期待したい。

註

(1) 宮本憲一『都市経済論』筑摩書房、一九八〇年、一七二―一七六頁。
(2) 小路田泰直『日本近代都市史研究序説』柏書房、一九九一年、原田敬一『日本近代都市史研究』思文閣出版、一九九七年。
(3) 櫻井良樹『帝都東京の近代政治史』日本経済評論社、二〇〇三年、大西比呂志『横浜市政史の研究』有隣堂、二〇〇四年、源川真希『東京市政』日本経済評論社、二〇〇七年など。
(4) 大石嘉一郎・金澤史男編著『近代日本都市史研究』日本経済評論社、二〇〇三年。
(5) 石田頼房『日本近代都市計画史研究』柏書房、一九八七年、越沢明『東京の都市計画』岩波書店、一九九一年など。
(6) 鈴木勇一郎『近代日本の大都市形成』岩田書院、二〇〇四年。
(7) 梅田定宏・大西比呂志編『「大東京」空間の政治史』日本経済評論社、二〇〇二年。
(8) 鈴木勇一郎・高嶋修一・松本洋幸『近代都市の装置と統治　一九一〇～三〇年代』日本経済評論社、二〇一三年。
(9) 中村元『近現代日本の都市形成と「デモクラシー」』吉田書店、二〇一八年、第五章、拙稿「『首都圏計画』の変遷」『年報　首都圏史研究　二〇一五』第五号、二〇一六年七月。
(10) 御厨貴『政策の総合と権力』東京大学出版会、一九九六年、第四章、梅田定宏「『大東京』から『大東京空間』へ」、前掲『年報　首都圏史研究　二〇一五』など。

(11)（続）藤沢市史編さん委員会編『都市化と市民の現代史』藤沢市文書館、二〇一一年。
(12)『京都の歴史八　古都の近代』学藝書林、一九七五年、三九三―三九四頁。京都市史編さん委員会編『京都市政史　第1巻』京都市、二〇〇九年、四二九頁。
(13) 神山恒雄「大都市近郊の町村財政」、前掲『近代都市の装置と統治』。同「東京市の市域拡張直前における隣接五郡の町村債」明治学院大学『経済研究』一四三、二〇一〇年。
(14) 金澤史男『近代日本地方財政史研究』日本経済評論社、二〇一〇年。

終　章　現代都市史研究における都市ガバナンス論

高嶋修一・森　宜人

はじめに

本書のタイトルは『二〇世紀の都市ガバナンス』である。

ここでいう「二〇世紀」というのは単に西暦一九〇一年から二〇〇〇年までの時間を指すのではない。我々はこの語に、都市社会がそれ以前の「長い一九世紀」とは異なる特質を帯びた時期という意味を込めた。つまり、第一次大戦期以降に展開し、第二次大戦後に黄金期を迎え、一九七〇年代以降に再び変質していった「短い二〇世紀」を「現代」と捉える枠組みをひとまず受け入れたうえで、この時期の都市を対象とした分析を通じて「現代」の特質を把握しようと考えたのである。その背景には「都市史研究が現代社会経済史研究全体に対して貢献しうる可能性を探る」（序章）という底意があり、本編で取りあげた事例はそれぞれに「現代」社会の特質を反映していたと考えている。

そして我々はまた、現代社会の特質を探るにあたり「ガバナンス」という概念が有効であるとも考えた。この概念については序章で詳述されているが重複を恐れずにその内容を確認すると、中央政府・地方政府・民間企業・ボランタリーな結社などの組織が協力や対抗を通じて都市社会における秩序の構築・維持・再編を行うことである。第6章で名武なつ紀が用いた「協治」という語は（一九二頁）、我々の意図するニュアンスを的確に表していると言えよう。

本章では、このような意味でガバナンス概念を用いたことが現代社会経済史研究の文脈においてどのような意味を持ち得るのかを確認し、ついで本書が最近の都市史研究の動向の中でどのような位置を占めると考えているのかについて述べ、最後に日本現代史研究における「生活国家」論と編者の一人である高嶋がかつて提唱した「非公共」論を補助線として方法論的展望を述べることとする。

一　現代史研究と都市ガバナンス論

社会の現代化に関する古典的な議論としてはまず国家独占資本主義論が挙げられるが、それは端的に言って独占資本による人々からの収奪の側面を説明しようとするものであった。たとえば各種の社会保障政策についてはあくまで階級融和政策として把握し、最終段階に至った資本主義の延命策として理解したのである。こうした「収奪の論理」は元来、戦争を通じた資本主義の高度化が階級対立を「調和」に向かわせるという戦争肯定につながる主張への批判として展開したものであったことには留意しておくべきであろう(1)。しかし同時に、いまとなってはそうした理解が事態の一面に過ぎなかったことも否めない。そのことは、本書の実証によっても明らかである。

たとえば本書第2章で述べられた第一次大戦後のドイツにおける失業給付システムは、まず民間あるいは都市の自発的な動きが存在し、それをのちに国家(ライヒ)が制度化したのであった。第二次大戦後の社会保障政策の展開や「豊かな社会」の出現に関しても、第5章が題材とした西ドイツの住宅供給に見られたように、単に連邦や州の政府が体制維持のために(たとえば東独への対抗上やむを得ず)社会住宅を供給したというよりは、切実なニーズを満たすための人々の自発的な試行錯誤が次第に洗練され制度化されていったと理解するほうがリアルな理解であろう。「収奪の論理」は経済史研究において今なお通説的な座にあるが、見直しが迫られていると言える。

「現代化」にともなう資本主義の変質を「収奪の論理」によってではなく「扶助の論理」によって説明しようとし

た議論が、福祉国家論であった。福祉国家（Welfare State）という言葉の起源は一つではないとされるが、通俗的には第二次大戦中のイギリスにおいて枢軸国側を戦争国家（Warfare State）と呼んだこととの対照で用いられたことが人口に膾炙するきっかけであった。学術的な文脈では、一九七〇年代のオイルショックを契機として社会保障政策の見直しが各国で進むに及び、エスピン＝アンデルセンに代表されるように(2)その差異を析出し類型化するための概念として用いられるようになった。

福祉国家論は第二次大戦後に資本主義が死滅するどころかむしろ豊かな展開をみせた現実を理解するための手がかりを与えた。しかし一方で、政府の大小あるいは役割の強弱によって各国を類型化するという方法が限界を伴っていたことも否めない。日本についていえば、「日本は福祉国家として不十分である」という規範的な議論に偏してしまうきらいがあり、事実いくばくかの福祉史研究はそうした主張に終始した。しかし、こうした断罪型の議論は「なぜそうなったのか」という歴史的・内在的な視点を欠落させてしまうであろう。

こうした福祉国家論に対して、たとえば大沢真理は「国家福祉が未発達な時代や社会、国家福祉の比重や役割が低下する時代や社会は視野に入りにくい」と批判を加え、「あらゆる財・サービスの生産・分配やそれに伴う所得の流れを視野に収め」る方法として「生活保障システム」論を提唱した。(3)この見方は、第一に人々の生存や生活に必要な財やサービスのすべてを視野に収めるのであって狭義の福祉のみを対象にするのではないこと、第二にそれがガバメントに限らず多様な社会関係を通じて調達・供給されることを念頭に置いていることにその特徴があり、本書にも多くの示唆を与えている。

国家福祉以外の多様なアクターの貢献に着目する議論としては、高田実の「福祉の複合体論」がある。高田はイギリスを例にして、一九世紀的な「近代」の福祉において救貧法による保護に加え様々な自発的結社による「民間福祉」が重要な役割を果たしたことを指摘したうえで、二〇世紀的な「現代」の福祉においてもそれが新たに登場した「国家福祉」との複合により存続したとする。(4)こうした見方は、狭義の「福祉」に限らず「あらゆる財・サービス」

について対象を拡大する場合においても有効であろう。

こうしてみると、本書が「ガバナンス」という語を用いて目指したのは、様々なアクターが存在することを指摘するのみにとどまらずそれら相互の関係をも捉え、「現代都市」において人々が生きていくための財やサービスはいかなる社会関係を通じて供給されたのか、あるいはされるべきであると考えられたのかを追究することであったと言い換えることもできよう。それは「資本主義の延命策として国家が（狭義の）福祉を提供する」というスケッチを克服し、「協治の論理」によって現代社会を理解することにもつながると考えられる。

しかし、こうした大きな課題を具体的な実証作業に結び付けるための回路は、対象とする地域・国家によって異なるように思われる。それぞれに異なる研究史上の文脈を背負っているからである。そこで、以下ではまずヨーロッパ都市史研究の近年における潮流とガバナンス論との関係を整理し、ついで最近の日本近現代都市史研究のなかから、本書の問題関心と関連付けられる成果について論及することとする。

二　ヨーロッパ都市史研究における都市ガバナンス論

近年のヨーロッパ都市史研究において現代都市のあり方を論じる場合、社会学者W・ジーベルの見解がしばしば参照軸とされる。ジーベルによれば、現在のヨーロッパ都市のあり方は、風土や、歴史、政治体制、経済的機能などに応じてきわめて多様ではあるが、非ヨーロッパ地域と比較すると、次のような共通点が浮き彫りとなる。（1）「市民社会 bürgerliche Gesellschaft」が形成された場であるとともに、それを基礎とする様々な社会的制約からの人々の「解放」を通じた資本主義および民主主義へといたる社会的ダイナミズムが展開した場としての歴史的特性と、それに裏打ちされた「解放」への期待という表象、（2）前近代以来の農村との明瞭な区分、（3）多様な領域における強い中心地機能、（4）一九世紀の都市化に起因する各種社会問題を解決するなかで培われた都市政策の計画性、（5）

二〇世紀の「社会国家 Sozialstaat」（福祉国家）の誕生とともに、国家および都市自治体による社会政策や、「社会的なるもの Soziales」をより強く志向する都市計画によって都市の生活環境が調整されるようになったこと(5)。

これらのメルクマールを実態分析に適用する上では、無論、慎重な取り扱いが求められる。だが、そのアンサンブルとしてのヨーロッパ都市という理念型は、特に「解放」への期待や、計画性、そして社会国家の影響に注目するならば、本書のコメント1（羽貝）のなかで指摘されている「あるべきガバナンス」の一例として、都市ガバナンスについて検討する上で有用な糸口となろう。

都市ガバナンスは、コメント3（本内）でも取り上げられたS・ユアンの『都市史とは何か?』で指摘されているように今日、ヨーロッパ都市史研究の主潮流の一つに数えられるが、その扱われ方は国によって濃淡がみられる。本書の対象であるイギリスとドイツの都市史研究を例にとると、前者では、コメント3で詳述されているように、都市ガバナンスは都市史の一ジャンルとして名実ともに定着しているのに対して、後者の文脈では都市ガバナンスと銘打った文献は、管見の限りみあたらない(6)。それでは、ドイツ都市史においてこれまで都市ガバナンスをめぐる関心が皆無だったのかというと、そういうわけではなく、むしろ逆である。

その好例が、J・ロイレッケによって提唱され、ドイツにおける初期の近現代都市史研究を基礎づけた「社会都市 Sozialstadt」論である。「社会都市」とは、国家レベルでの体系的な社会保障が十分に整備されていない一九世紀末から第一次大戦前夜にかけて、都市自治体と都市内の民間ボランタリー組織とが、都市化に起因する社会問題の解決を独自に試みることによって形成された都市秩序として理解される。その帰結として、上下水道、ガス、電力などの供給施設の導入や、市街鉄道を中心とする交通網の整備、救貧や、失業対策、青少年保護をはじめとする社会政策や、急性感染症の予防・撲滅や乳幼児死亡の抑制を中心とする公衆衛生政策の展開、住宅政策およびその間接的支援の方法としての都市計画の確立などが果たされた(7)。そして今日、「社会都市」の形成はドイツに限定されたものではなく、一九／二〇世紀転換期ヨーロッパ都市の共時的な事象であったとみなされるが、ドイツでは都市住民全体の「生存配慮 Daseinsvorsorge」を一義的課題とする都市自治体の「給付行政 Leistungsverwaltung」が「社会都市」形成の主導的役割を担ったため、相対的に公的セクターの比重が大きくなったことがドイツの都市ガバナンスの特徴といえる。(8)

もともと「社会都市」論は、高度経済成長の陰りとともに二〇世紀型福祉国家が転機にさしかかった一九七〇年代、ワイマール期以降の「社会国家」で実践された社会政策的な取組みや制度の原型の多くが、一九／二〇世紀転換期の都市に見いだされることに着目し、「社会国家」の歴史的位相を都市史の観点から再検証するために成立したものである。したがって、都市秩序のダイナミズムを生み出すアクターの多様性のみならず、都市と国家の関係性に焦点をあてる点において、「社会都市」論と都市ガバナンス論の間では問題意識が共有されているといえよう。

「社会都市」論は、その問題設定のあり方ゆえに、対象時期が第一次大戦までに限定されるが、二〇〇〇年代に入ると、本書の対象とする二〇世紀都市が本格的な検討課題として浮上した。そして、ドイツ都市史研究者のなかでも早くから二〇世紀研究の必要性を訴えていたF・レンガーが二〇一三年に『モデルネのメトロポリス——一八五〇年以降の一つのヨーロッパ都市史——』(9)を上梓した。「社会都市」論を含むこれまでの研究成果を広範に摂取した同書は、現在、二〇世紀ヨーロッパ都市史に関する一つの中間総括として位置づけることができる。以下では、主に『モデルネのメトロポリス』の叙述に即しながら、本書で得られた知見の歴史的コンテクストを素描しよう。

副題にみられるように、『モデルネのメトロポリス』ではドイツ都市史の枠組みにとどまらず、「ヨーロッパ」の大都市の比較史が前面に出される。特に二〇世紀の「ヨーロッパ都市」についてレンガーは、低い郊外化の度合い、それと相まった強い中心地機能、「社会国家」の強い影響力、そして都市計画の有効性などをその歴史的特性としてあげている。(10)これらのメルクマールはジーベルのそれとかなりの程度、重複している。そして、これらのメルクマールを共有するイギリスやドイツをはじめとする北西ヨーロッパの諸都市が「ヨーロッパ都市」の典型として描かれる一方、効力ある都市計画が実施されなかった南欧諸都市についてはこれを「ヨーロッパ都市」として捉え得るのかという問題が提起され、「ヨーロッパ都市」なるものの相対化がはかられる。

レンガーの議論のいま一つのモチーフは、「モダニティ」である。「モダニティ」は日本語で近代とも現代とも理解されるが、レンガーはそのあり方の変容をふまえ、一八五〇年以降の都市史を次の三つの局面に分ける。（1）一八五〇年代—一九世紀末の「自由主義市民のモダニティ」、（2）一九世紀末—一九六〇年代の「組織されたモダニティ Organised Modernity」、（3）一九七〇年代以降の「ポスト・モダン」。この時期区分は、歴史社会学者P・ヴァグナーのモダニティ論にもとづくものである。ヴァグナーの議論は、モダニティを基礎づける自由と自律性が、社会的規律や社会的規範との二律背反的な関係性のなかでいかなる変化を経験したのかを再検証するなかで、モダニティの多様性を解明しようとする歴史社会学的な試みである[11]。

この時期区分のなかで本書と密接な関係を有するのは、二つ目の「組織されたモダニティ」である。当該期は、大衆社会の発展を通じた経済、社会、文化の諸領域における標準化・規格化が進む一方、社会的リスクの「発見」を契機とする公的セクターによる介入、組織化、計画化によって社会生活上の不確実性が低下した局面として捉えられる[12]。この点に関して「組織されたモダニティ」は、先行する、個人の自由と自律性が最も優先された——これを享受できたのはその名の通り財産と教養を有する市民層男性に限定されていたが——「自由主義市民のモダニティ」と大きく性格を異にするが、この二つの局面には、科学の進歩に対するゆるぎない信頼を基礎に、周囲の環境を理想的なものへと自在に変化させ得るという信念が通底し、それこそが「モダニティ」の中核的要素であるとレンガーは捉える[13]。「社会都市」論で焦点の当てられた一九／二〇世紀転換期の都市の生活環境の改善は、こうしたモダニティに特有の進歩観念だけでなく、みずからの都市に対して深い愛着を有し、他都市との差異化をはかろうとする各都市市民による都市間競争によって促進された一面もある。このような各都市固有のアイデンティティ形成をレンガーは「都市ナラティブ」と名づける。「都市ナラティブ」を求める動きは万国博覧会の開催を契機とするツーリズムの隆盛によって加速され、その結果、インフラの拡充だけでなく、シンボル的な公共建築物の建設や、文化・教育事業を支援するいわゆるメセナの広範な展開がもたらされた[14]。第3章で扱われたバーミンガムの「シビック・ゴスペル」と、その顕彰をはかる市史編纂の活動は、「都市ナラティブ」のまさに典型的な実例として位置づけることができるだけでなく、過去の何が公共領域に吸い上げられ、逆に何が捨象されたのかという問題を浮き彫りにする。

周囲の環境を自在に変化させ得るという信念は、失業問題をはじめとする社会的不確実性を計画的に抑制しようという「組織されたモダニティ」特有の試みにつながる。[15] 第2章で描写されているように、失業者救済の取組みは社会国家（福祉国家）の出現に先立ち第一次大戦前から都市レベルで先駆的になされており、ドイツではそれが総力戦体制の経験を経て両大戦間期における国家レベルでの失業扶助の基礎となった。「社会都市」の局面には、人々の困窮化の要因は非常に多様であることが広く認識されるようになり、それら諸要因を取り除くことで困窮化を「予防」しようとする防貧的措置が広範になされたが、失業者救済はそうした試みの一つだったのである。[16]

理想的な都市を創造し得るという確信を都市の空間構造にもっともよく反映させたのは、都市計画である。レンガーによれば、都市計画の萌芽は一九世紀中葉のパリのオスマン改革やウィーンのリング・シュトラーセ建設に求められるが、広範な社会調査のデータを基礎として予測可能性を有する一つのディシプリンとして確立されるのは一九一〇年代頃のことである。[17] それに寄与したのは、専門的なプランナーたちの参加した各種国際会議や博覧会であった。第4章で取り上げられたトマス・アダムズが、「都市計画だけによって生計を立てた」初めてのプランナーとなり得たことの意義は、こうした第一次大戦前の動向をふまえるとより明確となろう。また同章で描出された市街地の拡大による農村の侵蝕を背景とする都市計画から地域計画への移行はイギリスだけでなく同時代のヨーロッパ大陸諸国でもみられた共時的現象であったが、それは国家の財政支援にもとづく郊外型の公益的住宅——ドイツでは社会住宅——の建設と表裏一体の動きとしても捉えられる。

レンガーによれば、第一次大戦までの都市自治体および民間ボランタリー組織が担った住宅改良の試みは端的にいって「失敗のストーリー」であり、ヨーロッパ諸都市において住環境の本格的な改善は、両大戦間期の公益的住宅の大量供給によって初めて可能となった。その設計を担ったモダニストのプランナーたちは、有名なE・マイにみられるように、規格化・標準化を志向する機能主義を通じて「新しい人間類型のための新住宅 Neues Wohnen für neue Menschen」の実現を試みた(18)。この点において公益的住宅の建設は「組織されたモダニティ」の典型的な実例であり、それがさらに規模を拡大して実行に移されたのが第二次大戦後のことである。第5章の分析対象であるシュツットガルトのノイゲロイト団地が建設された一九六〇年代は、ヨーロッパ中を「計画熱 Planungseuphorie」が席巻するなか都市の郊外に次々と大規模ジードルングが建設された時期である(19)。そして、こうして建設されたジードルングが、社会国家（福祉国家）の強い影響の下でのゆるやかな郊外化をメルクマールとする現代ヨーロッパ都市の主たる構成要素の一つとなるのである。だが第5章で明らかにされたように、当該期のジードルング建設は中央ないし都市政府によってのみ担われたわけではなく、土地所有者や非営利組織もアクターとして前景化してくる。

三　日本都市史研究とガバナンス

日本近現代都市史研究においては、ガバナンス概念を積極的に取り入れた研究は今のところ存在していない。しかし、多様なアクターによる多元的・重層的な社会運営に着目することによって、かつて「無秩序」性が強調されがちであった日本近現代都市社会のあり方を内在的に理解しようという問題意識は多くの研究に共通している。「ガバナンス」という語は場合によっては「良い／悪いガバナンス」や「ガバナンスの機能不全」といった規範的な価値判断を伴うことがあり、また現状においては新自由主義的なイデオロギーとも親和性が高い（政府部門の支出削減を正当化するための方便として利用され得る）ため、歴史分析に用いる際には留意が必要なのであるが、そうした陥穽からはさしあたり自由である反面、議論を共通のキーワードによって収束させづらいことは否定しがたい。また、対象時期は少数の例外を除き二〇世紀半ばまでに集中しており、「官僚制の失敗」（序章）までを見通して「短い二〇世紀」を通覧することは今後の課題に属している。

ここでは、本書の著者の一人である名武なつ紀が二〇一三年に行った研究史整理を承けて[20]、それ以降に刊行された研究の中から本書と関心を共有し得ると考えられる成果について簡単に紹介する。なお、ここではいわゆる「近代」を対象とした研究にも触れておく。

日本都市史の研究史上、大きなミッシング・リンクとなっていたのが近世都市から近代都市への移行の具体的な過程であった。これを、城郭、武家地、表店・裏店、広場といった空間の利用がどのように変化したのかを、諸主体の動向に即して解明したのが松山恵である[21]。これまでは漠然と「江戸の武家地が東京の山の手となり、町人地が下町となった」というふうに経路依存によって説明がなされてきたのであるが、それは結果論に過ぎず、都市空間の利用はその時々の多様な主体の動きによって決定されてきたことを明らかにした。

藤野裕子は、二〇世紀初頭の都市暴動に参加した都市下層民に注目する[22]。その担い手は圧倒的に若年層の成人男性であり、研究史上「通俗道徳」と呼ばれる当時支配的であった社会通念（「努力すれば成功する」「成功しないのは努力不足のため」といった考え方）に従えば落伍者であったことが指摘される。従来の研究ではこのような人々は都市秩序の担い手とみなされてこなかったが、当人たちは自身を取り囲む社会がどのようなものであるかを認識しており、それに強いルサンチマンを抱きつつ、しかも親方子方という当時の社会関係に沿う形で暴動に参加した（動員された）ことが指摘される。また、一九二〇年代以降の「現代」化の中で社会構造が変化し、そうした暴動も沈静化していく事態を展望している。

伊藤久志は、近世都市における基本的な共同体であった「町」の系譜をひく地縁集団と、商人による「仲間」の系譜をひく職縁集団が幕末維新期から第二次大戦期あるいは戦後までの間にどのように推移したのかを検討した[23]。そして、各都市社会集団が近世からの強い連続性・自己同一性をもって近代都市社会の運営に携わっていたことを確認した。見方によっては「封建遺制」の残存を強調した戦後歴史学的な歴史像への回帰とも受け取られ得る説であるが、連続性の一方でそれぞれの社会集団が時代ごとに蒙った変化にも留意しており、議論を一段と深化させるための素材を提供していると理解すべきであろう。

中村元は、東京郊外の八王子市を事例として一九二〇年代以降における無産階級の政治参加に注目し、それが都市計画による各種インフラの整備とどのような関係にあったのかを論じている[24]。そのうえで、一九四〇年代の翼賛体制下において出現した一見すると旧い秩序の揺り戻しとも見える現象も、実はそれ以前から生じていた政治構造の変化の延長上に位置付けられるものであったと主張する。両大戦間期以降における都市インフラの整備を、無産勢力が前景化するミクロな地域政治構造の変化の文脈の中に位置づけたことで、政治と経済にわたる幅広い方面の研究との対話を可能にしている。

これらの研究はいずれも、都市社会の運営に参加しながら注目されてこなかった諸主体に光を当てている点で共通しているが、それを踏まえたうえで本書収録の日本史関係の章を位置付けるとすれば、どのようになるであろうか。

京都に進出した財閥銀行を扱った第6章は、これまであまり注目されてこなかったアクターを取り上げた点では上記の諸研究と通ずるものがある。明治期の銀行が地域社会の利害と密接に結びついて設立されたことは地方金融史の分厚い研究蓄積によってつとに知られているが、それとは時期を画する段階において、それまで地域社会と関係をもたなかった大銀行がどのように都市と関わっていくのかを論じた点に新しさがあると言える。また同時にこの銀行は既存の都市秩序にただちに影響を及ぼすことはなく、その外側に新産業への融資などを通じて別の秩序を形成していくことを展望している。

第1章は、そうしたアクターの多様化が同時に社会の分節化のあり方を変化させるという問題に踏み込んだものであった。都市の拡大は統治領域の拡大を伴うことが多かったが、第4章におけるイギリスの事例でみたようにそれは同時にガバメントにも変質を迫るものであった。終戦直後における地方自治制度の流動化のなかで、都市大阪のガバメントもまた、国家や市民との関係のなかで自らをどのように位置づけなおそうか模索したのである。

ガバナンス論の視角から都市秩序の形成やその変化を見るに際しては、単にガバメント以外のアクターが増加したことを指摘したり両者の役割の量的な変化を見たりするのみでは不十分である。つまり、ある時期はガバメントの役割が前景化したとか、またある時期には後退したとかいったことを指摘するだけではなく、社会におけるガバメントの意義や役割が変化したことを意識する必要があろう。

四　都市ガバナンス論と生活国家論・非公共論――むすびにかえて――

最後に、都市史を直接に扱っているわけではないが本書の関心と重なるところも多い満薗勇と松田忍が提唱する「生活国家」論に触れておきたい。満薗・松田は、両大戦間期から高度成長期の日本における「新生活運動」を分析するなかで、当該期の日本を「生活国家」であると規定した。これによれば、一般には「福祉国家」とはみなされない両大戦間期の日本においてもすでに生活世界における個人的な福利向上を目指す動き、つまり西洋型の福祉国家と部分的には共通する動きが顕在化していた。しかし、西洋における生活世界の福利向上が生存権概念に根ざしていたのに対し、日本においては「生存権なき」生活の福利向上が目指されたという。つまり、個人を国家社会に対峙する存在として措定し、その生存権を国家が「動員の対価」[25]として保証するのではなく、個人が国家社会に包まれ「人々の幸福」と「国家社会の幸福」とが矛盾なく結合する同心円状の世界が想定されていたというのである。しかもこの場合、人々は国家社会に包摂される客体的存在ではなく、むしろ「主体性をもって共同体を力強く支え合う」存在と考えられていた[26]。

この議論の魅力は、人々が抱いた生活世界における個人的な福利の向上への欲求の高まりとそれを反映した社会保障制度の拡充を、単に外生的な体制危機の生成と政治権力による階級宥和的対応としてのみ理解するのではなく、そうした見方を相対化する可能性を拓いた点にある。高度資本主義社会における「大きな政府」は、「市場の失敗」を政策的対応によって補う必要から出現したと常識的には説明されるが、それは言い換えれば再生産の危機を「市場の失敗」と認識するがゆえに導出される論理であって、突き詰めれば「失敗しない市場」というものを理念的に想定する思考様式である。そして、その極北には全き計画経済が控えていよう。

しかし「生活国家」論は、これとは別の認識枠組が同時代的に存在したことを示唆する。そこでは、国家社会はシステムとしては「失敗」したとはみなされず、再生産の危機が生じているとするならばそれはそれを支える個々の主体的営為の失敗や不十分さに還元される。要するに「私（たち）や私たちの国がうまくいかないのは、私（たち）の努力が足りないせいである」という通俗道徳的な理解である。これを裏返せば、個々の努力が十分かつ有効になされれば国家社会の再生産は安泰であるということになるが、それはその方向にむかって努力を続ける主体の立ち上げを前提とする。

このような生活国家的な志向は、一見すると福祉国家的なものと正反対の方向を向いているように思われる。しかし社会的再生産の危機を、高度化した資本主義それ自体によって構造的・必然的に引き起こされるものであるとは考えない点において、両者は同一の地平に立っている。福祉国家における「市場の失敗」は制度設計の失敗に還元されるのであり、生活国家の失敗は「努力の不足」に還元されるのであって、いずれも資本主義社会が本質的に抱える問題のゆえとはみなされない。そして現実には「失敗しない市場」を設計することが日本のみならず西洋においても不可能である以上、再生産の成否を国家社会の成員の主体的営為に還元する生活国家的な思想が、西欧を含む地域や国においても多かれ少なかれ現れた可能性は低くはないと思われる。

繰り返しになるが、本書第2章・第5章で示された失業給付制度や社会住宅制度の整備に際してまず人々が自発的に行動を起こしそれを政府が制度化していった事例などは、「市場の失敗」から「大きな政府」が導出されるという単線的な福祉国家論をもってしては整合的に理解し得ないことは明らかであろう。そもそも人が人を扶助するには膨大なエネルギーを必要とするのであり、生活世界から遊離したところに突然「大きな政府」を打ち立てるだけではうまくいくはずもない。西欧のガバメントが日本のそれよりも前景化していた事実は否定し得ないにせよ、その前提には様々なアクターによる営みが存在したのであり、その果実を吸収して都市政府、州政府、そして国家レベルで制度化するモメントが働いていたことに留意すべきであろう。

こうした見方は、高嶋がかつて試論的に示した「非公共」論[27]とも接合可能である。非公共論は、近現代社会の再生産が、必ずしも市民社会レベルに浮上してこない（したがって万人に妥当する開かれた場でなされるのではない）やり方で行われる財やサービスの生産と分配、つまり非公共的社会関係によっても支えられているのではないかという問題提起であった。これに補足するならば、高度資本主義社会においてはそうした非公共的な営みは絶えず体制に吸い上げられて制度化される傾向をもつ。制度化されることは硬直化をもたらす面もあるので、それぞれの営みが最初に持っていた活力は徐々に喪失されてしまうこともあるが、体制の当座の延命には無効ではない。高度資本主義社会は、そのようにして人々の膨大なエネルギーを薪として絶えず補給することで燃焼し続けるシステムなのかもしれない。

本書が「ガバナンス」という語を用いたのは、規範的な価値判断からいったん自由になって「短い二〇世紀」を歴史的に分析するためであった。したがって我々の立場は福祉国家的な思想にも生活国家的な思想にもただちに与するものではもちろんないのであるが、同時に後知恵をもってそれらを非難することも慎まねばならないと心得ている。ことの良し悪しは別にして、二〇世紀の都市社会で展開した様々な営みや思考が社会の「現代」化に面した同時代人たちの格闘の跡であったことを踏まえずには、多様な「現代」都市社会の諸相を内在的に理解することはできないであろう。

註

（1）池上惇「国家独占資本主義論争における国家と社会――論争の原点における問題提起によせて――」（京都大学）『経済論叢』一一八巻三―四号（一九七六年一〇月）、一三七―一五三頁。

（2）G・エスピン＝アンデルセン著、岡沢憲芙・宮本太郎監訳『福祉資本主義の三つの世界――比較福祉国家の理論と動態』ミネルヴァ書房、二〇〇一年。原著は一九九〇年。

（3）大沢真理「福祉レジーム論から生活保障システム論へ」『生活保障のガバナンス――ジェンダーとお金の流れで読み解く』有斐閣、二〇一四年。

（4）高田実「社会サービス全国協議会成立の歴史的意義：第一次大戦後イギリスにおける『福祉の複合体』再編」『甲南大学紀要文学編』一六六号（二〇一六年三月）、一七九―一九一頁。

（5）Walter Siebel, "Einleitung: Die europäische Stadt", in: ders.（Hg.）, *Die europäische Stadt*, Frankfurt am Main 2004, S. 11–50, hier S. 12-18.

（6）Uwe Altrock/ Grischa Betram（Hg.）, *Wer entwickelt die Stadt? Geschichte und Gegenwart lokaler Governance. Akteure――Strategien――Strukturen*, Bielefeld 2012 は例外的に「都市ガバナンス」概念を歴史分析に用いている論文集であるが、寄稿者は全員都市計画の現状ないし歴史分析の専門家であり、後述するドイツ都市史とは異なる文脈における研究成果として位置づけられる。「都市ガバナンス」を主たる分析枠組みに用いている研究は、Verena Bärenbrinker, *Nachhaltige Stadtentwicklung*, Berlin 2012のように、専ら現状分析に関するものである。

（7）Jürgen Reulecke, "Einleitung", in: ders.（Hg.）, *Die Stadt als Dienstleistungszentrum. Beiträge zur Geschichte der „Sozialstadt" in Deutschland im 19. und frühen 20. Jahrhundert*, St. Katharinen 1995, S. 9f. なお、近年のドイツ「社会都市」の研究動向については、馬場哲「ドイツ『社会都市』論の可能性――『社会国家』との関係とその比較史的射程――」『社会経済史学』第七五巻第一号（二〇〇九年五月）を参照。

（8）Andrew Lees/ Lynn E. Lees, *Cities and the making of modern Europe, 1750-1914*, Cambridge University Press 2007, pp. 169–170.「生存配慮」と「給付行政」については、馬場哲『ドイツ都市計画の社会経済史』東京大学出版会、二〇一六年、第二章を参照。

（9）Friedrich Lenger, *Metropole der Moderne. Eine europäische Stadtgeschichte seit 1850*, München 2013. 同書の概要は、森宜人「近現代ヨーロッパ都市史における二〇世紀――「モダニティ」の変容を参照軸として――」『歴史と経済』第二三七号（二〇一七年一一月）にまとめたので、以下の行論には同稿で得られた知見も用いる。

（10）二〇世紀都市の歴史的特性に関するレンガーの見解は、『モデルネのメトロポリス』よりも、Friedrich Lenger, "Einleitung", in: ders. und Klaus Tenfelde（Hg.）, *Die europäische Stadt im 20. Jahrhundert-Wahrnehmung-Entwicklung-Erosion*, Köln u.a. 2006, S. 8-10において明示的に示されている。

（11）ヴァグナーのモダニティ論については、Peter Wagner, *Soziologie der Moderne*, Frankfurt am Main 1995 を参照。

（12）Ebenda, S. 119-125.

（13）Lenger, *Metropole der Moderne*, S. 439.

（14）Ebenda, S. 203-205.

（15）Wagner, a.a.O., S. 133-136.

（16）Lenger, *Metropole der Moderne*, S. 188-198.

（17）Ebenda, S. 179-188.

（18）Ebenda, S. 149, 340-354.

（19）Ebenda, S. 345-354, 437-439.

（20）名武なつ紀「都市経済史研究の現在――「非公共」論によせて――」、高嶋修一・名武なつ紀編著『都市の公共と非公共　二〇世紀の日本と東アジア』日本経済評論社、二〇一三年。

（21）松山恵『江戸・東京の都市史』東京大学出版会、二〇一四年。

（22）藤野裕子『都市と暴動の民衆史　東京・一九〇五―一九二三年』有志舎、二〇一五年。

（23）伊藤久志『近代日本の都市社会集団』雄山閣、二〇一六年。

（24）中村元『近現代日本の都市形成と「デモクラシー」　二〇世紀前期／八王子市から考える』吉田書店、二〇一八年。

（25）松田忍「日本における『生活国家』論の潮流とその展開　一九三〇年代～一九五〇年代」『社会経済史学』八三巻四号（二〇一八年）、四八三―四九六頁。

（26）満薗勇「日本における『生活改善』の思想的射程　一九二〇年代～一九三〇年代」（『社会経済史学』八三巻四号（二〇一八年）、四六七―四八二頁。

（27）高嶋修一「試論・都市の公共と非公共」、前掲高嶋・名武編著『都市の公共と非公共　二〇世紀の日本と東アジア』。

人名索引

〈ア　行〉

〈カ　行〉

〈サ　行〉

〈タ　行〉

事項索引

〈マ・ヤ行〉

〈ラ・ワ行〉

本内直樹（もとうち　なおき）［コメント３］

1973年生まれ

英国ルートン大学大学院歴史学研究科博士課程修了（現ベッドフォードシャー大学），Ph.D.（歴史学）

現在，中部大学人文学部准教授

主要業績

「イギリス都市史研究の動向――20世紀の都市・住宅・市民社会――」『都市史研究』（都市史学会編）第２号，山川出版社，2015年.

「イングランド北東部ミドルズブラの戦後復興と『民主的計画』――都市労働者の住宅団地と共同体の再建をめぐって1939～51年」，中野隆生編『二十世紀の都市と住宅――ヨーロッパと日本――』山川出版社，2015年.

「オックスフォード大学ナフィールド・コレッジ社会再建調査，1941～1944年」（共著）『社会経済史学』第82巻４号，2017年.

松本洋幸（まつもと　ひろゆき）［コメント４］

1971年生まれ

九州大学大学院比較社会文化研究科博士課程修了，博士（歴史学）

現在，大正大学文学部准教授

主要業績

『近代都市の装置と統治』（共編著）日本経済評論社，2013年.

「戦間期の水道問題」，坂本一登・五百旗頭薫編『日本政治史の新地平』吉田書店，2013年.

「『首都圏計画』の変遷～1950年代まで」『年報　首都圏史研究　2015』首都圏形成史研究会，2016年.

羽 貝 正 美（はがい　まさみ）［コメント１］

1956年生まれ

東京都立大学大学院社会科学研究科博士課程単位取得退学，法学修士

現在，東京経済大学現代法学部教授

主要業績

『自治と参加・協働――ローカル・ガバナンスの再構築――』（編著）学芸出版社，2007年.

ベルナール・マルシャン『パリの肖像　19―20世紀』（訳書）日本経済評論社，2010年.

『風景とローカル・ガバナンス――春の小川はなぜ失われたのか――』（共著）早稲田大学出版部，2014年.

源 川 真 希（みながわ　まさき）［コメント２］

1961年生まれ

東京都立大学大学院人文科学研究科博士課程単位取得退学，博士（史学）

現在，首都大学東京人文社会学部教授

主要業績

『東京市政』日本経済評論社，2007年.

『近衛新体制の思想と政治』有志舎，2009年.

『日本近代の歴史６　総力戦のなかの日本政治』吉川弘文館，2017年.

永山のどか（ながやま　のどか）［第５章］

1977年生まれ

一橋大学大学院経済学研究科博士後期課程修了，博士（経済学）

現在，青山学院大学経済学部教授

主要業績

『ドイツ住宅問題の社会経済史的研究――福祉国家と非営利住宅建設――』日本経済評論社，2012年.

「第二次大戦後西ドイツにおける居住水準の向上と住宅政策――シュツットガルト市に着目して――」『成城大学経済研究』第218巻，2017年.

「西ドイツの高度経済成長期における被追放民の住宅と職業――シュツットガルト・ビュスナウ団地の事例――」『青山経済論集』第69巻第４号，2018年.

名武なつ紀（なたけ　なつき）［第６章］

1970年生まれ

京都大学大学院経済学研究科博士後期課程研究指導認定退学，博士（経済学）

現在，関東学院大学経済学部教授

主要業績

『都市の展開と土地所有　明治維新から高度成長期までの大阪都心』日本経済評論社，2007年.

『都市の公共と非公共　20世紀の日本と東アジア』（共編著）日本経済評論社，2013年.

「大阪都心部における土地所有の現代的展開　商社所有地の分析」，楜澤能生・佐藤岩夫・髙橋寿一・高村学人編『現代都市法の課題と展望』日本評論社，2018年.

《執筆者紹介》（執筆順，＊は編著者）

＊馬場　哲（ばば　さとし）［はしがき，序章，第4章］
1955年生まれ
東京大学大学院経済学研究科博士課程修了，経済学博士
現在，武蔵野大学経済学部教授
主要業績
『都市化の比較史　日本とドイツ』（共編著）日本経済評論社，2004年.
『ドイツ都市計画の社会経済史』東京大学出版会，2016年.
Economic History of Cities and Housing (*Monograph Series of the Socio-Economic History Society, Japan*), editor, Springer, 2017.

＊高嶋修一（たかしま　しゅういち）［第1章，終章］
1975年生まれ
東京大学大学院経済学研究科博士課程修了，博士（経済学）
現在，青山学院大学経済学部教授
主要業績
『都市近郊の耕地整理と地域社会　東京・世田谷の郊外開発』日本経済評論社，2013年.
『都市の公共と非公共　20世紀の日本と東アジア』（共編著）日本経済評論社，2013年.
『文京区史』（共著）文京区，2018年.

＊森　宜人（もり　たかひと）［第2章，終章］
1977年生まれ
一橋大学大学院社会学研究科博士後期課程修了，博士（社会学）
現在，一橋大学大学院経済学研究科准教授
主要業績
『ドイツ近代都市社会経済史』日本経済評論社，2009年.
Elektrifizierung als Urbanisierungsprozess: Frankfurt am Main 1886-1933 (*Beiträge zur hessischen Wirtschaftsgeschichte, Bd. 9*), Darmstadt 2014.
『地域と歴史学――その担い手と実践――』（共編著）晃洋書房，2017年.

岩間俊彦（いわま　としひこ）［第3章］
1969年生まれ
Ph.D., University of Leeds
現在，首都大学東京経済経営学部教授
主要業績
『イギリス・ミドルクラスの世界――ハリファクス，1780-1850――』ミネルヴァ書房，2008年.
'Parties, Middle-class Voters, and the Urban Community', *Northern History*, 51, 2014.
'Shaping Civic Culture through Public Discussion', *Midland History*, 41, 2016.

二〇世紀の都市ガバナンス
——イギリス・ドイツ・日本——

2019年5月20日　初版第1刷発行　　＊定価はカバーに表示してあります

編著者　馬場哲
　　　　高嶋修一©
　　　　森宜人
発行者　植田実
印刷者　藤森英夫

発行所　株式会社　晃洋書房
〒615-0026　京都市右京区西院北矢掛町7番地
電話　075(312)0788番(代)
振替口座　01040-6-32280

装丁　野田和浩　　印刷・製本　亜細亜印刷(株)

ISBN978-4-7710-3189-0